新丝路
国别与区域研究

风云变幻的阿拉伯世界

周 烈◎著

外语教学与研究出版社
北京

图书在版编目 (CIP) 数据

风云变幻的阿拉伯世界 / 周烈著. —— 北京：外语教学与研究出版社，2021.7
（2022.9 重印）
（新丝路国别与区域研究）
ISBN 978-7-5213-2842-4

Ⅰ．①风… Ⅱ．①周… Ⅲ．①阿拉伯国家－研究 Ⅳ．①K370.07

中国版本图书馆 CIP 数据核字 (2021) 第 156549 号

出 版 人　王　芳
项目编辑　杨　光
责任编辑　于　辉
责任校对　徐晓丹
封面设计　范晔文
版式设计　王　润
出版发行　外语教学与研究出版社
社　　址　北京市西三环北路 19 号（100089）
网　　址　http://www.fltrp.com
印　　刷　北京盛通印刷股份有限公司
开　　本　710×1000　1/16
印　　张　17
版　　次　2021 年 8 月第 1 版　2022 年 9 月第 3 次印刷
书　　号　ISBN 978-7-5213-2842-4
定　　价　49.80 元

购书咨询：（010）88819926　电子邮箱：club@fltrp.com
外研书店：https://waiyants.tmall.com
凡印刷、装订质量问题，请联系我社印制部
联系电话：（010）61207896　电子邮箱：zhijian@fltrp.com
凡侵权、盗版书籍线索，请联系我社法律事务部
举报电话：（010）88817519　电子邮箱：banquan@fltrp.com
物料号：328420001

记载人类文明
沟通世界文化
www.fltrp.com

前　言

我是 1974 年 10 月开始在北京外国语大学学习阿拉伯语的。大三时，学校决定派我去叙利亚留学，条件是毕业后我必须回校当老师。为了能适应大学的教学工作，我的专业方向定为阿拉伯语，重点学习阿拉伯语语法。但在长期的工作过程中，我除了语言以外，也一直在关注阿拉伯政治，尤其是阿拉伯世界动荡多变的局势，并在《国际论坛》等刊物上陆续发表过一些文章。最近几年，为了给研究生开"阿拉伯政治"课程，也因为国别和区域研究工作的需要，我在阿拉伯政治的研究上相对多花了些时间和精力，就目前阿拉伯世界的热点问题写了一些东西。

对于是否将这些文章成书出版，我一直有些犹豫。这是顾忌文章内容的时效性，阿拉伯世界复杂多变，不仅信息更新快，各种事件的发展趋向和结局也往往出人意料。但考虑到如今人们对阿拉伯世界的高度关注，考虑到"一带一路"倡议在阿拉伯世界的推进，觉得将我这些年对阿拉伯世界有关问题的研究成果出版，也许会有一定的社会意义和参考价值。

我没有什么政治学的研究基础，有些观点未必十分科学合理。但我自认为四十多年阿拉伯语学习、教学、研究的经历，特别是在阿拉伯国家学习、工作六年多的经历，应该是我的优势，也是我敢写这些东西的一点底气。因为这使我对阿拉伯世界，对阿拉伯人，对阿拉伯伊斯兰文化有了较为具体的了解；这也使我能运用阿拉伯语的第一手资料去分析和研究阿拉伯世界的相关问题。

此书中的文章大多已公开发表。对于较早发表的文章内容，有的稍有改动。书中文章顺序的排列，主要是根据文章发表时间的先后，也有内容逻辑上的考虑。此书所涉内容的最终时间为 2017 年。

在写作此书的过程中，引用了许多学者的观点，在此一并表示感谢！

已过耳顺，承蒙外语教学与研究出版社将此书出版，也算是圆了我一个小小的梦。有生之年，我将继续对阿拉伯问题的关注与研究，希望能继续得到业界朋友们的帮助与支持。

周　烈

2021 年 6 月于北京

目　录

第一章　荆棘载途的巴以和谈

2017年是以色列建国的第69年，也是巴勒斯坦人失去家园的第69个年头。半个多世纪过去了，两个民族的人民始终生活在对立和争斗之中。世界上有哪一个国家崇尚战争？有哪一个民族不渴望和平？然而，对巴勒斯坦人和以色列人来说，和平离他们是那么遥远，战争的阴影时刻笼罩在他们头上。国际社会为解决巴以问题付出了极大的努力，巴以双方自1977年埃及总统萨达特访问以色列以来，也已断断续续地谈了40多年。但是，人们至今仍难以看到和平的曙光，巴以和谈这条漫长之路仍是荆棘密布、山重水复。

一、历史与现实

无论是巴勒斯坦人，还是以色列人，都十分坚决地认为自己的祖先是巴勒斯坦地区最早的居民，因此本民族具有在这块土地上生存、建国的无可争议的权利。那么究竟谁是这块土地上的原居民呢？历史的旧账恐怕难以算清。

现在的巴勒斯坦和以色列是在耶路撒冷城的基础上发展起来的。耶城距今已有5000多年的悠久历史。据阿拉伯历史学家们考证，约在公元前3000年，属于古阿拉伯闪族的迦南人从阿拉伯半岛迁徙至此，并很快成为整个地区人口占绝对优势的民族。这块土地也因此曾被称为"迦南之地"。

公元637年，阿拉伯穆斯林占据巴勒斯坦。不久，巴勒斯坦成了阿拉伯帝国叙利亚地区的四大军区之一，即非勒斯丁区。此后，巴勒斯坦除少数坚持自己宗教信仰的犹太人外，大多数居民渐渐地伊斯兰化、阿拉伯化，与阿拉伯人融为一体。在伊斯兰化和阿拉伯化的过程中，巴勒斯坦阿拉伯人逐渐形成。他们信仰伊斯兰教，使用阿拉伯语，恪守阿拉伯人的风俗习惯，成为阿拉伯民族的一个组成部分。此后至 20 世纪 40 年代，在巴勒斯坦的居民中，巴勒斯坦阿拉伯人一直占据多数。1948 年第一次中东战争爆发后，大多数巴勒斯坦人流落他乡，仅有 1/3 的人口继续留在当地。犹太人则从国外大批地移居巴勒斯坦，从而彻底改变了巴勒斯坦的人口结构，占据了人口优势。这种情况一直延续至今。

巴勒斯坦也是犹太民族的摇篮。希伯来人作为伊拉克两河流域闪族游牧部落的犹太人的祖先，为逃避宗教迫害，于 3800 多年前由亚伯拉罕率部来到现在的耶路撒冷所在地，耶和华在此诞生。为躲避旱灾，犹太人曾一度迁徙到埃及。公元前 13 世纪，为以色列民族和宗教的形成奠定基础的摩西，在带领犹太人迁出埃及的过程中创立了犹太教。之后，扫罗（公元前 1028 年—公元前 1013 年在位）作为以色列统一王国的第一位国王建立了国家的雏形。以色列民族实现统一主要是在大卫和所罗门时代。大卫（公元前 1013 年—公元前 973 年在位）统一了以色列，选择战略要地耶路撒冷为新都城，并通过连年征战，为以色列民族的形成创造了一个较为稳定的外部环境。所罗门时代（公元前 973 年—公元前 931 年）的以色列人，则在民族统一的过程中迈出了关键的一步。政治上，废除了传统的部落制，将全国划分成 12 个新的行政区，并任命了行政长官；宗教上，用 7 年时间建造了第一座犹太教圣殿（公元前 975 年竣工）。从此，圣殿成为犹太教的象征，耶路撒冷成为王国的政治中心和以色列民族的宗教圣地。从扫罗王登基到所罗门时代，以色列统一王国先后经历了 3 个国王，共计 97 年。这一时期是以色列民族形成的重要时期，也是他们历史上的黄金时期，更是他们对巴勒斯坦历史产生重大影响的时期。但在所罗门王死后，国家就分裂了。公元前 586 年，巴比伦人那布哈宰·纳斯尔带兵入侵，不仅彻底摧毁了耶路撒冷，而且将所有的犹太壮劳力作为俘虏押往巴比伦，史称"巴比伦之囚"。此后，巴勒斯坦这块土地先后被波斯、希腊、罗马、塞尔柱人、"十字军"、奥斯曼帝国、大英帝国占领。

犹太人不断举行起义，但遭到残酷镇压，被杀或被卖为奴的约达 100 万人。犹太人一批批离开故土，流落到世界各地。至 12 世纪中叶，整个巴勒斯坦只有 1400 多名犹太人。由此可知，以犹太教为其灵魂的犹太民族，是在巴勒斯坦土地上形成和发展起来的。这块历史圣地哺育了这个不同寻常的民族，而这个民族又对这块土地的历史发展做出了重大贡献。

犹太人被一次次逐出巴勒斯坦后，流散各地，寄人篱下，多次遭受反犹、排犹浪潮。严酷的现实使犹太人强烈地意识到，犹太人要免遭打击和迫害，就必须重归故里，建立自己的国家。

19 世纪中叶，居住在欧洲的犹太人中出现了犹太复国主义政治思潮。1896 年，被称为"犹太复国之父"的奥地利犹太人西奥多·赫茨尔在《论犹太国》一书中提出了建立犹太国的设想。1897 年 8 月 29 日，第一届世界性的犹太复国主义代表大会在瑞士的巴塞尔召开，自此产生了第一个世界性的犹太复国主义组织。

犹太人要建立自己的民族国家，建在什么地方，最初有好几种选择：回巴勒斯坦、在东非乌干达或南美阿根廷建立新国家。但在 1904 年第六次世界犹太复国大会上最终选择了返回故土。这些建国之父当时绝没想到，他们的新国家将会同周围的阿拉伯邻居陷入长达近一个世纪而仍看不到出路的暴力冲突之中。

这种复国思想得到了西方殖民主义的赞赏和支持。1917 年 11 月，英国外交大臣贝尔福发表了《贝尔福宣言》，公开支持在巴勒斯坦建立"犹太人民族之家"，支持犹太复国主义组织把世界各地的犹太人迁回巴勒斯坦定居。1947 年 2 月，英国正式宣布将巴勒斯坦问题提交联合国处理。同年 11 月 29 日，联合国大会通过了 181 号"关于巴勒斯坦将来治理（分治计划）问题的决议"（以下简称"分治决议"）。联合国这个关于在巴勒斯坦建立"犹太国"和"阿拉伯国"两个国家的 181 号"分治决议"，将巴勒斯坦 56.5% 的面积划归仅占当地人口33%的犹太人，而占当地人口58.7%的巴勒斯坦人仅拥有43%的土地，耶路撒冷由联合国托管。犹太人愉快地接受了这个"分治决议"，阿拉伯人则愤怒地表达了他们强烈的反对意见。尽管如此，"分治决议"仍具有重大意义。它是巴勒斯坦人和犹太人建国的法律基础和保证。1948年5月14日，犹太领导人本·古里安发布建国公告后10分钟，美国总统杜鲁门就宣布承认以色列。以色列的建立以及美国等国家对以色列的支持，标志着巴勒斯坦人和整个阿拉伯民族同犹太民族之间的矛盾和对抗进入了一个新的时期。

1948年5月14日，英国结束对巴勒斯坦的委任统治。同日，以色列国宣布成立。次日，第一次中东战争爆发，耶路撒冷被一分为二，以色列占领新城，约旦占领了旧城及其东北地区。1967年，第三次中东战争爆发，耶城全部被以色列占领，并宣布将统一的耶城作为首都。与此同时，大批的巴勒斯坦人在战争中被迫逃离家园，成了无家可归的难民。就这样，犹太人建立了自己的国家，有了自己的家园；巴勒斯坦人却失去了自己的国家，失去了自己的家园。

从联合国"分治决议"产生到1982年的35年间，中东地区发生了5次大规模战争（1948年—1949年的"巴勒斯坦战争"、1956年—1957年的"苏伊士运河战争"、1967年的"六五战争"、1973年的"十月战争"、1982年6月—9月的"黎巴嫩战争"），小规模的冲突和流血事件则从未间断。

在阿以冲突引发的5次战争中，双方死亡近20万人，有大约200万巴勒斯坦阿拉伯人逃离家园，另有170万人生活在以色列统治之下。战争不仅使以色列占领了巴勒斯坦全部近2.7万平方公里的土地，还占领了埃及西奈半岛6万平方公里和戈兰高地700多平方公里的土地。以色列实际控制面积约达到8.7万平方公里，是联合国"分治决议"规定的"犹太国"面积的近6倍。5次中东战争的惨重损失使双方终于明白，武力解决不了任何问题，和平共处才是两个民族在一块土地上生存的唯一选择，是双方人民的共同愿望。

无论是巴勒斯坦人还是以色列人，都有建立自己国家的权利，都有和平、安宁地在自己的家园生存的权利。然而，历史却无情地将作为阿拉伯民族的巴勒斯坦人和作为犹太民族的以色列人置于极端对立、互争国土的境地。

巴勒斯坦人为了阻止以色列国的建立进行了无数次不同形式的斗争。但是，无论是用石块举行的起义，还是用枪弹打响的战争，最终都没能阻止以色列国的建立。巴勒斯坦人民的生命和鲜血没能挡住以色列人的扩张。巴勒斯坦人不得不接受与犹太人共存，并为此进行和谈的现实。

对于以色列人来说，也并未因有了自己的国家而过上和平、安宁的生活，而是每时每刻都与巴勒斯坦人处于对立、仇恨和争斗之中。因此，他们也不得不接受与阿拉伯人，特别是与巴勒斯坦人举行和谈这一现实。

二、和谈之路

巴以和谈之路是漫长的、艰难的。1977 年 11 月 19 日— 21 日，当时阿拉伯世界实际上的"盟主"埃及，率先向犹太人伸出了民族和解之手。埃及总统萨达特以非凡的勇气，出人意料地访问了以色列。10 个月之后，美国、埃及、以色列三方在戴维营举行正式会议，于 1978 年 9 月 17 日签署了《关于实现中东和平的纲要》和《关于签署一项埃及同以色列之间的和平条约的纲领》。以色列归还了所占领的埃及西奈半岛，开创了"以土地换和平"的先河。不到 20 年后，以色列又与约旦缔结了和平条约，与许多阿拉伯国家建立了半官方关系。阿以冲突从整体上显示出了和平的主旋律，而和平的实现有时是以生命和鲜血作为代价的。萨达特在访问以色列后获得了诺贝尔和平奖，但在 3 年后遭到暗杀，以色列总理拉宾在 1995 年 11 月 4 日也遭到暗杀，凶手都是本民族的极端分子。

1991 年 10 月，在美国的倡导下，阿拉伯有关各方和以色列在西班牙首都马德里举行了和会，阿以间开始了艰难的和平谈判。这是阿拉伯国家与以色列第一次坐到一起试图解决长达 40 多年的冲突。这次会议构筑了中东和谈的基本框架——和谈分成双边会谈和多边会谈两个层次，确立了"以土地换和平"的基本原则。

1993 年 9 月 13 日，巴以双方第一个和平协议——巴勒斯坦自治《原则宣言》在华盛顿签署。根据协议，巴勒斯坦人首先在加沙 - 杰里科地区实行自治，临时过渡期为 5 年。

1994 年 5 月，巴以双方签署了关于实施加沙 - 杰里科自治《原则宣言》的最后协议。

1995 年 9 月，巴以双方签署了《塔巴协议》，以色列军队先后撤出约旦河西岸的 7 座主要城市，转由巴方自治。

1996 年 5 月 4 日，巴以就"关于巴勒斯坦最后阶段谈判"进行了首轮会谈。

但以色列在 1996 年 6 月内塔尼亚胡执政后，背弃"以土地换和平"的原则，强调"以安全换和平"，使中东和平进程停滞不前。尽管巴以先后签署了《希伯伦协议》和《怀伊协议》，但终因以色列政府的拖延而未能彻底执行。

1999 年 5 月，巴拉克当选以色列总理。为落实《怀伊协议》，巴以签署了《沙姆沙伊赫备忘录》，双方同意 1999 年 9 月 13 日开始最终地位谈判，并于 2000 年 2 月 15 日前就耶路撒冷地位等问题达成框架协议，9 月 13 日前达成最终协议。由于以方蓄意拖延，协议条款没有得到很好的执行。

2000 年 7 月，巴勒斯坦、以色列、美国三方首脑会晤在戴维营举行。因涉及耶路撒冷地位、边界划分、犹太人定居点、巴勒斯坦难民回归以及水资源分配等棘手问题，会谈未能达成协议。同年 9 月 28 日，以色列强硬派领导人沙龙强行进入伊斯兰圣地阿克萨清真寺，引发了巴以间一场旷日持久的流血冲突。2001 年 3 月沙龙政府上台以后，巴以关系更加恶化。

2002 年 3 月，联合国安全理事会（以下简称"安理会"）通过一项决议，以色列和巴勒斯坦在一个地区并存的情况下，各自的安全和边界都得到了确认。使这一憧憬变成现实的"路线图"是由"四方"（美国、欧洲联盟 [以下简称"欧盟"] 、俄罗斯和联合国）制定的。"路线图"设想以色列人和巴勒斯坦人采取平行步骤，以便最迟于 2005 年年底达成最后的、全面的和解。双方于 2003 年 6 月在亚喀巴首脑会议上做出了执行"路线图"的坚定承诺。

2003 年年底，沙龙提出"单边行动计划"。根据该计划，以色列要在 2005 年年底从加沙的 21 个犹太定居点和约旦河西岸北部的 4 个小型定居点全部撤出。

2004 年 5 月，"四方"为这项撤出计划订立了一些原则，表明撤出必须是彻底的，而且应继续在约旦河西岸采取类似的措施。"四方"还表示所有关于最后地位的问题，例如边界和难民问题，均应由双方根据国际公认的和平进程框架进行谈判解决。

2005 年 2 月 8 日，埃及总统穆巴拉克、约旦国王阿卜杜拉、巴勒斯坦民族权力机构主席阿巴斯和以色列总理沙龙，在埃及红海旅游胜地沙姆沙伊赫举行了举世瞩目的四方会谈。这是自 2000 年 9 月巴以冲突爆发以来双方最高领导人的首次会晤。此次会谈最重大的成果是巴以宣布对等地实现停火。巴勒斯坦民族权力机构主席阿巴斯宣布，他已经同以色列总理沙龙达成协议，正式结束巴以暴力冲突。沙龙随后也宣布结束以色列针对巴勒斯坦的军事行动。

2005 年 1 月初，沙龙成功邀请支持"单边行动计划"的工党和犹太圣经联盟重新组阁，从而为执行该计划扫清了障碍。2005 年 2 月 8 日，沙姆沙伊赫峰会宣布停火后，沙龙将"单边行动计划"改称"与巴方协调撤出计划"。2005 年 8 月 15 日，以色列开始实施撤离加沙的单边撤离计划。9 月 11 日，以色列内阁全票同意结束对加沙地带长达 38 年的占领，为完成以色列从加沙地带的撤军、向巴勒斯坦移交这一地区扫清了障碍。9 月 12 日，以色列通往加沙地带的大门于当地时间 12 日清晨 7 时正式关闭，标志着以军完成了从加沙地带的撤离，以色列对加沙地带 38 年的占领就此结束。巴勒斯坦伊斯兰抵抗运动（哈马斯）于 2006 年 1 月赢得了巴勒斯坦立法委员会选举。其主导的巴勒斯坦政府一直拒绝承认以色列，不同意放弃暴力、遵守以色列和巴勒斯坦解放组织先前签署的协议。由于无力支付公务员薪水而面临巨大压力，哈马斯同意与持温和立场的巴勒斯坦民族解放运动（法塔赫）组成一个联合政府。

以色列表示，巴勒斯坦组建联合政府可以成为推进两国之间和平的动力，但巴勒斯坦政府必须承认以色列，杜绝暴力，并释放被巴勒斯坦武装抓获的以军士兵。

2007年3月17日，巴勒斯坦立法委员会召开特别会议，讨论了巴勒斯坦联合政府的政治纲领。会议以83票赞成、3票反对的绝对优势通过了对联合政府的信任投票。内阁成员当晚在巴勒斯坦民族权力机构主席阿巴斯面前宣誓就职。这标志着巴勒斯坦两大主流派别——巴伊斯兰抵抗运动与巴民族解放运动的联合组阁进程全部结束。

但2007年5月中旬，哈马斯同法塔赫之间因安全部队控制权而发生冲突。6月，这两大派系之间的暴力冲突不断升级。6月14日，阿巴斯宣布解散联合政府，解除总理哈尼亚的职务。同时，他还宣布在约旦河西岸和加沙地带实行紧急状态。哈马斯则表示拒绝接受阿巴斯的决定，并表示，即使阿巴斯解散联合政府，哈尼亚仍是政府首脑。之后，法塔赫和哈马斯分别控制着约旦河西岸部分地区和加沙地带，仍处于对立状态。尽管各方斡旋仍在继续，但巴以和平进程依然是荆棘载途。

阿巴斯说："我们反对'伊斯兰国'的行为，但是世界也应为巴勒斯坦问题的解决发声。"他的话充分表达了他对在阿拉伯世界复杂形势下，巴勒斯坦问题被忽视、被边缘化的不满。

三、有关各方的态度与立场

（一）美国的态度与立场

如果说以色列国是英国殖民主义者一手炮制的产物，那么以色列人在巴勒斯坦这块土地上，在阿拉伯人中间得以生存，完全是因为有美国这个"后台老板"。第二次世界大战以后，对犹太复国主义的支持的重心便从英国转移到了美国。冷战结束以后，美国更是成了唯一的超级大国。没有美国的参与和支持，许多地区性的重大问题，如阿以问题，都难以得到解决。但由于美国推行霸权主义、强权政治，对阿以双方实行"双重标准"，又成为这一地区局势紧张动荡的原因之一。

中东是美国外交中的重要一环。美国在中东有着重要的战略利益。在页岩油开采以前，美国 20% 的石油进口来自中东。中东还是美国出售武器的庞大市场。美国的国家安全与中东的命运紧密地联系在一起。所以，美国在中东问题上的政策核心是：维护以美国为主导的，确保海湾地区对西方国家的能源供应，并保障以色列安全的政治秩序。美国在中东采取的具体策略是：不断加强同以色列的战略盟友关系；分化瓦解阿拉伯世界，通过经济援助和发展经贸来巩固同埃及、约旦等国家的关系（美国在军事上对埃及的援助已达 270 多亿美元，2000 年美国和埃及之间的贸易额达到 42 亿美元，包括出口 33 亿美元和从埃及进口的 9 亿美元）；通过提供安全保障控制海湾国家，孤立和打压所谓的"无赖国家"，并在这些国家扶植亲美势力，由此建立以美国为中心的集体防御体系来维护中东的安全和稳定，防止俄罗斯等大国对该地区的渗透。可以说，中东已被美国牢牢地控制，没有什么人可以绕过美国在中东有所作为。

小布什当选美国总统后，阿拉伯国家普遍对他寄予厚望，希望他上任后能一改美国历届政府偏袒以色列的做法，在政策的把握上向阿拉伯国家倾斜。他们认为共和党应比民主党更容易接受阿拉伯人的合理要求，但事实上布什政府是更贴近以色列的一方。更糟的是，布什政府认为克林顿政府和巴拉克政府对巴勒斯坦民族权力机构做出的所有让步都是错误的，因为阿拉法特不能、也不会做出任何善意的回复。在回答对外关系委员会的提问时，鲍威尔说，总统仍然决定将美国驻以色列使馆从特拉维夫转移到耶路撒冷。布什政府对巴以问题的态度是：阿拉法特不是比其他所有外国领导人会晤克林顿的次数都多吗？那就让他歇歇吧。美国不是曾积极参与巴以双方的日常调解工作吗？那就让它们自己照料一会儿自己吧。布什政府这种漠不关心的态度，使巴以双方都采取了更强硬的立场，恢复和谈变得极其困难。

虽然美国已在中东得逞，其霸主地位还会维持相当长的时间，但是越来越多的人对美国的言行感到失望。许多阿拉伯国家对美国的公正性提出质疑，对美国追求自己的战略利益、偏袒以色列的政策表示强烈不满。《团结报》在2001年4月18日发表文章说："美国选择了支持侵略，背叛了阿拉伯国家的信任，让朋友失望、出卖盟友，这全是为了以色列。"

总体而言，在美国政府的外交工作中，中东问题将继续占据重要位置，美国仍不会轻视中东地区。以色列将继续依靠美国这棵大树，巴勒斯坦将不得不指望美国向以色列施压，迫使以色列归还更多的领土。美国仍将在巴以和谈中发挥调停作用。

（二）俄罗斯的态度与立场

苏联在解体前曾是中东地区抗衡美国的一支强大力量，曾是许多阿拉伯国家的盟友。特别是1967年阿以战争以后，是苏联使埃及、叙利亚这样的在战争中失利的国家得以重振武装力量的雄风。苏联曾是中东和平进程的发起国，并为阿以、巴以和谈做出了自己的努力。但是苏联解体后，俄罗斯国力大大削弱，加上国内局势长期不稳，在很长一段时间内无力插手中东事务。普京担任俄罗斯总统后，推行积极的外交政策，俄重返中东的意图非常明显，中东的局势发展也使俄罗斯看到了机会。俄罗斯的这种意图正好迎合了一些阿拉伯国家，特别是巴勒斯坦希望美国以外的大国在中东发挥作用的要求。埃及前总统穆巴拉克在接受俄罗斯《独立报》总编辑特列季亚科夫采访时明确指出："俄罗斯应该与美国和欧盟协调力量，在该地区发挥更有效的作用。"为寻求在中东外交关系中的作用，俄罗斯总统普京于2001年4月27日称赞埃及和约旦提出的一项和平计划，称其为"方向正确的举动"。但是，俄罗斯能否在中东，特别是在巴以和谈中发挥积极有效的作用，还要看以色列和美国的态度。

（三）中国的态度与立场

早在新中国成立之前，中国舆论对犹太复国运动就是同情、支持的。孙中山先生在 1920 年 4 月 24 日致《以色列传讯报》主编、上海著名犹太活动家 N.埃兹拉的信中表示："我对这场运动——当代最大的运动之一满怀同情之心，所有爱好民主的人士，对于复兴你们伟大而历史悠久的民族必然会给予帮助和支持。"

中国与阿拉伯国家也有着长期友好的关系。至 1992 年 1 月，中国与中东地区的大部分国家都建立了外交关系，与大多数阿拉伯国家的关系尤为密切。所以，我国政府对中东地区十分重视，对阿以特别是巴以问题十分关注。中国于 1965 年承认巴勒斯坦解放组织。1978 年埃以两国达成《戴维营协议》后，中国政府对此表示了充分的支持和理解，并把增进阿拉伯国家的团结统一作为解决阿以问题和巴以问题的一个途径，呼吁有关方面和平解决争议。

自马德里和会以来，中国政府对中东形势的发展十分关切，对中东和平进程长期僵持深感不安，并一直为打破这种僵局、推动和谈取得进展做出不懈的努力。中国人民是巴勒斯坦和阿拉伯人民的忠实朋友，60 多年来一贯同情和支持巴勒斯坦人民的正义事业；支持在联合国安理会"以土地换和平"原则的基础上，实现公正、持久、全面的和平；支持有关国家收复失地的要求；支持巴勒斯坦人民争取自己的合法民族权利及在自己祖国的土地上建立自己的独立国家的要求。2001 年 5 月 9 日，我国外交部发言人孙玉玺表示，埃及和约旦最近提出的解决巴以冲突的新建议是积极的、建设性的，中方对此表示赞赏和欢迎，并表示中国将为平息巴以冲突和重启巴以和谈继续做出自己的贡献。中国政府认为，只要和谈继续下去，就会得到国际社会的广泛支持，巴以问题也才能得到真正的解决。

（四）阿拉伯国家联盟（以下简称"阿盟"）的态度与立场

阿盟自 1945 年 3 月 22 日成立至今已走过了 70 多年的历程。长期以来，阿盟以巴勒斯坦事业为己任，把巴勒斯坦问题看作是地区争端的核心和阿拉伯人的头等大事。阿盟认为，这一问题如得不到公正解决，中东地区就永无宁日；认为要公正解决这一问题就必须依据联合国的有关决议，使巴勒斯坦人民得以行使其固有的民族权利，在巴勒斯坦的土地上建立以耶路撒冷为首都的独立国家。阿盟支持叙利亚和黎巴嫩收复全部被占领的土地，支持自马德里和会以来的中东和平进程和巴以双方为达成最终解决方案所付出的努力。对于目前的中东局势，阿盟敦促有关各方立即停止暴力；认为以色列不可能同时获得和平和土地，并呼吁各方全面恢复公正解决问题的谈判。

（五）阿拉伯国家的态度与立场

阿拉伯国家内部对以色列的态度并非完全一致。埃及早在 1978 年就与以色列达成了《戴维营协议》，基本上解决了埃及与以色列之间存在的全部问题。当时的埃及总统安瓦尔·萨达特还访问了以色列。

约旦早已开始往以色列派遣大使。此外，阿曼、卡塔尔、突尼斯、摩洛哥等阿拉伯国家也都与以色列建立了商贸关系，并在特拉维夫设立了商务办事处。埃及和约旦在巴以和谈进程中，一直发挥着积极的作用。即使是在巴以暴力冲突不断加剧的情况下，两国还提出了一项解决巴以冲突的新建议。2001年 5 月 6 日晚，时任埃及总统的穆巴拉克还在沙姆沙伊赫与约旦国王阿卜杜拉共商大计。

然而，伊拉克、叙利亚、黎巴嫩等国则对以色列采取较为强硬的立场。伊拉克虽然不是前线国，但早在 1948 年第一次中东战争期间，就出兵一万人，投入了一个装甲车团、一个步兵团以及一个有三支航空中队支援的机械化旅，曾一度占领纳布卢斯、杰宁等要地。此后以色列一直把伊拉克作为主要的也是最危险的对手。伊拉克政府始终支持巴勒斯坦人民的正义斗争，美国对此感到十分不快，担心伊拉克插手会使以色列的安全受到威胁，并使巴以和谈复杂化。

叙利亚和黎巴嫩都是前线国，两国均有土地被以色列占领，因此均对以色列采取强硬立场。黎巴嫩人民经过多年的斗争，已迫使以色列为保一方平安而于 2000 年 5 月从黎巴嫩南部撤军，但位于黎以两国边界上的萨巴阿农场仍在以色列军队的占领之下，黎巴嫩真主党已经成为巴勒斯坦人心目中通过武装抵抗赶走侵略者的榜样。在加沙地带，真主党的旗帜以及该党的手举冲锋枪的标志经常在街头示威群众的队伍中出现。

　　自 1967 年 6 月以来，叙利亚的戈兰高地一直在以色列的占领之下。为收复失地，叙利亚人民进行了各种形式的斗争。在马德里和会之后，叙以双方在华盛顿举行了关于戈兰高地问题的谈判，但因双方分歧太大，谈判于 1996 年终止。1999 年年底双方在华盛顿恢复了和谈，由于双方在边界划分和水资源分配问题上都不肯做出重大让步，和谈于 2000 年年初再次中断。巴沙尔继承父业后，一直忙于处理国内事务，未找到同以色列恢复和谈的途径。但是在 2000 年 11 月开罗阿拉伯国家首脑会议和 2001 年安曼阿拉伯国家首脑会议上，巴沙尔均要求阿拉伯国家对以色列采取强硬立场，恢复阿拉伯国家对以色列的抵制，支持巴勒斯坦人民的正义斗争。巴沙尔的这些主张使叙利亚成为阿拉伯国家对以色列坚持强硬政策的代表。

四、巴以和谈的瓶颈

　　众所周知，中东问题的核心是巴以冲突，而巴以冲突的焦点是耶路撒冷，也就是说，耶路撒冷归属问题是巴以和谈难以突破的瓶颈。巴以两国最终地位谈判自 1999 年 11 月开始以来，已秘密或公开地进行了几十轮，主要讨论的是耶路撒冷归属、难民回归、犹太人定居点、边界划分和水资源分配等问题。但由于这些问题涉及双方民族权利、安全、经济、宗教等，任何一方都未肯做出实质性让步，谈判也就难以取得进展。事实一次又一次地证明，耶路撒冷问题始终是巴以和谈乃至中东和平进程中的最大障碍。

　　耶路撒冷是犹太教、基督教和伊斯兰教三大宗教共同的圣地。以色列在 1948 年和 1967 年的中东战争中相继夺取了以犹太人为主体的西耶路撒冷和巴勒斯坦人占多数的东耶路撒冷。随后，以色列宣布：耶路撒冷为以色列首都。长期以来，以色列一直认为耶城是其永恒的不可分割的首都，无论是右翼的利库德政府，还是温和的工党政府，都坚持这一强硬的立场。即使力主和平的以色列前总理拉宾也曾这样认为："我们来自犹太人民古老永恒的首都耶路撒冷。"以色列人认为，全世界都应承认并认可这一点，阿拉伯人和巴勒斯坦人也应接受这一现实。

巴勒斯坦人则认为，以色列人坚持对耶路撒冷的这种立场有赖于他们对力量平衡问题的理解。阿拉伯人和巴勒斯坦人接受了政治调解，是因为他们无法改变该地区的局面。然而，接受这一现实并不意味着要做出原则上的让步，尤其是在耶路撒冷问题上，因为耶路撒冷对巴勒斯坦人来说，比打破力量均衡具有更广泛的意义。这个问题如果得不到公正的解决，将会一直是个引起争斗的棘手问题。1988 年 11 月 15 日，由巴勒斯坦解放组织领导的巴勒斯坦国宣告成立，在《独立宣言》中，这个新诞生的国家便针锋相对地指出，它的领土是约旦河西岸和加沙地带，它的首都是耶路撒冷。

耶路撒冷的现状是由几个民族、几种文化的多个历史因素交错形成的，在决定它的命运时，任何一个因素都不能忽略。各个民族都应在宽容、安全、相互尊重的氛围下和平共处。耶路撒冷问题虽是巴以谈判中最棘手、最敏感的问题，但又是非解决不可的问题。关于耶路撒冷的归属问题，人们提出了将其国际化、完全归以色列所有、完全归巴勒斯坦所有、巴以分治和留待以后解决等几种解决办法。从现实情况看，前三种解决办法是根本无法实现的，只有后两种情况有实现的可能性。2000 年 7 月在戴维营举行的巴勒斯坦、以色列、美国三方首脑会谈中，美国提出了耶城主权分享的建议，以色列前总理巴拉克也首次从"耶路撒冷是以色列不可分割的首都"这一立场上做出极大让步，表示可以考虑耶城"一市两都"，但遭到以色列右翼势力的强烈反对。以色列总理沙龙于 2000 年 9 月底对东耶路撒冷的伊斯兰圣地阿克萨清真寺强行"参观"，不仅使双方的暴力冲突加剧，而且使耶路撒冷的归属问题进一步复杂化。

另外，巴以和谈中还有边界划分、犹太人定居点、巴勒斯坦难民回归和水资源分配等关键问题。

边界划分。1947 年 11 月，联合国大会通过第 181 号"分治决议"，决定在巴勒斯坦地区建立一个"犹太国"和一个"阿拉伯国"，并将巴勒斯坦地区 2.7 万平方公里土地中的 1.52 万平方公里划给"犹太国"，其余的土地划归"阿拉伯国"。1948 年 5 月 14 日，以色列宣布在"犹太国"的疆域内建国。"阿拉伯国"却因阿拉伯国家反对"分治决议"而没有成立。1948 年 5 月 15 日，第一次中东战争爆发，以色列吞并了属于"阿拉伯国"的 5700 多平方公里土地。1967 年第三次中东战争中，以色列又夺取了约旦河西岸、加沙地带和东耶路撒冷，彻底占领了全部"阿拉伯国"领土。

联合国安理会 1967 年和 1973 年通过的决议均要求以色列归还在第三次中东战争中占领的属于"阿拉伯国"的领土。自马德里和会以来，巴勒斯坦解放组织与以色列签署的一系列协议中都重申，以 1967 年战争爆发前的停火线为巴以未来边界。但是，以色列一直不愿意完全按照协议规定归还占领的土地。

犹太人定居点。以色列是世界上唯一以移民定居而形成的国家。1967 年第三次中东战争结束后，以色列政府开始在约旦河西岸和加沙地带修建定居点。根据巴方 1999 年的统计，30 多年间，以色列在巴勒斯坦领土上共建定居点 200 个。在巴以和谈中，巴方要求以色列拆除加沙和约旦河西岸所有的定居点。而根据沙龙的"单边行动计划"，以色列只准备拆除加沙地区的 21 个定居点和约旦河西岸的 4 个定居点。

难民回归。几十年的巴以冲突制造了波及整个中东地区的巴勒斯坦难民问题。据联合国难民事务高级专员署统计，巴勒斯坦难民总数接近 350 万，除约旦河西岸和加沙地区外，主要分布在约旦、黎巴嫩和叙利亚。这些难民能否回归、回归多少，将涉及巴勒斯坦、以色列等相关中东国家的民族构成、人口比重和社会安全等重大问题。在巴以和谈中，以色列反对巴勒斯坦难民回归，坚持要在人口问题上保有绝对的优势。2014 年，以色列人口约为 813 万；巴勒斯坦人口约为 430 万，另外的流亡人口接近 700 万。如让这些难民全部回归，以色列就无法在人口上占有优势。这块土地恐怕也难以养活如此多的人口。

水资源分配。巴勒斯坦地区 60% 以上属于干旱和半干旱地区，地表水、河流和地下水等可再生水资源总量估计为 20 亿立方米。在数量上，以色列占有和消耗全部水资源的 80%，巴勒斯坦自治区只能享用剩余 20% 的水资源。另外，巴以之间的水资源分配还涉及边界划分、犹太人定居点等问题。因此，以色列反对彻底同巴勒斯坦进行水资源再分配，主张共同管理水资源，以保证以色列水资源安全不受威胁。巴勒斯坦则坚持收回加沙和约旦河西岸水利设施的所有权，拒绝同以色列共同管理水资源。

五、出路和希望

巴以和谈何时才有出路？阿以冲突何时才能结束？中东和平之梦何时能够实现？在阿拉伯世界极其复杂的局势下，这些都是十分沉重的话题。美国前总统布什在 1991 年 10 月前往西班牙首都马德里参加中东和会前曾说："这个'多事之地'要取得和平成果或达成和平协议，还有很长的路要走。"人类在 20 世纪经历了太多的战争与流血冲突。阿以之间的战火仍未熄灭，无休止的报复、一次次的人体炸弹袭击、联合国不停的争论和谴责、阿拉伯世界的声讨、美国的偏袒立场，都不能让问题真正得到解决。

人们共同的愿望是：犹太民族有着其他民族不可比拟的不幸，依靠对自己文化的热爱和宗教的信仰，才在逆境中生存下来，因此更应理解领土仍遭其占领的邻国，特别是与他们生活在同一块土地上的巴勒斯坦人民对和平的渴望与期盼。巴勒斯坦人毕竟在这块土地上生活了 1300 多年，也是这块土地的主人。新的以色列国毕竟是在分割巴勒斯坦国土的基础上建立起来的。

对巴勒斯坦和阿拉伯世界来说，应该认可犹太人祖居中东和目前建国的现实，完全把以色列当作外来侵略者有失公允。两个民族应当化解历史和现实中产生的各种矛盾，只有民族平等、和平相处，安宁和幸福才会降临到这块饱经沧桑的土地上。

尽管巴以和平谈判这条路荆棘密布，但它仍是解决巴以冲突的必经之路。除此之外，恐怕别无选择。和平和发展是大势所趋，任何力量也不可能永远逆流而行。巴以双方只有在谈判的道路上继续坚定不移地走下去，互相承认和尊重对方的生存权、建国权，才能实现双方期待已久的持久的和平。

第二章 从伊拉克战争看阿拉伯国家的复杂心态

美国对伊拉克实施的军事打击早已结束。尽管美国还在为伊拉克的和平与稳定付出鲜血和生命的代价，尽管伊拉克人民还在进行着不同形式的反对美国入侵的斗争，但萨达姆政权已经垮台。这场战争在军事上虽没有给人们留下什么悬念，但是它对国际政治的影响，对全球战略格局的影响是极其深远的。它给人们留下了许多值得沉思和探究的问题。阿拉伯国家在这场战争中表现出来的复杂心态和微妙态度便是其中之一。

一、海湾六国的心态

海湾六国是指科威特、沙特阿拉伯（下文简称"沙特"）、阿拉伯联合酋长国（以下简称"阿联酋"）、阿曼、巴林和卡塔尔。它们在地理位置上共同处于海湾地区，共同具备石油资源丰富等客观条件，主观上维护共同的经济利益，这一切把这六个国家紧密地联系在一起。因此，海湾六国在对待外部事务时的立场和态度基本是一致的。在美国发动的"打伊倒萨"战争中，海湾六国表面上也都同声说"不"。海湾阿拉伯国家合作委员会（以下简称"海合会"）于2002年7月17日发表公报说，阿拉伯六个产油国重申，绝对不支持美国的"倒萨"行动。但实际上，正像人们所知的那样，如果没有海湾国家（特别是像科威特这样的国家）提供方便，美国是不可能如此迅速地在伊拉克战争中取得胜利的。海湾六国在伊拉克战争中最终持一种默许乃至支持的态度。

海湾六国对"倒萨"的表态是具有两面性的。出于同根同族的血缘关系，它们自然不希望兄弟国家被侵略、同胞被蹂躏。但是，它们又始终对萨达姆政权抱有戒心。1991年海湾战争前，在国家的综合实力特别是军事力量方面，伊拉克曾是中东一霸，能与西亚强国伊朗交战8年就是典型一例。所以，不管当时所持的立场如何，海湾六国的首脑们内心都希望萨达姆在海湾战争中完全消失。但是出于对美国战略利益的考虑，老布什留下了奄奄一息的萨达姆政权。经过海湾战争的打击和多年的国际制裁，伊拉克政权虽已今非昔比，但"百足之虫，死而不僵"的道理仍让海湾国家对其放心不下。从这个角度上讲，它们希望再借美国之手，彻底除掉萨达姆这个隐患。布什"倒萨"，正合它们的意愿。所以，它们在公开表态时，虽齐声说"不"，私下却为"倒萨"行动的准备和实施提供了种种他人无法替代的方便。

东京大学教授藤原归一在《帝国的战争》一文中提道："尽管除科威特之外的阿拉伯国家都批评美国对伊拉克采取军事行动。但美国根本不把这些批评放在眼里。"科威特之所以对美国对伊拉克采取军事行动持不批评态度，甚至成为美军进入伊拉克的跳板，自有其特殊的原因。

科威特北邻伊拉克，历史上曾是奥斯曼帝国巴士拉省下属的一个县，后成为英国的保护国。奥斯曼帝国衰退后，伊拉克于1932年独立，成立了民族政府。1961年，科威特也摆脱了英国殖民统治宣布独立。然而，伊拉克一直强调科威特是"伊拉克整体的一部分"，并试图与其合并，遭到科威特的反对。1963年，伊拉克复兴党政府承认科威特独立，两国签署了"伊科边界协议"，但伊科之间仍有160公里长的边界尚未划定。

1990年8月2日，10万伊拉克大军越过科威特边界，迅速占领科威特全境，并宣布科威特为其第19个省，从而引发了震惊世界的海湾危机。翌年1月17日，以美国为首的多国部队发动"沙漠风暴"行动。2月27日，伊拉克宣布无条件接受联合国安理会关于海湾危机的决议。海湾战争遂告结束。

海湾战争结束后，伊拉克一直没有放弃对科威特的主权和领土要求，直到 1994 年 3 月才表示愿意同科方讨论"所有悬而未决的问题"，包括边界、战俘以及战争赔偿等问题。

海湾战争在科威特人民心中留下了沉重的创伤。直至伊拉克战争前，科威特仍指责伊拉克还扣押着 600 多名科威特战俘和失踪人员，尚未全部归还在海湾战争中掠夺的科威特财产。所以科威特认为伊拉克入侵科威特的战争并未结束，来自北方的威胁一直是科威特首先要考虑的问题。北方的问题一天不解决，就一天不能高枕无忧。不少科威特人从心底里希望彻底解决"北方狼"的问题。2002 年 8 月 2 日，科威特媒体对不同年龄层次的科威特人进行了调查。科威特英文报纸《阿拉伯时报》的调查结果表明，63% 的科威特人支持军事打击伊拉克，27% 的人反对，10% 的人持中立态度。在这次美英联军对伊拉克的军事打击行动中，科威特不仅为联军提供军事基地，而且美军在海湾地区的军力有一半都驻扎在科威特境内。但科威特政府又多次强调，科威特决不会利用领土来向伊拉克发动进攻，科威特不是交战的一方。一方面，科威特领导人再三向世人表明，他们不希望美国对伊拉克实施军事打击；另一方面，科威特却敞开大门接纳一批又一批的美军，为美军提供种种便利。这便是科威特在伊拉克战争中表现出的复杂心态。国家利益永远是高于一切的。当兄弟国家对自己的生存构成威胁时，借他人之剑除之，也未尝不可。

沙特是伊拉克的邻国，同伊拉克之间有着很长的陆上边界线，在伊拉克战争中，作为海湾国家的沙特也表现出了复杂的心态。

沙特是美国在海湾地区的传统盟友，曾是美国在中东地区最大的石油供应国。过去半个世纪以来，沙特一直是美国中东战略的基石。海湾战争期间，沙特不仅允许美军进驻，出兵助美打伊，还为海湾战争支付了百亿美元的军费。战后，美军长期留在沙特国内，两国军事与安全合作十分密切，沙特作为美国的重要盟友，是美维护海湾地区安全与稳定的主要支柱之一，而美国则是沙特的主要保护国。美国方面一直有强烈的防止伊拉克进攻沙特的意识。1991 年海湾战争以来，沙特一直关闭着与伊拉克的边境，对伊拉克这个强大的邻国是很警惕的。解决萨达姆政权，消除来自伊拉克的威胁是沙特早已期待实现的愿望。基于这一点，沙特对美国发动的"打伊倒萨"的军事行动是理解的、支持的。

然而，"9·11"事件使美沙关系蒙上了阴影。它使美国改变了对一些阿拉伯国家特别是对沙特的看法，开始反省其对阿拉伯国家的传统政策。直接参与"9·11"事件的19个恐怖分子中有15个来自沙特。本·拉登的原籍也是沙特，"基地"组织成员中沙特人更是占了相当大的比例。这一切不能不使美国感到震惊。"9·11"事件一发生，美国举国上下就对沙特一片声讨。美国有关方面甚至拟定了一份关于肢解沙特的秘密报告。报告提出，在推翻萨达姆政权且伊拉克被托管后，可以着手让沙特的哈萨省脱离沙特，并考虑完全肢解这个国家。

美国的这些声讨和秘密报告曾引起沙特朝野的强烈不满，激烈的反美浪潮迅即兴起。沙特民众对美国长期在沙特驻军表现出厌烦和不快，甚至出现了要求美国撤军的呼声。在这样的背景下，面对美伊战争，沙特领导人不得不一再强调，沙特不参加战争，即使有联合国安理会的开战决议，沙特也不会参战。

"9·11"事件以后，美沙关系已经出现了严重的裂痕。但是，双方都不愿意在这一点上走得太远。美国一直小心翼翼地维护着同沙特的亲密关系。美国政要经过冷静思考，开始引导、扭转国内反对沙特的舆论。他们认为，如果要攻击伊拉克，与沙特的合作是不可或缺的。

沙特王室更是想积极修复受到损害的沙美关系。迫于国内民众强烈的反美情绪的压力，它不可能像海湾战争时那样积极地参与"打伊倒萨"的行动。由于担心被美国抛弃，甚至被肢解，从而导致沙特王朝的垮台，沙特王室不敢也不愿真正反对美国对伊拉克动武。沙特深知：基于军事实力，顺从美国的阿拉伯国家将得到奖励，对抗美国的国家必将受到惩罚。既想与美国保持一定的距离，又怕开罪太多而招致武力或政治报复，便是沙特复杂心态的典型表现。

阿联酋、阿曼、巴林和卡塔尔与伊拉克之间无共同的边界。它们对伊拉克虽有惧怕心理，但远没有沙特和科威特那样具体、直接。这些国家的民众对伊拉克战争抱的是一种"战争跟我们挨不着"的态度。一般来说，这些国家对美国的态度是：上层亲美，下层反美，中层跟风。有学者认为：海湾国家是伊拉克战争的第二个受害地区，除了担心战火会对本国生命财产安全造成危害以外，这一地区的国家还会因为安全问题无法保证而丧失许多商机。有研究者估计，战争给海湾国家造成的经济损失可能达到数百亿美元。笔者接触到的海湾国家的外交官们普遍认为：伊拉克战争还造成了一个不可忽视的问题，即这场战争将对海湾地区的环境产生长期的不良影响，海湾人将要长期承受战争污染对健康和生命的危害。尽管如此，这些国家对美国发动的"打伊倒萨"战争还是采取了默许甚至支持的态度。

这些国家都有美军基地。卡塔尔虽然是一个很小的国家，但在美伊战争期间却驻有 4 个军事基地，包括 5000 多名美军。美国对伊战争的指挥中心和空军司令部就设在卡塔尔。阿联酋更是提出了让伊拉克总统萨达姆引退流亡以避免战争的建议。巴林和卡塔尔很快就明确表示支持这一建议。这些国家虽然在中东问题上不时批评美国政府不负责任，偏袒以色列，但他们基本上还是视美国为亲密盟友，在许多问题上支持美国的所作所为。他们积极维护和发展与美国的关系主要有三个原因：一是与美国交好符合它们的外交战略。除了海合会以外，这些国家最重视的就是与美国的关系。二是寻求美国继续对它们的保护。海湾战争之后，这些小国深知大国保护的重要性，没有美国牵制伊拉克和伊朗，它们可能不得安宁，甚至有可能重蹈科威特的覆辙。三是它们与美国的经济联系过于紧密。它们每年要将上百亿美元的石油收入用于国外股市、房地产业和大公司股份购买，其中大部分投放在美国市场。此外，美国还是这些国家主要的军火供应者。

上述政治和经济因素，注定了海湾地区的这些小国必须小心谨慎地维护和发展与美国的关系。如果他们在伊拉克战争的问题上处理不慎，不仅影响与美国的盟友关系，自身的政治利益、经济利益，乃至整个国家的利益都有可能受到巨大的损害。事实也证明，海湾国家在伊拉克战争中所持的立场，已使他们得到了实惠。布什总统于2003年5月9日在华盛顿会见了卡塔尔元首埃米尔。同年6月初，埃米尔在多哈会见了布什总统。两国元首在不到一个月的时间内，举行了两次会晤，并就两国在政治、经济、军事等方面的合作进行了建设性的会谈。

二、其他亚洲阿拉伯国家和埃及的心态

除了伊拉克和海湾六国外，亚洲的阿拉伯国家还有叙利亚、黎巴嫩、约旦、巴勒斯坦、也门等。埃及则是横跨亚非两大洲的阿拉伯世界的大国。在这些国家中除也门外，其余都是几次中东战争的前线国。中东问题的焦点——巴以争斗与这些国家有直接的关系。此外，这些国家都没有丰富的石油资源。国民经济依靠的是生产、贸易、旅游等常规的发展渠道。这些地缘、政治、经济上的共同特点使它们在面对一些重大国际问题时，往往容易达成较为一致的意见。在此次伊拉克战争中，这些国家所持的是反对动武、力争和解的态度。

这些国家深知，美国发动酝酿已久的伊拉克战争，一是为了推翻萨达姆政权，在伊拉克建立亲美新政权，并以此为突破口，将美国所谓的民主制度和价值观强加于中东各国，各个击破，逐一消灭反美政权，最终改变中东地区的政治版图；二是进一步控制海湾石油，谋取最大经济利益，以达到完全称霸中东的目的。而对美国"打伊倒萨"的行动，这些国家的领导人懂得何为"唇亡齿寒"，他们认为用武力推翻萨达姆政权可能会开一个非常危险的先例。因为在美国看来，这些国家基本上都不是民主国家，都是美国要改造的对象，他们担心萨达姆的今天会成为自己的明天。

长期以来，由于美国一直偏袒以色列，镇压巴勒斯坦，美国在阿拉伯人的心目中是共同敌人，是以色列的靠山和帮凶。这次美国又对一个阿盟成员国动武，这又一次深深地激怒了拥有共同文化的阿拉伯民众。埃及《金字塔报》

记者哈尼·舒克拉赫撰文指出："历史不会重写，而将被抹去。一场严重违反联合国宪章和国际法的战争，一场还没有开始就引发从东京到洛杉矶 3000多万人街头游行的战争，一场除美国和以色列之外的国家都反对的战争，除了留下恶名，还能记录下什么？"基于对国家利益的考虑，也迫于民众强烈的反美情绪，这些国家秉持反对美国入侵伊拉克的立场。但由于美国在中东地区的强大影响，以及这些国家与美国之间的千丝万缕的联系，它们在做出这样的决定时心态却是十分复杂的。

埃及是阿拉伯世界的大国。它对伊拉克问题的基本立场是：对于该问题的解决应建立在国际法的基础上，保护伊拉克的主权和领土完整，以和平手段解决地区争端。埃及认为，尽管伊拉克在武器核查上有一定的问题，但美国就此对伊拉克发动战争是不公正的。这是在遵循弱肉强食的法则，是人类社会的巨大倒退。布什政府在解决伊拉克危机问题上表现出的只有傲慢和粗鲁。

埃及在美国对伊拉克动武的问题上持反对立场，主要基于以下原因：

首先，是寻求埃及国内局势稳定。埃及民众普遍反对埃及加入由美国挑头的国际反恐怖主义联盟，认为如果埃及帮助美国对伊拉克或其他阿拉伯国家采取军事行动，便是为虎作伥。美国这么做的本意就是想把祸水引向伊斯兰世界，进一步加剧各伊斯兰国家之间及伊斯兰国家内部的矛盾和分裂。埃及国内存在着"穆斯林兄弟会"（下文简称"穆兄会"）、"圣战组织"和"伊斯兰组织"等组织。近几年来，这些组织和埃及政府之间已经建立起相互容忍的关系，尽管这种关系非常脆弱，但是足以保证埃及国内维持一个稳定的政治局面。为了继续维持这种局面，埃及政府不愿冒险支持美国对伊拉克动武，激怒这些反美情绪本来就十分激烈的伊斯兰组织。

其次，是出于对本国经济的考虑。埃及尽管在地理位置上与伊拉克尚有一定距离，但是它和伊拉克同为两个阿拉伯大国这一事实，使其经济不得不受伊拉克战争爆发的巨大影响。因为在过去的两年里，埃及和伊拉克两国之间经贸联系非常密切。从双方的贸易额看，埃及在伊拉克全球贸易伙伴中已经上升到了第三位。2002 年埃及对伊拉克的出口额已经达到了约 17 亿美元。此外，双方还有未履行的合同，涉及约 42.5 亿美元的出口贸易额。一旦美国对伊动武，埃及同伊拉克的贸易将陷入停顿。

另外，埃及的旅游业也将因游客减少遭受巨大损失。局势不稳定还会使外国投资者、甚至是阿拉伯投资者从埃及撤资，严重影响埃及的经济发展。埃及投资集团董事长亚玛尼先生表示，伊拉克战争将使埃及损失至少 60 亿美元，主要集中在埃及的旅游、出口、服务业和运输业等领域。

再次，是出于对巴勒斯坦问题的考虑。在阿拉伯国家看来，巴勒斯坦问题是中东一切问题的重中之重。埃及作为阿盟的"盟主"，有责任维护包括巴勒斯坦、伊拉克在内的阿拉伯国家的利益，推动巴勒斯坦问题的解决。"9·11"事件之后，埃及非常担心美国和西方国家在重新规划国际战略时忽视巴勒斯坦问题。因此，埃及曾多次警告，不要因为忙于对付恐怖主义而对巴勒斯坦问题置之不理。巴勒斯坦问题是中东和平的主要威胁，也是埃及能够显示其影响力的一个重要领域。一方面，巴勒斯坦问题悬而不决，地区冲突的隐患就会长期存在；另一方面，如果巴勒斯坦问题的重要性下降，那么埃及在国际舞台上的重要性也将随之下降。这些当然不是埃及乐于见到的。

然而，埃及作为中东地区的一个重要国家，长期以来一直是美国拉拢的对象。自 1979 年起，美国每年都向埃及提供 21 亿美元的经济和军事援助。埃及也把埃美关系视为最重要的对外关系。如果埃及在美伊战争中以兄弟情谊为重，走得太远，那么来自美国的巨大援助就有泡汤的可能。而这笔援助对埃及的财政来说，是举足轻重的。因此，既反对美国对伊拉克动武，又不愿意同美国决裂，便是埃及在伊拉克战争中的主要态度。

约旦是伊拉克的西邻。约旦同伊拉克的关系非同一般，历来在政治、经济、宗教等各个领域保持着紧密联系。两伊战争期间约旦就曾支持伊拉克。在海湾战争期间，约旦冒着被别的阿拉伯国家孤立的危险，坚定地站在伊拉克一边。此外，约旦和伊拉克之间的贸易额自 2002 年来不断上升，伊拉克已成为约旦的头号贸易伙伴,每年同约旦的进口贸易额高达 9 亿美元。战前伊拉克每年向约旦提供 500 万桶原油,其中 250 万桶为无偿赠送,另外 250 万桶以国际市场价的一半出售给约旦。

约旦政府对伊拉克危机一直忧心忡忡。约旦认为,一旦美国对伊拉克发动军事打击,将使中东局势更加错综复杂,并会给整个地区造成难以预料的后果,作为邻国的约旦当然在劫难逃。因此约旦政府多次表态,反对对伊拉克采取任何军事打击。约旦新闻大臣指出:"我们不会允许别国把约旦当作发射架,对我们的兄弟邻国伊拉克发起进攻,也不会允许别国利用我们的领土及领空来实现这一目的。"[1] 此外,约旦还不断与有关各国进行大量外交活动,希望通过外交努力使伊拉克免遭战争灾难,并指出伊拉克问题应在联合国安理会框架内解决。

不过,在美国对伊动武的问题上,约旦也有难言之隐。美国在阿拉伯阵营中一直竭力拉拢约旦,主动与约旦发展各个领域的合作关系。美国是约旦最大的出口市场之一,约旦向美国的年出口额占约旦外贸总额的20%,即6亿美元。美国每年还向约旦提供大量的经济援助。2002 年,美国共向约旦提供了4.6亿美元的援助。为了提高自身的战争防御能力,约旦十分重视与美国的军事合作。2002 年,约旦从美国得到的军事援助已近 2 亿美元。因此,约旦虽一直力阻战争的爆发,并谴责美英对伊拉克的侵略,呼吁美英停止战争,结束伊拉克人民的苦难,但由于其在政治、经济和军事上对美国依赖太大,也就不可能因伊拉克问题而伤害与美国的盟友关系。

叙利亚东南部与伊拉克接壤,是中东地区具有重要影响力的国家。作为当时联合国安理会唯一来自阿拉伯地区的非常任理事国,叙利亚坚决反对美国对伊拉克动武。叙利亚民众反战情绪十分强烈。他们认为,以色列拥有大规模杀伤性武器,并拒绝执行联合国有关决议,而联合国没有对它实施任何制裁。

---

1 见《约旦和科威特反应冷淡 美军合围伊拉克有点难》,载于新华网,http://www.xinhuanet.com,2012 年 7 月 18 日。

伊拉克已经遭受了十几年制裁，现在美国又要将一场战争强加给它，当今世界的公理何在？叙利亚政府则积极寻求和平解决伊拉克危机的方案，呼吁美国在伊拉克问题上采取明智的政策，谋求伊拉克问题的政治解决，以避免战争的爆发。叙利亚之所以强烈反对美国对伊拉克动武，自有其深层的考量。

叙利亚作为阿拉伯大家庭中的一员，从民族感情上讲，不希望看到另一个阿拉伯国家遭受别国的入侵。阿拉伯国家内部虽存在着复杂的矛盾，但是一旦遇到外来势力的干涉和入侵，强烈的民族自尊心会使阿拉伯兄弟放弃前嫌，一致对外。从这一点来说，叙利亚是一个阿拉伯民族感情比较强烈的国家。

叙利亚坚持把恐怖主义与反对外国占领的斗争区别开来。大马士革设有极力反对巴以和谈的巴勒斯坦反对派组织——伊斯兰抵抗运动的总部和分支机构。叙利亚还是黎巴嫩真主党的支持者，也因此被美国视为支持恐怖主义的国家之一。在美国人的心目中，叙利亚和伊拉克同属"邪恶轴心国"。美国将目标锁定伊拉克，难保明天的对手不是叙利亚。因此，叙利亚绝对不希望伊拉克成为美国向阿拉伯兄弟开刀的先例。

从战略全局考虑，叙利亚致力于建立开罗—大马士革—利雅得政治轴心和大马士革—德黑兰—巴格达安全战略和经济轴心，并视伊拉克为叙利亚的"战略纵深"之地。叙利亚政府担心，一旦战争爆发，伊拉克可能被美军击垮。这将给叙利亚谋求的战略格局带来巨大的冲击。

战前几年，叙利亚与伊拉克经贸关系发展很快。叙利亚与伊拉克在2001年年初签署了建立自由贸易区的协议，两国的年贸易额已达30亿美元。此外，叙利亚的旅游业也会因战争受到影响。因此，如果战争爆发，叙利亚也将在经济上遭受巨大损失。

出于上述种种原因，叙利亚权衡利弊，对美国"打伊倒萨"的行动表示明确的反对，但是由于美国的高压，考虑到自己国家的利益和生存需要，叙利亚在做出反对美国发动伊拉克战争的决定时心态也是十分复杂的。

黎巴嫩、巴勒斯坦和也门均反对美国对伊拉克动武，但由于各自的原因，它们在此问题上的地位较低、作用相对较小。

黎巴嫩和叙利亚一直有着特殊的关系。1975 年黎巴嫩内战爆发后，叙利亚军队以阿拉伯威慑部队的名义进入黎巴嫩，并长期驻扎下来。虽然叙利亚军队已从黎巴嫩撤离，但叙利亚对黎巴嫩的影响无处不在。1991 年 5 月，两国签订"黎叙合作条约"，同年 9 月双方又签署"安全条约"。通过法律形式规定了叙利亚对黎巴嫩安全负有责任和义务。在半个多世纪的阿以冲突以及中东和平进程中，黎叙两国一直相互协调，相互支持。

在对待伊拉克的态度上，黎巴嫩也与叙利亚保持一致的立场。但是对于以色列的北部邻国黎巴嫩，美国采取的是"收买"和"打压"两种策略。美国让黎巴嫩参加了于 2001 年 11 月下旬在巴黎举行的国际捐助国大会，为负债 300 亿美元的黎巴嫩政府筹措数十亿美元的财政支持，帮助其渡过经济难关，并派特使和水问题专家帮助黎巴嫩和以色列调解水资源纠纷。另一方面，美国把黎巴嫩真主党列入恐怖组织名单，并指控黎巴嫩窝藏、掩护恐怖分子，扬言将对真主党实施军事打击，从而以打击恐怖主义为名，帮助以色列清除在中东地区的宿敌（黎巴嫩真主党）。这便是黎巴嫩所面临的复杂局面。

伊拉克是以色列在中东地区潜在的最强大的敌人，也是巴勒斯坦解放事业强大的支持者。伊拉克政府从来就没有承认过以色列的生存权，而是主张将以色列赶出中东地区。萨达姆政府在声援巴勒斯坦民族权力机构的同时，坚持支持巴勒斯坦解放组织，并为他们提供资金上的援助，甚至组建了专门的军队，准备有朝一日赴巴勒斯坦参战。因此，在美国对伊拉克动武的问题上，近 80% 的巴勒斯坦人表示，他们将像 1991 年海湾战争时那样支持伊拉克。巴勒斯坦机关报《圣城报》则明确指出，在伊拉克发生的情况是通过武力干涉阿拉伯国家事务的一个危险的开端。一针见血地指出了伊拉克战争对阿拉伯国家的危险性和危害性。

也门与伊拉克的关系十分友好。早在海湾战争时期，也门就是少数几个支持伊拉克的国家之一。在伊拉克战争中，也门又一次坚定地站在伊拉克一边。

也门人民举行了好几次反对美国对伊拉克动武的游行示威，连平时闭门不出的也门妇女，也披着面纱走上了街头。2003 年 3 月 23 日，也门断然拒绝了美国要求也门驱逐 3 名伊拉克驻萨那的外交官的要求，明确表示了同情和支持伊拉克的立场。但是由于也门在海湾战争中支持伊拉克而被其他阿拉伯国家孤立，吃了不少亏；美国又认为也门与本·拉登的"基地"组织有牵连，所以此次在反对美国对伊拉克动武的问题上，也门也不敢走得太远。

三、非洲阿拉伯国家的心态

除埃及以外的非洲阿拉伯国家，在地理位置上离伊拉克较远，与伊拉克在经济贸易上的关系也不像伊拉克与其周边国家那么密切。所以总体而言，这些国家在美国对伊拉克动武问题上的态度和反应均比较平淡。虽然它们也做出了各种各样的表示，但这种表示只限于道义层面，是基于阿拉伯国家的民族感情，其力度和影响是十分有限的。

利比亚是北非较有影响的阿拉伯国家，多年来敢于同美国叫板。从 1982 年开始，美国就以利比亚搞恐怖主义为由禁止利比亚石油进口，并停止向利比亚出口石油技术及设备。1992 年，美英还策动联合国通过对利比亚实施航空、军事和外交等方面的制裁决议。在打击恐怖主义的名单上，美国把利比亚列入第二批打击目标，视为"次邪恶轴心"国家。美国政府相信，利比亚在加紧研制大规模杀伤性武器，并且在囤积生化武器，所以一直没有放松对利比亚的打压。

在这种情况下，利比亚仍表示反对美国对伊拉克动武，并表示美国以扑克牌形式列出所抓捕的伊拉克官员名单的做法是违背国际惯例和国际法的，还表示欢迎萨达姆的妻子和两个女儿及其他伊拉克官员到利比亚定居。利比亚还曾多次因感到阿盟处事不力而要退出阿盟。2002 年 9 月，阿盟外长会议通过了反对美国对伊拉克动武和劝说伊拉克无条件接受联合国武器核查的联合声明。利比亚对此感到失望，认为阿盟国家在美国对伊动武问题上如同在巴以问题上一样，表现得软弱无力。同年 10 月 24 日，利比亚致函阿盟总部，再次表示要退出阿盟。然而利比亚的这些做法更多只是一种姿态，对伊拉克危机的解决并无多少实质性的帮助。

无论在战争爆发前还是爆发后，苏丹政府在美国对伊拉克动武的问题上均反应平淡，没有采取较大的、值得注意的外交、内政措施和相关行动，只是做了一般性表达，同大多数阿拉伯兄弟国家保持一致立场。战争爆发后，喀士穆大学学生和部分群众曾到美国驻喀士穆使馆门前举行游行示威，但遭到了警察的阻拦。这与苏丹 1991 年海湾战争期间支持伊拉克、反对美国的态度之坚决形成了鲜明的对照。

苏丹政府在美国对伊动武的问题上采取这样的立场也是出于维护自身利益的考虑。1996 年，美国以苏丹庇护了 3 名参与 1995 年 6 月行刺埃及总统穆巴拉克的嫌疑犯为由，推动联合国安理会通过空中禁运等三项决议，对苏丹进行制裁。"9·11"事件后，美国也把苏丹视为"次邪恶轴心"国家，列入支持恐怖主义的国家名单。

另外，苏丹政府面临的最大问题是如何实现国内的民族和解、结束长达 20 年的内战。而解决这些棘手的问题，离不开美国。尽管美国打着主张苏丹统一、反对分裂的幌子，骨子里却反对维护一个统一的苏丹政权。这一切都是苏丹政府内政外交上的心病。为解决这些问题，苏丹政府十分需要美国的帮助，迫切需要同美国搞好关系。在这样的大背景下，苏丹政府在美国对伊拉克动武的问题上反应平淡，也就不难理解了。

面对美英对伊拉克发动的军事打击，作为阿拉伯和伊斯兰国家的摩洛哥保持了相对的低调和平静。这是因为摩洛哥与伊拉克相距甚远，战争对其直接影响很小。战后的难民、重建等问题也基本与它无直接关系。尽管摩洛哥是一个能源进口国，但其中大部分是由沙特赠送的，不会受国际石油产量和价格的影响。此外，摩洛哥也是美国传统的军事合作伙伴，美国战前已宣布向摩洛哥提供 3000 万美元的捐赠款和 1000 万美元的军事援助，条件是在伊拉克战争打响之后，摩洛哥不仅要保持沉默，还要负责保护美英舰队安全通过直布罗陀海峡。

因此，摩洛哥虽是非洲第一个出现自发性反战示威活动的阿拉伯国家，但是为了维护社会稳定和国家利益，它既没有像坚决反战的国家那样谴责美国，也没有像中立国家那样对战争表示遗憾，而只是对最终使用武力解决伊拉克危机感到失望。

其他非洲阿拉伯国家在美国对伊拉克动武问题上的态度，基本与苏丹和摩洛哥相同，出于自身利益的考虑，大多数保持低调和平淡。

伊拉克战争虽已结束，但美国利用在伊拉克获胜的惯性，通过恐吓来进一步控制中东国家的做法多半还会继续下去。从战后伊拉克的情况看，伊美之间一个新的恩怨轮回似乎已经开始。战后伊拉克仍然一片混乱，经济濒于崩溃，反对美国占领的呼声日益高涨，伊拉克人民并没有找到被解放的感觉。埃及《金字塔报》2003 年 4 月 2 日发文指出："美国继续这场战争所面临的最大危险是：将使阿拉伯人民更加确信美国在一种新的方针下重现西方殖民主义，而这是阿拉伯人民和广大穆斯林不能接受的。"这种信念越强，阿拉伯人民就越难被说服。阿拉伯人民创造了令人钦佩的文明，不论是武力入侵还是光明前景的承诺，都不能令他们放弃保卫自己的国家和尊严。

美国试图通过战争拔掉萨达姆这个钉子，在伊拉克建立亲美政权，并以伊拉克为"民主改造"的样板，改造整个伊斯兰世界。但是，民主是不能用枪杆子来给予的，文明也不能通过战争来移植。美国对伊拉克发动的这场战争，将使中东的地缘政治和安全格局变得极为复杂。在这样的情况下，对阿拉伯国家在伊拉克战争中的复杂心态进行探讨是有一定意义的。

第三章　中东剧变中的沙特

作为阿拉伯世界经济强国的沙特阿拉伯王国，在近几年的中东剧变中，由于各种复杂的原因，扮演着不同的角色，正在地区格局中施加着不容忽视的影响。

一、沙特王室在其国内局势中的态度

沙特可以说是当今世界上极为封建保守的国家，沙特王室是极为封建保守的专制政权。在英国《经济学家》杂志"民主指数排行榜"上，沙特在167个排名国家中居于第160位。对发生在阿拉伯世界的这场变革，沙特王室是反对的，起码是不欢迎的。沙特既怕这种变革在其国内产生连锁反应，从而动摇王室政权，又不希望包括伊朗和"基地"组织在内的反沙特势力在这场变革中发展壮大，所以有人认为沙特是反所谓的"阿拉伯之春"阵营的领头羊。

"阿拉伯之春"的风也确实刮到了沙特，这个王国各地都在酝酿着要求政治改革和改善民生的抗议浪潮，2011年3月就有人在互联网上呼吁，为了争取沙特妇女开车的权利，将于3月11日在沙特举行"愤怒之日"大规模游行示威活动。其他规模较小的示威活动也在东部的什叶派穆斯林聚居区多次发生。抗议者要求更多的自由，要求进行自由公正的选举，要求立宪，甚至要求结束王室统治。面对这种局面，沙特王室迅速采取软硬两手做法。

硬的一手是，迅速出手颁布法令，禁止公开示威以及任何表达公民不服从的活动。任何人如有异议都必须出于善意的目的私下告知相关部门。公开示威被看作是反伊斯兰的，因为这些行为会引发分歧并导致民众冲突。沙特最高乌兰玛（又译为"乌莱玛"）委员会裁定示威行动是彻底的反伊斯兰行为，并用遍布大街小巷的保安人员来维护这一裁决。在沙特民众欲在全国各地举行"愤怒之日"抗议活动的 3 月 11 日，沙特警方动用了坦克、装甲车和武装部队，没等人们上街就控制了重要地区和交通要道。在 2011 年 12 月 16 日和 23 日两天沙特各地发生的抗议活动中，有 100 多人被沙特安全人员逮捕。

软的一手是，用一揽子大规模政府补贴计划来安抚国内民众。价值 1300 亿美元的支出项目被迅速列入未来五年的财政预算之中。作为全国劳动力主力军的所有公务员都加了工资，政府相关工作职位数量也有所增加。阿卜杜拉国王发布国王令，向沙特公民发放补贴，提高最低工资标准，向失业者发放救济金，为中低收入者兴建 50 万套新住宅。然后，阿卜杜拉又颁布了诸如给予妇女选举权、允许妇女参加议会和市议会选举、成立反贪局等一系列改革法令。

沙特王室还利用宗教和部落的影响力，向要求变革的沙特年轻人施加影响。在每周五的聚礼中，沙特各清真寺阿訇引述伊斯兰教创始人穆罕默德的话来告诫穆斯林：造反是大逆不道的，是严重违反伊斯兰教规的行为，将会受到清算。在利雅得东部地区最大的清真寺拉志西清真寺，一位阿訇说："看看突尼斯和埃及就知道了，造反对老百姓有什么好处，连最基本的安全和食品都得不到保障，有问题好好说，通过合法手段可以得到解决。"[1]这些措施发挥了作用，取得了应有的效果，遏制了尚处于萌芽状态的抗议火焰，基本维护了沙特内部的稳定。

二、沙特对利比亚的态度

对于沙特王室而言，利比亚前任领导人卡扎菲并不是阿拉伯兄弟，而是冤

1　见《沙特：借变局欲当中东领头羊》，王波著，载于《国际先驱导报》，2012 年 2 月 6 日。

家对头。自从卡扎菲1969年上台执政以来，利比亚与沙特的关系一直比较紧张，卡扎菲向来看不起海湾地区的君主制国家。"9·11"事件以后，卡扎菲多次公开指责沙特是滋生"基地"极端分子的温床，沙特则指责利比亚破坏阿拉伯世界的团结。2003年3月1日，卡扎菲与阿卜杜拉王储在埃及沙姆沙伊赫首脑会议上怒目相向，当众大吵一场，阿卜杜拉称卡扎菲是"说谎者"，卡扎菲称沙特准备"同魔鬼（美国）一道进攻自己的盟友（伊拉克）"。[1] 2003年9月在开罗召开阿拉伯国家外长会议期间，又发生了利比亚保镖侮辱、殴打沙特外交大臣费萨尔亲王的事件。2004年12月22日，沙特外交大臣费萨尔突然宣布，沙特决定驱逐利比亚驻沙特大使，同时召回沙特驻利比亚大使。费萨尔说，这是对利比亚阴谋暗杀沙特王储阿卜杜拉事件做出的反应。

虽然，从地缘和经济上看，利比亚变革的最终结果跟沙特并无实际利害关系，但鉴于两国之间的历史恩怨，沙特人当然乐于看到卡扎菲下台。所以，沙特积极主张西方世界对利比亚进行军事干预，并促使阿盟要求联合国在利比亚上空划定禁飞区。卡扎菲最终被反对派打死，沙特在利比亚问题上达到了预期的目的。

三、沙特对巴林的态度

长期以来，巴林占其总人口近70%的什叶派一直对逊尼派统治者不满。2005年，巴林的失业率也已升至15%。当"阿拉伯之春"的风刮到巴林时，巴林的什叶派穆斯林喊着"哪怕只有面包和水，也要自由"的口号走上了街头，并与执政当局发生了激烈的冲突。巴林当权的哈利法家族对抗议示威活动进行

1　见《称利比亚密谋杀王储 沙特利比亚关系急转直下》，载于人民网，http://www.people.com.cn，2004年12月24日。

了干预，清除了位于珍珠广场的抗议者营地，但抗议活动仍持续不断。

面对这种局面，沙特迅速对巴林给予了支持，以免它被什叶派民众示威颠覆。沙特军队以海合会的名义进驻巴林，并明确表示将对示威者采取铁腕手段，同时承诺在未来十年内支援巴林 100 亿美元。在沙特的干预下，巴林的局面得到了控制。

名义上，沙特是应巴林受到围攻的逊尼派穆斯林王室要求才采取这番行动的，但实际上还是为了维护自身的利益。沙特和巴林自古以来关系密切，两国王室世代联姻。从经济上讲，沙特在巴林的影响巨大，因为它是巴林出产的大部分石油产品的保管人，这些石油产自两国共享的阿布萨阿法油田。从政治上讲，如果什叶派人口占多数的巴林陷入像埃及一样的民众暴动，那么，沙特无疑会担心下一个将轮到自己拥有丰富的石油资源、居住着许多什叶派穆斯林的东部省份。另外，沙特担心占巴林人口多数、占沙特人口少数的什叶派穆斯林得到伊朗的支持，那对沙特来说无疑是噩梦。从军事上说，巴林是美国第五舰队总部所在地，美国在麦纳麦的海军基地对沙特至关重要，它为沙特的石油设施和石油出口所依赖的海湾航道提供保护。

四、沙特对也门的态度

沙特和也门之间有 200 公里长的边界线，在领土主权问题上长期存在着纠纷。尽管如此，沙特从未中断向也门提供无偿财政援助。经过多轮谈判，两国最终于 2000 年 6 月 12 日在沙特吉达正式签署了"最终和永久性水陆国际边界条约"，彻底解决了两国长达 60 多年的领土纠纷。也门甚至积极要求加入海合会，并且已被接纳为部分机构的成员。

在贸易方面，沙特是也门在海湾国家中的第二大贸易伙伴。早在 2003 年 7 月沙特就与也门签署了 7 项合作协议。2006 年，海湾国家在也门共投资约 7

亿美元，其中 80% 来自沙特。

当"阿拉伯之春"的风刮到沙特"下腹"的也门时，沙特并不希望也门民众的力量导致政权的更迭。除了良好的政治、经济关系外，"基地"组织是沙特考量也门问题的重要因素。近几年来，"基地"组织阿拉伯分支开始将也门由过去的避风港变为对抗西方的第三个圣战战场（三个战场分别为伊拉克、阿富汗—巴基斯坦、也门）。"基地"组织若与也门北部什叶派胡塞叛乱武装以及地方部落武装遥相呼应，将会直接威胁到沙特南部的安全。沙特政府一直出巨资援助也门总统萨利赫对付胡塞反政府武装，萨利赫在反恐问题上态度也一直很坚决。如果萨利赫下台，而什叶派反政府的、同情"基地"组织的人上台，那对沙特来说，后果是极其严重的。

沙特人认为，如果在也门发生类似内战这样大的动荡，那么在 2400 万饥饿的、全副武装的、对沙特的财富充满着嫉妒的也门人中，将会有大量的难民通过两国漫长的边境线涌入沙特。这对沙特来说，也是一个很棘手的问题。

鉴于此，沙特在也门的动荡中发挥的是积极调停的作用。基于与沙特多年的良好关系，萨利赫对沙特王室也是高度信任的。2011 年 3 月 21 日，时任沙特国王的阿卜杜拉收到了萨利赫的书信，要求沙特出面，在反对派和部落首领之间进行调解，因为萨利赫最为信任的国家就是沙特。沙特也确实没有辜负萨利赫的希望，做了大量的调停工作。因此，在 2011 年 6 月被炸伤后，萨利赫才敢大胆地到沙特治伤。

在也门反对派步步紧逼、国际压力不断增大的情况下，也是以沙特为首的海湾国家提出了权力移交的协议草案，并多次派海合会秘书长前往斡旋。2011 年 11 月 23 日，萨利赫最终在权力移交协议上签字。这个签字仪式也是在沙特首都利雅得举行的。萨利赫在签署了权力移交协议之后，成为第一个通过这种方式下台，从而达成既保全自己免于司法审判，又让国家避免陷入流血战争的双赢局面的阿拉伯集权统治者。

五、沙特对叙利亚的态度

在"阿拉伯之春"初起之际，沙特王室是最大的反对力量。但待事态发展到叙利亚，沙特却成了叙利亚反对派的"靠山"。沙特之所以采取这样的立场，其中有着特定的原因。

在这场阿拉伯变革中，沙特、伊朗和土耳其这三个中东地区的重要国家，激烈地争夺地缘政治霸权，使地区紧张局势迅速升温。由于教派和地缘因素，沙特一直把伊朗视为一种威胁。伊朗、黎巴嫩真主党与叙利亚连成一片所形成的新月地带，将动摇这一地区逊尼派在宗教上的统治地位，这是沙特不能容忍的。原来在沙特的前面有伊拉克挡着，萨达姆倒台后，随着伊拉克什叶派势力的壮大，沙特处在了抗击伊朗的第一线。

在沙特看来，叙利亚是伊朗的亲密盟友。叙利亚执政的阿萨德家族不仅在宗教上是伊朗执政教派（什叶派）的一个支派（阿拉维派），而且在许多涉及阿拉伯国家与伊朗关系的问题上，都站在伊朗一边。同时沙特认为，这次巴沙尔·阿萨德之所以在多数为逊尼派的叙利亚反对派面前表现得如此强硬，也是因为有伊朗撑腰。而在阿拉伯人的思维中，敌人的朋友就是敌人。所以，著名的沙特评论员贾迈勒·卡舒吉把沙特对叙利亚的政策看作是沙特"对伊朗战争"的一部分。从沙特的角度看，推翻阿萨德家族，将重创伊朗以及与叙利亚领导人关系密切的什叶派黎巴嫩真主党运动。这样就可以制止伊朗扩大影响，减轻其对海湾君主国的威胁。从争取民生开始的阿拉伯人民的街头革命发展到叙利亚，为以沙特为首的海湾君主推翻叙利亚巴沙尔政权、削弱什叶派的势力提供了千载难逢的机会。

因此，叙利亚的乱局，原本是受"阿拉伯之春"的影响而自发兴起的反对阿萨德世俗专制政权的群众运动，却已经完全变成了大国和外部势力操纵的地缘政治游戏。我们可以清楚地看到，在美国和某些西方国家的支持下，沙特及部分阿拉伯国家与以色列组成反伊朗什叶派政权的权宜同盟，企图利用逊尼派与什叶派之间的教派冲突，力争通过"政权更易"，消灭伊朗在本地区的主要盟友——叙利亚巴沙尔政权。

基于此，主要由逊尼派组成的叙利亚反对派，得到了沙特在政治、外交特别是财政上的大力支持。沙特不仅撤回了其驻大马士革的大使，多次与卡塔尔一起在阿盟会议上提出一个个旨在支持叙利亚反对派的方案，而且通过各种手段和渠道，积极为叙利亚反对派提供资金和武器。美国《外交政策》双月刊网站曾报道："沙特目前正通过在伊拉克和黎巴嫩的逊尼派部落联盟向叙利亚反对派输送武器。"一些沙特神职人员甚至公开呼吁在叙利亚发起圣战。英国《卫报》甚至透露，沙特官员正计划给自由叙利亚军发放薪水以鼓励政府军大规模变节，增大对巴沙尔政权的压力。

由此，人们就不难理解，以沙特为幕后主导的阿盟取消了叙利亚的成员国资格，出人意料地成为了西方搞乱叙利亚的工具和向叙利亚总统巴沙尔·阿萨德施压的强力杠杆。沙特不仅召回了驻叙利亚大使，而且极力主张国际社会对叙利亚实施制裁，采取切实措施，以制止流血冲突、预防可能发生的人道主义灾难。沙特还希望巴沙尔采纳也门方案，将权力移交给副总统。

六、沙特欲在地区格局中扮演的角色

沙特是政教合一的君主制国家，国王是国家元首和最高统治者，同时兼任了伊斯兰教长、内阁首相和武装力量最高统帅等职务，集一国政治、宗教和军队权力于一身。这种政治体制和管理模式至今仍有效地统治、管理着国家，甚至使沙特成为中东地区为数不多的长期保持政治稳定的国家之一。

在经济上，巨额的石油收入不仅迅速提高了民众的生活水准、社会福利，也提升了沙特王国的经济实力，加快了社会经济发展速度，增强了其对外施加影响的能力。

沙特是伊斯兰教的发祥地。伊斯兰教的两大圣地麦加和麦地那是全世界穆斯林向往的朝觐圣地，也是沙特的重要城市。沙特的麦加、麦地那等名字随着伊斯兰教的传播早已成为全世界穆斯林记忆中的一部分。"沙特国王自谦地称为'两圣地的守护者'，听起来似乎并不张扬，却郑重地昭示了沙特在伊斯兰教中的地位和影响。"[1]

力量的提升必然带来思想的转换以及地区角色的变化。长期以来，沙特一直想在中东地区，特别是阿拉伯世界扮演重要的角色。随着伊拉克力量被削弱，埃及忙于内部事务，沙特决定要公开担负起在该地区的领导责任。它正在努力成为一个有能力平衡阿拉伯国家权力大半的国家。阿拉伯问题专家唐志超指出："海湾国家重新整合、重塑阿拉伯世界的愿望也在加强。沙特希望取代埃及，扮演阿拉伯世界'老大'。沙特、卡塔尔有着强大的雄心和抱负，在对内改革的同时，也在推行积极的对外战略，如沙特提出'阿拉伯倡议'，卡塔尔提出全球'调解外交'。'阿拉伯之春'为海合会国家提供了难得的机遇，都望借此来引领阿拉伯世界。"

在这场席卷整个中东的反政府浪潮中，沙特不仅保持了自身的稳定，还凭借其强大的经济实力、独一无二的宗教地位和稳健低调的对外政策异军突起，借助海合会这个平台，在台前或幕后积极地发挥着作用，四处进行调解，施加软硬不同的影响，表现出其领导阿拉伯世界事务的欲望。

当那天晚上，突尼斯前总统本·阿里的座机在阿拉伯世界上空盘旋，寻找着着陆的跑道时，沙特有别于其他害怕会因此引火烧身的阿拉伯国家，慷慨地接纳了这位逃亡的总统。

当埃及前总统穆巴拉克自身难保时，作为好朋友的沙特国王阿卜杜拉一直力挺，并千方百计阻挡对其进行审判，始终没有对反政府人士表示支持，直到埃及人打起了伊朗牌，才迫使沙特改变态度。

---

1 见《解读中东：理论构建与实证研究》，王京烈著，世界图书出版公司出版，2011年。

在巴林问题上，沙特以海合会的名义，毫不迟疑地派出了军队，对逊尼派王室政权给予了强有力的支持。

对于也门这个与沙特命运攸关的邻居，沙特则采取了积极倡议和解的办法，竭力维护着"下腹"的安宁。

对利比亚和叙利亚，沙特采取的是压制的手法。西方某些国家之所以能大胆地对利比亚进行打击，关键的因素是以沙特为首的海合会在阿盟中发挥了积极促成的作用。沙特对叙利亚反对派的支持，则是全方位的、强有力的，而且这种力度正在不断加大。

沙特这种对突尼斯前总统本·阿里的"接"、对埃及前总统穆巴拉克的"挺"、对巴林反对派的"打"、对也门总统萨利赫的"谈"、对利比亚前总统卡扎菲和叙利亚总统巴沙尔的"压"，充分体现了沙特想在阿拉伯世界施展影响力、充当"老大"的真实愿望与良苦用心。

20 世纪 60 年代，以纳赛尔为总统的埃及无疑是阿拉伯世界的核心。80年代，伊拉克总统萨达姆·侯赛因则称霸一时，伊拉克被美国占领后，穆巴拉克领导下的埃及再次在阿拉伯世界发挥重要作用。随着穆巴拉克的下台，沙特感觉到了自己发挥更大作用的时机。目前沙特无可争辩地领导着相对稳定的海合会国家，这个组织也在发挥前所未有的作用。在这种甜头的作用下，沙特国王阿卜杜拉呼吁海合会成员国跨越合作阶段，成为联合的统一体，以实现共同的繁荣并抵御共同的敌人，认为这是战略的需要、安全的需要、政治的需要。

沙特外交研究机构发表的一份报告提到，在国内外局势发生前所未有变化的情况下，建立海湾联盟替代"合作"不仅是一种选择，而且是一个攸关生存和命运的问题。报告还指出，在海湾联盟建立后，将建立一支 36 万人的军队。另外海合会正在积极考虑将约旦和摩洛哥接纳为成员国，以扩大这个王室俱乐部的成员规模、力量和影响。

很显然，沙特希望在这个动荡不定的地区实现和平与稳定，希望在国内实现安宁和繁荣，也希望借助这次机遇扩大自身影响，提升其在地区事务中的地位，发挥出更大的作用。

七、沙特发动的"决战风暴"

2015 年 3 月 26 日零时，沙特发动了代号为"决战风暴"的军事行动，对也门什叶派胡塞武装进行空中打击，并在也门设立禁飞区。

沙特在此次行动中部署了 100 架战斗机和 15 万名士兵，首轮空袭就摧毁了胡塞武装在也门首都萨那的全部防空火炮、迪勒米基地和萨姆导弹库、4 架飞机。沙特战机还轰炸了胡塞武装占据的总统府、国际机场、几座兵营以及南部港口亚丁附近的因达机场，炸死、炸伤数十名胡塞武装分子。

参与此次行动的，除沙特外还有阿联酋、科威特、巴林、卡塔尔、埃及、苏丹、约旦、摩洛哥、巴基斯坦等国家。阿联酋派出了 30 架战机，科威特和巴林分别派了 15 架战机，卡塔尔派了 10 架战机，还有一些战机来自约旦、摩洛哥和苏丹。该行动还得到了巴基斯坦和埃及海军的帮助。

也门局势从 2014 年下半年开始急转直下。2014 年 9 月，胡塞武装攻占也门首都萨那，并向其国内其他省份推进。2015 年 1 月，胡塞武装占领总统府并一度软禁总统哈迪。2 月，哈迪逃往南部城市亚丁，继续行使总统职权。3 月 25 日，胡塞武装大举进攻亚丁，并于 26 日凌晨控制了亚丁国际机场。沙特和埃及等盟友认为，胡塞武装得到了什叶派大本营伊朗的支持。25 日，正在埃及沙姆沙伊赫出席阿盟外长理事会会议的也门外长里亚德·亚辛呼吁阿拉伯国家对也门实施紧急军事干预，以阻止胡塞武装组织的进攻。

面对以沙特为首的联盟发动的"决战风暴"，胡塞武装没有示弱。他们使用防空炮进行自卫，并持续与支持哈迪总统的武装力量在亚丁等地展开地面战。

伊朗则强烈谴责以沙特为首的联盟军事干预也门内政，多次呼吁立即停止空袭。伊朗表示，沙特发动"决战风暴"是一个危险的举动，将错失和平解决也门危机的机会。

人们担心，沙特对胡塞武装的空袭或将其在该地区最大的对手伊朗拖入冲突。那样的话，也门冲突或将演变为以沙特为首的逊尼派与以伊朗为首的什叶派之间的代理人战争，未来可能有更多国家卷入这场冲突。一旦也门战事长期化，饱受动荡困扰的中东地区会更加不得安宁。

根据联合国的统计数字，也门冲突已导致 1200 多人死亡，至少 30 万人流离失所。

2015 年 4 月 21 日，沙特宣布，将结束针对胡塞武装长达一个月的空袭，支持政治解决方案，从而给也门带去和平。沙特表示："决战风暴"行动已经实现了它的各项目标……（包括）消除沙特和其他邻近国家面临的威胁，代号为"恢复希望"的新行动即将开始。这一阶段将结合政治、外交和军事行动，但重点是"将为也门带来稳定与安全未来的政治进程"。"恢复希望"行动将根据联合国安理会的决议开始实施，其中包括恢复政治活动、保护平民和继续反恐，同时继续实行海上封锁。此外，联军还将致力于向也门提供人道主义援助、医疗服务，疏散外国人等。

2015 年 5 月 7 日，沙特宣布，自 5 月 12 日开始，对也门实行为期 5 天的人道主义停火。

2015 年 5 月 9 日，胡塞武装表示欢迎停火协议，以便紧急救助物资运抵也门，同时呼吁各方在联合国的主导下进行政治对话，以解决当前冲突。

2015 年 5 月 10 日，支持胡塞武装的效忠于前总统阿里·阿卜杜拉·萨利赫的也门军队也宣布，接受沙特的停火倡议。

沙特空袭也门胡塞武装有着地缘与宗教因素的双重考量。首先，沙特南部与也门北部有着漫长的陆路边界，"濒临内战边缘"的也门混乱局势对沙特的稳定构成了很大威胁，一个日渐瓦解的亲沙特政府让沙特感到相当焦虑。其次，胡塞武装由什叶派穆斯林组成，使得以沙特为首的逊尼派伊斯兰国家对胡塞武装近来在也门取得的军事进展十分忧虑。沙特将其视为伊朗什叶派政府在也门的代理，担心该地区会出现另一个由什叶派掌控的国家。沙特作为伊斯兰世界逊尼派的代表，一直担忧伊朗通过什叶派的纽带在中东地区坐大，也门由什叶派反政府武装掌权，这将是沙特最不愿意看到的情况。

然而，美国南佛罗里达大学政治学教授穆赫辛·米拉尼于 2015 年 4 月 19 日发表在美国外交杂志网站上的一篇题为《伊朗在也门的博弈——为什么内战要归咎到伊朗头上》的文章中指出，在过去 4 年中，沙特出动军队对巴林和也门进行了干预。它在这两种情况下的理由是：保护那些阿拉伯国家免遭"波斯颠覆"。在关于外交政策的讨论中，沙特将伊朗描述成一个霸权国家，正是后者对胡塞武装的"邪恶支持"引发了也门内战。沙特驻美国大使阿德尔·本·艾哈迈德·朱拜尔称也门战争是"正义与邪恶之间的战争"。

沙特为了证明自己的扩张野心有理，严重夸大了伊朗在也门的力量。伊朗不是也门内战的原因，胡塞武装也不是其代理人。把持也门的不是伊朗，而是沙特。伊朗在也门没有重要的经济和战略利益，仅是在过去几年里抱着投机的心态支持胡塞武装，以开创一个新的政治影响力领域。伊朗是通过软实力和最少的投资这么做的，因为胡塞武装对伊朗的兴趣大于后者对自己的兴趣。当然，伊朗同国际社会一样，深切关注也门曼德海峡的安全（大量的石油流通经过这里），但是它不会在军事上参与一场旷日持久的内战，因为德黑兰相信，无法用军事手段解决这场冲突。现在，无论是沙特空袭也门，还是挥师前往，都不会击败胡塞武装，或者阻止伊朗在也门扩张影响力。

"决战风暴"是沙特王国针对其南部邻国也门发动的军事行动的代号。沙特由此一跃成为一个迄今不曾出现过的联盟的首领，成为一场统一行动的发起人，其目的在于：在任何可行的情况下削弱伊朗，必要时通过武力。

如此富有攻击性的外交政策是沙特王国几代人以来不曾推行的。过去，沙特人更倾向于在背后施展外交。就如沙特女性以面纱遮面，这个国家也将外交推到厚重的帷幔背后。虽然沙特早已暗中成为政治上的重量级选手，但像现在这样作为一个战争联盟的领袖公开推行咄咄逼人的外交政策，却是新近出现的。

过去很多年，沙特一直是一个默默无闻的沙漠"土豪"，世界第一的石油储量国，在闷声发大财之余，沙特留给世人的多是王室豪奢和后宫风云等花边新闻。在外交上，沙特紧随美国，亦步亦趋，鲜有亮点。然而，沙特却突然发威，频频出手，原因何在呢？首先，美国在中东的掌控能力下降，留下了巨大的权力真空。美国的一系列举动让以色列和沙特这些地区盟友惊惧不安，以色列公开和美国唱反调，沙特则开始在不动声色之间另起炉灶。其次，中东的传统强国正自顾不暇。自 2003 年萨达姆·侯赛因倒台以来，伊拉克已不再是大国；叙利亚的巴沙尔·阿萨德专注于本国内战；埃及虽然对肩负起责任蓄势待发，却仍过分纠缠于自身事务。

对沙特人而言，最重要的是邻国的火灾不会蔓延到自己的领土上。他们的动力源自对伊朗的担忧，这是合情合理的。在沙特人眼中，伊朗简直就是不安的制造者。叙利亚乱局、巴林动乱和也门叛乱的背后都有伊朗的身影。既然美国无法指望，那沙特只能亲自动手。沙特王国通过新的领导角色向美国发出清晰信号：朋友们，看看吧，没有你们，我们也行。另外，萨勒曼刚刚登上王位。对他而言，这场战争也是一个展示强硬姿态的机会。

沙特这样做似乎有充分的理由，但问题的关键是，沙特能否在行动中取得预期的目标，它的战略从长期看能否成功。到目前为止，沙特好像还没有多少可以持乐观态度的理由。也门问题无法通过军事行动得到解决，沙特也无法提供能将也门众多利益集团聚集到一起的令人信服的备选解决方案。也门局势如何发展，沙特最终如何收场，还难以预料。

19 世纪英国政治家迪斯雷利曾说过这样一句话：没有永恒的敌人，也没有永恒的朋友，只有永恒的利益。"现实主义认为，国家的全部外交工作是为国家利益（尤其是安全利益）服务的，而国家利益的内容是由权力规定的，追求国家权力是国家行为的根本目标和动力。"[1]沙特在阿拉伯剧变中对有关各方采取的不同态度和立场充分验证了国家利益至高无上的外交原则。

在此次阿拉伯世界的变革中，由沙特、卡塔尔、巴林等海湾君主制国家组成的海合会在阿拉伯地区的影响力有所增强，特别是沙特，想当阿拉伯地区"老大"的欲望和表现均十分明显。但伊朗的作用、地位和影响力也正在日益突显。从长远来看，沙特虽具有强大的经济实力，但人口有限，军事上依赖美国，又有伊朗的掣肘，要称霸阿拉伯世界乃至中东并非易事。

1　见《文化外交：一种传播学的解读》，李智著，北京大学出版社出版，2005 年。

第四章 《沙特 2030 愿景》：希望与现实

2016 年 4 月 25 日，沙特内阁批准了沙特经济与发展事务委员会提交的《沙特 2030 愿景》（以下简称 "《愿景》"），并交由以时任副王储为主席的该委员会实施。《愿景》的出台在沙特，在整个阿拉伯世界，乃至全球都引起了不小的震动和反响。对这样一份重要的政策性文件进行较为深入和全面的解读，对于进一步了解沙特，了解沙特的政治、经济、社会、文化及其发展趋向，了解沙特人的希望和沙特社会的现实都具有积极的意义。

一、《愿景》出台的背景

沙特之所以出台这样一个愿景计划，是有一定的国内和国际背景的。我们可以从石油低价、阿拉伯社会的动荡与转型及地缘压力等方面进行分析。

（一）石油低价

刺激沙特经济结构调整的直接催化剂是国际油价的暴跌。自 20 世纪以来，沙特一直占据世界最大产油国的宝座。沙特的经济严重依赖石油出口，约 90%的预算收入来自碳氢化合物，石油销售贡献了政府收入的大部分。沙特财政预算是以每桶石油 80 美元的售价为标准制定的，自 2014 年下半年，油价开始暴跌，沙特的日子就一直不太好过。沙特连续两年出现近千亿美元规模的财政赤字，7000 多亿美元的外汇储备耗去近 1/3。为了控制财政赤字，沙特政府必须削减至少 5% 的开支。这样，企业的付款就出现了滞后，造成一些企业的现金流紧张，甚至发生了工人骚乱。如阿卜杜勒·阿齐兹机场扩建工程中的工人因领不到工资而发生了骚乱，政府不得不介入。为了弥补赤字缺口，沙特不仅大幅度削减支出，而且大量出售海外资产，并首次在海外发行债券。

沙特官员一直担心沙特经济多元化不足，可能威胁到其金融的长期稳定。时任副王储穆罕默德·本·萨勒曼在接受沙特阿拉比亚卫星电视台采访时表示："过去很多年来，沙特人已经养成了'油瘾'，这是很危险的，它阻碍了国家各项事业的发展。"他声称，沙特今后主要收入来源将是投资、民用和军事工业、房地产和旅游，而不是石油。

正是在这样的背景下，正是为了摆脱对石油的依赖，沙特才于2016年4月提出了一项长期改革计划——《沙特2030愿景》。

（二）阿拉伯社会的动荡与转型

2010年年底开始于突尼斯的政治和社会动荡几乎席卷了整个阿拉伯世界。动荡迫使突尼斯总统出逃国外，埃及总统宣布辞职，埃及在三年多的时间里连续发生两次革命。在出现两次政权更迭后，埃及重新回归军人执政的状态。利比亚卡扎菲政权被推翻，卡扎菲本人也命丧反对派的枪下。利比亚战乱不断，局势极不稳定。也门虽然进行了和平的权力交接，但很快又陷入战乱的泥潭之中，反对派和总统派争斗激烈，极端组织趁机作乱，使得局势极其动荡复杂。巴林的群众抗议活动在沙特和阿联酋出兵镇压后得到了暂时的平息。叙利亚更是深陷内战和各种势力的博弈与较量之中，看不到任何曙光。除卡塔尔和阿联酋两国外，其他阿拉伯国家也都出现了一些抗议浪潮，就连沙特也连续发生了民众上街游行示威、要求改革，并与警方发生流血冲突的事件。

阿拉伯世界经历的这场动荡，使其元气大伤，社会更加分裂，内聚力明显减弱，经济情况进一步恶化，恐怖主义、极端组织更加猖獗。事实证明，动荡后的政府，不论是原来的政府，还是新组成的政府，与过去相比都是弱势政府（或者说是看起来更加民主的政府）。它们受到各种因素和不同派别的牵制，在决策时不得不更多地考虑民意。

在这次地区动荡中，沙特虽然采取各项措施暂时处理了国内和周边国家的各种不安定因素，逃过了社会大动荡之劫，但其社会结构存在的诸多问题，民众要求民主自由、公正公平、改革开放的强烈呼声，也深深地触动着王室的权威，威胁着王国的稳定与发展。

其中，沙特社会利益分配的不公是影响社会安定的主要因素。同时，西方世界推行的政治制度、民主观念也给以伊斯兰教为国教、实行政教合一体制的沙特社会政治、经济、文化造成极大冲击。在阿拉伯世界剧变的背景下，社会成员由于基本权利得不到保障，极易被国外敌对势力利用，从而掀起反政府运动。由此可见，在内外因素的共同作用下，当代沙特虽然在经济发展水平、国民收入与福利方面属于阿拉伯世界中最发达的国家之一，并在世界能源和经济领域发挥着举足轻重的作用，却潜藏着导致社会出现不稳定局面的隐患。

在阿拉伯社会持续动荡并积极寻求社会转型的背景下，为应对经济全球化与政治民主化的挑战，沙特王室推出《愿景》计划，试图进行"渐进式"政治经济改革，逐步增强民众话语权、提高社会保障力度，在保守势力与革新势力中寻求平衡，以确保王权的延续，力求王国的稳定与发展。

（三）地缘政治压力

在中东地区形势复杂多变的情况下，沙特面临严峻的地缘政治压力。首先是沙特与伊朗之间的明争暗斗。伊朗伊斯兰革命后，将依靠美国的海湾君主制阿拉伯国家视为"非法政权"，向其输出革命，支持这些国家的什叶派反对力量。伊朗咄咄逼人的攻势，引发了沙特等逊尼派阿拉伯国家的恐惧。它们被迫采取联合自保的策略，成立海合会，共同应对伊朗的攻势。

萨达姆政权被推翻、伊拉克由什叶派执政后，伊朗利用有利的地缘政治环境，谋求在中东的势力扩张，特别是由伊朗—叙利亚—伊拉克什叶派—黎巴嫩真主党组成的什叶派联盟，更让沙特等海湾国家感到从未有过的巨大压力。

逊尼派阿拉伯国家对伊朗的恐惧还源于其核计划。伊朗持续多年的核研发活动，使逊尼派阿拉伯国家感到自身安全受到威胁。伊朗扩大石油出口，大力发展经济，努力提升国家的整体实力，使得伊朗在中东地区的竞争对手——沙特面临着巨大的压力与挑战。

其次是沙特在也门、叙利亚等周边国家的深度介入。对于自家后院的邻国也门，沙特长期以来一直在尽力维护其稳定。但在胡塞武装占领萨那、也门总统哈迪逃到亚丁后，沙特立即停止了对也门的一切经济援助，并试图以派军、炮轰和空袭的方式平息胡塞叛乱。沙特主导的这场对也门的军事行动虽然耗资巨大，但远未实现既定目标。

叙利亚的乱局也给沙特造成了不利影响。沙特深度介入叙利亚危机，而叙利亚局势正朝着不利于沙特的方向发展。为了处理好"阿拉伯之春"的余震，重塑中东地缘政治格局，叙利亚无疑是沙特对外政策中关键的一环。沙特与卡塔尔、土耳其一起向反对派输送资金，与约旦一起协调反对派的武装训练，从克罗地亚运输军火，甚至还就军事训练向巴基斯坦寻求了帮助。在叙利亚问题上，沙特其实是在充当倒巴沙尔政权的急先锋，但却没有达到预想的目的。巴沙尔政权没有被打垮，反而是沙特支持的反对派力量不断被削弱。

最后是沙特与其盟友美国摩擦不断。出于战略利益的需要，美国是沙特在阿拉伯世界之外最亲密的盟友，沙特是美国在海湾地区不可或缺的战略支柱。美国把沙特作为其在中东和全球战略的重要一环，以实现美国在中东地区的霸权。沙特则一直在谋求美国的支持和保护，以便长久地维持沙特王室在国内的统治并抵御外来势力的种种侵袭，确立沙特在海湾地区和阿拉伯世界的领导地位。

但自 2001 年"9·11"事件以来，沙美关系遭受重大冲击。美国有不少人认定沙特是"9·11"事件的罪魁祸首，是恐怖主义的支持者。之后沙特又因伊朗核问题和叙利亚危机等与美国为首的西方世界分歧不断、嫌隙渐生。特朗普总统上台后喊出"美国优先"的口号，对于中东事务似乎关注度不高，令中东各国尤其是沙特充满警惕。

在这样的地缘政治压力背景下，为了应对来自各方的挑战，沙特出台了《愿景》计划，试图稳定国内局势，努力发展经济，实行多边外交，以提升自己的综合实力。

二、《愿景》的主要内容 [1]

沙特新闻社发布的《沙特2030愿景》共有80页，包括序言与三大主题（充满活力的社会、繁荣的经济、雄心壮志的国家）及如何实现《愿景》。《愿景》的序言强调，实现《愿景》的三大支柱是：沙特是伊斯兰教的心脏；沙特具有强大的投资实力；沙特是连接亚非欧三大洲的全球枢纽。

（一）充满活力的社会

"充满活力的社会"是《愿景》的第一大主题。沙特领导人认为，第一大主题对实现沙特的宏伟愿景至关重要，也是沙特经济繁荣发展的坚实基础。因为富有活力的社会是非常重要的。在这个充满活力的社会里，人们能够依照伊斯兰教的"中正之道"来生活，能为国家和古老的文化遗产感到自豪，能在优美的环境中享受美好生活，能被充满爱的家人保护，并能享受完善的社会医疗保障体系的援助。

这一主题到2030年的具体目标是：

将本国接待朝觐者的年客容量从800万人增至3000万人

将沙特境内被联合国教科文组织列入《世界遗产名录》遗址的数量翻倍

三座本国城市将跻身世界最宜居城市100强

---

1 下文对《愿景》内容的论述主要参考《沙特2030愿景》阿拉伯语原文。

将文娱活动在家庭支出中的比例从现有的 2.9% 提高至 6%

本国居民每周至少进行一次体育锻炼的人口比例将从 13% 提高至 40%

本国的社会资本指数排名将从第 26 位提升至第 10 位

本国国民平均寿命将从 74 岁延长至 80 岁

实现这些目标的具体计划是：

1. 竭诚服务日益增多的朝觐者。增大客容量，提高对朝觐者的服务质量，优化签证申请流程，进一步把电子化服务融入朝觐者的旅程，丰富朝觐者的宗教和文化体验。

2. 建成规模最大的伊斯兰博物馆。按照国际最高标准修建一座伊斯兰博物馆，采用最先进的技术收集、保存、展示、记录展品。博物馆将采用先进科技，让游客感受不同时期的伊斯兰文明。这座博物馆将成为世界级的图书馆，成为国际学术中心与研究中心。

3. 推广文娱活动。举办更多更丰富的文娱活动，开放专门的文娱场所，为公众提供展现才艺的舞台。简化建立和注册业余、社交以及文化俱乐部的流程，建立起全国性的俱乐部网络。鼓励、支持地区、省级非盈利与私营机构举办文化活动，加强政府基金作用，招揽国内外投资商，与国际娱乐企业建立合作关系，为文娱项目提供适宜的场地。给予才华横溢的作家、编剧与导演大力支持，修建图书馆、艺术馆和博物馆等文化场所。

4. 提倡健康生活。大范围鼓励日常体育锻炼和竞技活动。与私营部门携手合作，提供更多的锻炼设施与项目，力求在体育上有出色的表现，在某些项目上成为全球的佼佼者。

5. 发展城市。继续严厉打击毒品犯罪，进一步采取安全交通措施，减少交通事故，降低悲剧发生率，以此保障国家与国民的安全。一如既往地为民众提供优质的基础服务，如水电设施、公共交通设施与道路建设。公共风景区也将升级，以满足个人和家庭休闲娱乐的需求。

6. 实现环境可持续性发展。提高废物管理效率，制订全面的回收计划，减少污染，防治土地沙漠化，实现水资源的优化利用，减少水资源消耗，提高水资源的回收和再生率，尽全力保护、修复沙特美丽的海滩、自然保护区和岛屿等资源，并将这些资源向所有人开放。寻求与私营部门和政府基金合作的机会，共同落实上述各项举措。

7. 关心家庭。为各家各户提供一切必要的支持，帮助他们照顾子女。重视家长在子女教育过程中的参与度，帮助家长培养子女的品格与才能，让他们的子女更好地为社会做贡献，鼓励各家庭为自己及子女的未来做出合理的规划。

8. 赋能于社会。继续努力推行社会福利制度的现代化改革。更有针对性地利用燃油、食品和水电补贴，为最弱势群体提供帮助与支持。与私营部门和非政府组织合作，为缺少就业技能的人群做好就业准备工作并提供培训，以便他们顺利走上工作岗位。

9. 关注健康医疗体系。更好地利用医院与医疗中心的资源，提高疾病预防与治疗服务的质量。大力发展私营医疗保险，减少预约专科医生与会诊医生的等候时间，为医生提供更完善的培训机会，提升医生治疗心脏病、糖尿病与癌症等威胁本国国民健康的慢性疾病的治疗效果。在医疗行业引入企业化机制，增加公营企业相互间以及与私营企业间的竞争，让公众可以选择他们倾向的医疗机构。

（二）繁荣的经济

沙特领导人认为，繁荣的经济应通过建立与市场需求一致的教育体系、为创业者和大中小企业创造商机、为所有人提供机会等措施来实现。因此，必须详细规划投资策略，以打开前景广阔的经济领域，让经济多元化发展并创造就业机会。同时，还应通过实现政府公共服务的私营化，改善营商环境，吸引全球各地的顶尖人才和投资，利用连接三大洲的独特战略位置来促进沙特经济的发展。

这一主题到 2030 年的具体目标是：

失业率从当前的 11.6% 降至 7%

中小型企业对国内生产总值的贡献率从当前的 20% 提升至 35%

劳动人口中，妇女所占比例从当前的 22% 提升至 30%

从当前的世界第 19 大经济体发展成为世界前 15 强经济体

石油和天然气产业本土化程度将从 40% 提高到 75%

公共投资基金资产从 6000 亿里亚尔增加至 7 万亿里亚尔

全球竞争力指数从当前的第 25 位上升至前 10 位

外国直接投资从占 GDP3.8% 提升到 5.7% 的国际水平

私营部门对 GDP 贡献率从 40% 提高至 65%

物流绩效指数排名从当前的第 49 位上升至第 25 位，并确保沙特在本地区的领先地位

非石油出口占非石油国内生产总值的比例将从 16% 提高至 50%

实现这些目标的具体计划是：

1. 大力发展有助于经济增长的教育。制定一套现代化的课程体系，在文学、数学、技能和品格培养等方面设立严格的标准。与私营部门密切合作，为学生提供培训，确保高等教育所培养的人才符合就业市场需求。建立一个学生数据库，记录学生从童年早期教育到基础教育再到高等教育的受教育情况，以改善教育规划、监管、评估和成效。至少有 5 所沙特大学可跻身世界排名前 200 名。

2. 让中小型企业发挥更大作用。努力优化中小型企业的融资渠道，争取在 2030 年前实现中小型企业的贷款比例占金融机构总贷款的 20%。重新审核相关法律法规，扫清障碍，打通融资渠道，确保年轻人和企业家的创意和产品能够顺利进入市场。建立新的企业孵化器和专门的培训机构，帮助创业者提升技能，扩展网络。通过电商平台以及与相关国际企业的合作，帮助中小型企业打开销路，出口产品和服务。

3. 投资能力最大化。进一步完善投资方式，将阿美石油公司的所有权转为公共投资基金，使其成为全球最大的主权财富基金，努力提高基金的管理效

率和投资回报率，以实现政府财政及国民经济的多元化。激发资金密集型的战略性产业的发展潜能，打造全新的经济产业，促进国营企业的可持续发展。继续为证券市场投资与交易提供畅通的渠道，为沙特私营和国营企业的上市提供便利。

4. 推进前景广阔的产业。努力实现可再生能源与工业设备产业的本土化。开发符合国际最高标准的旅游项目，简化游客的签证办理流程，开发本国的名胜古迹。加大对数字技术的投资力度，促其保持领先水平，为开采本国的矿产资源提供鼓励政策，帮助企业从中获益。促进石油与天然气产业的本土化，建立新的能源城市，将天然气产量增加一倍并修建一个覆盖全国的天然气输送网络。利用本国在石油与石油化工产品的世界领先地位与专业知识，对上下游与配套产业进行投资。

5. 实现政府公共服务私营化。完善与改革相关条例，为投资商与私营部门提供医疗与教育等服务创造条件，把政府的角色从当前的公共服务提供者向管理者和监督者转变。鼓励国内外投资者对医疗、市政服务、住房、金融与能源等领域进行投资，以提高私营部门对本国经济的贡献率。

6. 实现国防工业本土化。着手发展技术要求相对较低的产业，如零部件、装甲车辆和简单弹药。推动军用飞机等价值与技术含量较高的装备产业发展。建立一个覆盖全国的综合性服务与配套产业网络，以提升本国在国防领域的自足性，增加本国在地区范围与全球范围内的国防出口。

7. 增加矿业在国家经济中的贡献度。到 2020 年将矿业对国内生产总值的贡献值增至 970 亿里亚尔，并在此过程中创造 9 万个工作岗位。进行一系列结构性改革，通过加强矿产勘探吸引私营部门的投资，建立综合矿产资源数据库，改善采矿许可证审批流程，投资基础设施，开发资金筹措渠道并建立技术中心。提升国营企业的竞争力与生产力，提高国营企业对行业发展的贡献度，推动专业知识与技术的本土化。

8. 改善经商环境。进一步推进公私部门间的合作，继续鼓励私营投资，提高私营企业的竞争力。重新评估现行法律法规，改善营商环境，确保合同的有效执行。利用有战略意义的政府储备土地，建设教育机构、休闲娱乐中心、旅游景点和工业园区。确保银行和其他金融机构的金融产品和服务满足各个行业的需求，为大型项目提供资本融资、为小型企业提供短期周转资金贷款。简化、加速证照审批手续，为旅客和商品的流转提供便利，简化港口海关手续。

9. 振兴经济城。对吉赞经济城进行升级改造，努力振兴其他经济城，重点发展具备竞争优势的经济城。

10. 建立特区。在地理位置优越的区域建立物流、旅游、工业和金融等特区。

11. 重组阿卜杜拉国王金融区。重新评估金融区的经济可行性，设计全新的基本战略，以提高项目的盈利能力与成功几率。重新规划部分建筑区的用途，改变房地产结构，增加住宅、服务业和酒店业用地。使该区成为公共投资基金总部，进而吸引更多的金融、投资和其他企业的入驻。

12. 促进零售业的蓬勃发展。计划到2020年，将现代贸易和电子商务在零售业中的比例提到80%。通过吸引地区和国际零售业投资商与放宽对所有权和外国投资的限制来实现这一目标。促进当地和区域范围内的货物流通，并出台必要的行业法规。加大对小型零售企业的资金支持，激励它们成长和发展。

13. 完善数字化基础设施。与私营部门合作发展电信和信息技术基础设施，扩大高速宽带在城市内及周边地区的覆盖范围和容量，提升网络质量。通过专门的国家委员会强化对数字化转换的监管。完善相关规定，与电信运营商建立高效的合作关系，鼓励在电信和信息技术领域的本地投资。

14. 建立一个独特的区域物流枢纽。与私营部门合作，完善交通基础设施，实现国内外对接。改善并落实现行法律法规，鼓励空运、海运及其他运输企业尽其所能，在维持与现有贸易枢纽连通的同时，开拓新的贸易线路，巩固沙特作为通往亚非欧三大洲重要物流大门的地位。

（三）雄心壮志的国家

沙特领导人认为，第三大主题"雄心壮志的国家"应建立在一个高效、透明、负责、友好与政绩斐然的政府之上。沙特政府应该为国民、私营部门与非盈利机构提供良好的环境，让他们更好地履行各自的职责，主动应对挑战、把握机遇。

这一主题到 2030 年的具体目标是：

非石油政府收入将从 1630 亿里亚尔增加到 10,000 亿里亚尔

政府效能指数排名将从第 80 位上升至第 20 位

电子政务调查指数排名将从第 36 位上升至全球前 5 名

非盈利机构对 GDP 的贡献率将从不足 1% 提高至 5%

家庭储蓄占家庭总收入的比例将从 6% 提高至 10%

每年组织 100 万名志愿者（目前仅有 11,000 名）

实现这些目标的具体计划是：

1. 实施《萨勒曼国王人力资本发展计划》。根据《萨勒曼国王人力资本发展计划》，在各政府部门设立人力资源精英中心，并为政府职员提供培训。通过合理的绩效管理标准，持续提供专业发展培训和知识共享，尽可能地提高政府职员的工作能力。制定针对性政策，发现并培养未来的领导者，创造提供机会平等、论功行赏的良好工作环境，调动政府职员的工作积极性。

2. 实现政府部门间的服务共享。摸清政府部门中辅助服务的情况，明确工作范围，确定优先顺序并制订实施计划。设定一系列绩效指标，改善工作质量、工作流程，节省评估成本，努力实现政府部门间的服务共享。

3. 提高政府支出的使用效率。全面审视各级政府部门的财务制度，提高支出管理效率、明确量化目标，保护政府的可持续性资源和资产。为政府职员及重要相关人员提供必要的专业培训，改善金融部门表现和内部审计效能。

4. 创建高效的电子政务。进一步丰富电子政务的服务内容，优化流程，提供更多元化的沟通渠道，以提升电子政务的服务质量。在政府部门中推广使用在线应用软件，如云端软件、数据共享平台和人力资源管理系统，强化政府

内部在线服务管理。

5. 对生活负责。鼓励公民不断提升自己，努力工作，成为独立、积极的社会成员，并在此过程中培养新的技能。呼吁人们牢记对家庭的毕生责任，爱岗敬业，遵守纪律、不断累积经验，为实现理想抱负而奋斗。通过提供抵押、储蓄投资组合、退休金等规划工具，帮助国民在经济上实现独立。倡导帮助弱势群体及有需要的人群，助邻为乐，热情待客，尊重游客，礼貌对待外国友人，并尊重人权。

6. 对商业负责。商业应为社会和国家发展做出贡献，而非只关注利益最大化。企业应承担社会责任，为创建可持续发展经济做出贡献，为青年男女创造良机，帮助他们实现职业发展。企业应恪守承诺，参与国家建设，帮助国家应对时代挑战。

7. 对社会负责。规范并优化社会救助组织，最大程度地发挥社会救助机构的作用与影响。完善必要的法规，赋予非盈利机构自主性，鼓励社会捐赠，支持非盈利机构的发展，动员企业和富裕家庭建立非盈利机构。支持具有广泛社会影响力的项目，鼓励培训人员参与志愿活动，服务于非盈利机构。让非盈利机构在医疗、教育、住宅、研究、文化和社会事业等领域中发挥更好更有效的作用。

（四）如何实现《愿景》

《沙特 2030 愿景》是一幅目标远大的全方位蓝图，是沙特迈向光明未来的重要步伐。实现这样的抱负与理想，需要实施一系列改革计划，其中包括：

1. 政府结构调整计划。取消最高委员会，设立政治和安全事务委员会以及经济和发展事务委员会，根据国家发展重点，继续对政府进行全面、谨慎、渐进的结构调整。

2. 战略导向计划。不断完善已经通过的政府部门制订的战略导向计划，使之与本国未来经济及社会发展需求相适应。

3. 财政平衡计划。设立委员会，建立新部门，负责审阅、修订相关法规与对必要支出的控制。

4. 项目管理计划。采取有效的项目管理机制，在经济和发展事务委员会及其他政府部门内设立项目管理专家办公室。

5. 法规修订计划。对多项现行法律进行修订，落实多年前就应实施的新法规，其中包括《公司法》《非政府组织法》《闲置土地费用征收法》与《捐赠总局法》等。继续对所有法律法规进行修订，以确保法律法规与本国发展重点相适应。

6. 绩效测评计划。采用合理的绩效测评原则，正确地使用这项原则对各政府部门、项目、法案和管理人员进行评估。设立政府部门绩效测评中心，确保日后绩效测评的制度化，同时建立绩效仪表盘，以推行问责制、提高透明度。

为实现《愿景》，沙特还将实施一系列执行计划，其中包括：沙特阿美石油公司战略转型计划、公共投资基金改革计划、人力资本计划、国家转型项目、公共部门管理强化计划、私营化计划、战略伙伴计划。

三、《愿景》的重大意义

《愿景》以"沙特是伊斯兰教的心脏、具有巨大的投资实力、是连接亚非欧的全球枢纽"为三大支柱，提出建立"充满活力的社会、繁荣的经济、雄心壮志的国家"的宏大目标，无疑是一份雄心勃勃的全面改革蓝图。这样一份愿景规划必将在沙特、在阿拉伯世界、在全球产生积极的影响，其意义将是十分重大和深远的。

（一）解放思想、突破禁锢

《愿景》所体现的第一大意义是解放思想、突破禁锢。解放思想，就是让禁锢的思想获得自由。解放思想的实质是使思想获得自由更新的权利，能够推陈出新，指导人的行为应对不断变化的世界。解放思想的过程，就是思想和实际相符合的过程。

盘根错节的封建社会思想控制的习惯残余、传统思想的糟粕、非理性地对待宗教、权力话语对社会思潮和个人思想的越位导向、思想传播机制的过分制度化，都可能是禁锢思想的源头。

沙特是一个以《古兰经》为执法依据的、宗教高于一切的国家。长期以来，王室家族控制着整个国家，禁止任何政党存在，至高无上的王室说一不二。沙特有众多的社会禁忌，常常被人们认为是封闭、保守的国家。

然而，《愿景》提出的第一大目标就是建立"充满活力的社会"。这一点可以说明《愿景》是解放思想、突破禁锢的具体体现，起码是向沙特全国，乃至全球发出的解放思想、突破禁锢的信号。正因为承认沙特社会活力不足，才需要提出建立活力社会。在沙特这样的国家，认识到社会缺乏活力这一问题需要理性和睿智；呼吁改变这样的状态，提出解决问题的方案更需要胆识和勇气。

《愿景》明确提出文化娱乐活动是优质生活密不可分的部分，现有的文娱活动并不足以满足本国人民日益增长的需求，与本国繁荣的经济不协调。因此，政府将鼓励、支持地区、省级非盈利与私营机构举办文化活动；将举办更多更丰富的文娱活动，开放专门的文娱场所，为公众提供展现才艺的舞台；还将对相关条例进行重新审核，简化注册业余、社交以及文化俱乐部的流程。

在沙特，抽烟、饮酒、甚至唱歌跳舞一直都被视为堕落的表现、犯罪的开始。沙特还是当今世界上少数禁止上映电影的国家。在这样的背景下，《愿景》能对文化娱乐活动做出如此明确的阐述，其意义是非同一般的。

《愿景》还提出，人们定期锻炼的机会非常有限，但是政府将改变这一切，将大范围鼓励日常体育锻炼和竞技活动，与私营部门携手合作，提供更多的锻炼设施与项目，以助力公民积极参与丰富多彩的休闲体育活动。

《愿景》呼吁给予男女平等的机会，认为沙特女性也是一笔伟大的财富，应该发掘她们的潜能，培养她们的职业能力，帮助她们构筑更加光明的未来，为社会和经济发展贡献力量，并明确提出将女性的劳动参与率从22%提高到30%。

没有人能保证这些美好的愿望有多少能成为现实，但同样也没有人能否认这幅《愿景》所展现出来的意义、潜力与前景。

（二）立足发展、全面改革

《愿景》所体现的第二大意义是立足发展、全面改革。沙特领导人已经明确认识到，没有发展就没有进步，没有改革就死水一潭，不进则退，不变则死，加快发展才是沙特的头等大事。为此，《愿景》提出了全面的改革发展目标和具体措施。

《愿景》准确把握立足发展、全面改革的方向，明确提出构建稳固而成效卓越的社会；建立新的能源城市，建设世界最宜居城市。

《愿景》以经济体制改革为立足发展、全面改革的重点，注意发挥市场在资源配置中所起的决定性作用，鼓励私营部门参与房地产开发，继续实行国有资产私有化；进一步完善投资方式，努力提高基金的管理效率和投资回报率；继续为证券市场投资与交易提供畅通的渠道，为沙特私营和国营企业的上市提供便利。

《愿景》认为立足发展、全面改革的核心是：处理好政府和市场的关系；发挥好政府在改革发展中保持宏观经济稳定、加强和优化公共服务、维护市场秩序、弥补市场失灵的作用；推进国家治理体系和治理能力现代化；努力推行社会福利制度的现代化改革；构建对国内外有能之士极具吸引力的环境；大力支持前景广阔的产业，努力实现可再生能源与工业设备产业的本土化；开发符合国际最高标准的旅游项目，简化游客的签证办理流程，开发本国的名胜古迹；加大对数字技术的投资力度；为开采本国的矿产资源提供鼓励政策；鼓励国内外投资者对医疗、市政服务、住房、金融与能源等领域进行投资；实现国防工业本土化；建立特区；促进零售业的蓬勃发展；完善数字化基础设施；构建高效、负责的政府等一系列措施。

《愿景》提出的这些目标和计划，将为沙特社会的建设和发展提供强大动力和有力保障，充分体现了沙特领导人实行改革的坚定决心和巨大勇气，充分体现了他们对国家富强、民族振兴、人民幸福的深谋远虑和责任担当。

《愿景》以推进国家治理体系和治理能力现代化作为全面深化改革的总目标，从经济、政治、文化、社会等多个层面的制度改革进行了全面部署，突出体现了改革的系统性、整体性、协同性，提出了许多新构想、新观念、新举措，描绘了新蓝图、新愿景、新目标，是沙特立足发展、全面改革的一次总部署、总动员，在沙特社会现代化建设进程中具有里程碑意义。

（三）顺应时代、顺应民意

《愿景》所体现的第三大意义是顺应时代、顺应民意。在现代社会和市场经济条件下，一种政策体系必须同时做到两个方面的"顺应"，即"既顺应时代潮流，能够顺应生产力发展的趋势，又顺应民意，能够得到大多数社会成员的认同，方具有生命力，方具有可持续性，方能具有长远的积极社会效应。"[1]

《愿景》顺应现代化、全球化发展的新潮流，顺应新型城镇化建设和现代信息技术飞速发展的新形势，高度重视工业文明进步的思路和理念，以敏锐的眼光、超前的理念，应对经济社会发展的新情况，提出了社会、经济、国家建设三大主题，强调要实现"社会充满活力、经济繁荣兴旺、国家理想远大"的宏伟目标，明确了未来十几年沙特在经济、政治、军事、社会等方面的发展方向。《愿景》提出了通过改善商业环境、支持中小型企业发展、国家投资、发展非石油产业、发展私营企业等途径，实现沙特经济战略转型，由单纯依靠

---

1 见《"顺应民意"与"顺应时代潮流"缺一不可》，载于《光明日报》，2015 年 7 月 22 日。

石油出口向经济多元化发展，描绘了一幅未来发展的美好蓝图。

《愿景》顺应民众诉求，以促进社会公平正义、增进人民福祉为出发点和落脚点，就儿童的教育、青壮年安居乐业、健康医疗、体育娱乐、妇女工作、住房福利等等关系到普通百姓切身利益的问题，提出了明确的目标和措施。

《愿景》顺应时代、顺应民意，是沙特在新的历史起点上全面推进社会发展和进步的行动纲领，必将在沙特、在阿拉伯世界的发展史上留下浓墨重彩的一笔。沙特人如何进行这场重要的经济结构调整正在受到海合会其他五个成员国以及其他许多国家的密切关注。如果沙特的经济转型，包括制度改革和经济激励重组取得成功，该地区内外面临类似挑战的其他国家也会受到启发，乃至效仿。

四、沙特实现《愿景》面临的挑战

经济转型天生棘手，特别是如此规模和范畴的转型自然脱离不了风险。决策者意愿的正确未必意味着成功。沙特想要通过经济改革来彻底摆脱对石油的依赖将会非常艰难。《愿景》的实现将会非常耗时耗力，将会面临许多的阻力与挑战。

（一）宗教势力的挑战

沙特是一个"政教合一"的国家，没有宪法和政党，实行的是严格的伊斯兰教法，《古兰经》是法律的依据。沙特国内的宗教势力十分强大，渗透到国家事务的方方面面。沙特政府的重大决策必须考虑沙特宗教界的意向，必须事先与宗教界精英达成共识，获得他们足够的理解与支持。

《愿景》高度重视发展文体活动，在"充满活力的社会"部分，提出到2020年要建立450个注册的、规范的业余俱乐部，至2030年把家庭文娱支出占比从 2.9% 提高到 6%。

沙特国内没有夜总会和电影院，传统的娱乐活动只有赛马、赛骆驼和猎鹰比赛。由于没有酒吧，没有"迪厅"，没有电影院，朋友聚会的唯一地点就是咖啡店。因此，人们担心《愿景》提出这样的发展目标很可能会遇到来自宗教界的强烈非议和抵制。

《愿景》还提出沙特经济应为所有人创造机会，无论男性还是女性，都将各尽其才。提出要发掘妇女人力资源对经济发展的作用，把妇女劳动力市场参与率从 22% 提高到 30%。

在阿拉伯世界乃至整个伊斯兰世界，沙特妇女所受的社会约束可能是最多的。在沙特，男权主义盛行，部落、家族和荣誉受到高度推崇。妇女在社会中扮演着从属者和被保护者的角色。沙特禁止女子与家庭以外的男人接触，成年女子出门必须戴面纱，并有男性亲戚陪同，她们不得独自出门、坐车、旅行。总之，沙特妇女无论去哪儿，是否需要上学，学什么内容，是否需要工作，嫁给谁，甚至她选择什么样的医院就医都要由她的父亲、丈夫、兄弟、儿子或者其他男性亲戚决定。

在沙特的大街小巷，各类公共场所、教育和商业活动中，官方都坚持男女必须完全隔离。在饭店，若允许女子进入，则必须配有专用的"家庭房间"。清真寺里也要男女分开祈祷。同样的隔离政策还适用于银行和政府部门。

在这样的社会状态下，《愿景》就妇女工作问题提出如此明确的目标，恐怕也会在强大的宗教势力面前遭遇层层的阻力和障碍。

（二）政治体制的挑战

《愿景》的实施需要沙特社会各阶层的支持，特别是需要各级领导和企业家的支持。《愿景》面临的真正挑战不是目标的确定，而是目标的具体实施。《愿景》需要由强有力的政府机构来实施，目前政府机构要实施如此宏大的发展改革计划，大多显得力不从心。

《愿景》面临一系列的结构性问题和挑战，如：如何在石油低价的情况下，确保计划实施的财政支持；如何应对官僚主义、贪污腐败、监督乏力等问题；如何解决缺乏私有化经验、民众参与度不高等问题；如何预防实行私有化后，经济和财富被企业家控制；如何应对在全福利化体制受到冲击的情况下，政府对燃油等基本生活资料的补贴减少、税收增加，某些公共服务项目私有化等问题。这些问题会严重阻碍旨在将沙特经济从资源型向生产型转变的经济改革计划的实施。

在沙特，有不少人害怕改变，这些人不希望沙特实行经济改革。他们担心自己的收入会受到影响；担心政府减少补贴后，日子会不好过；担心政府机构的提薪节奏会放慢；担心自己会无法适应实施《愿景》所需要的工作要求和节奏……由于担心自己的利益受到影响，这些人（包括部分政府官员）都可能站在改革的对立面。他们求稳不求变，而求稳往往会阻碍改革和发展。

另外，沙特在发展制造业等非石油产业方面面临重重困难，既缺乏技术，也缺乏经验，无论是成本还是质量都不具备参与国际竞争的能力。《愿景》提出：到2030年沙特一半的军需物资将在国内制造，还要把一部分医疗卫生、教育等政府服务私有化，而这些领域在世界各国都是高腐败风险领域。

值得指出的是，《愿景》始终未提及广大人民群众参政议政这一敏感问题。说明《愿景》本身更多的是着眼于经济领域，存在很大的局限性，还不可能得到民众真正的满意和拥护。

（三）人口素质的挑战

沙特是个高福利国家。2/3的沙特劳动力都在政府部门工作。沙特家庭的大部分收入依靠政府工资。人们喜欢在工作稳定、工资高的政府部门工作，而不愿意去工作辛苦、工资又相对较低的私企就业。因此，诸如建筑、交通、电力等领域的80%的工作人员都是外来劳工。沙特依靠外来劳工的状况长期存在，且一直是沙特政府面临的一个难以解决的问题。

由于沙特国民大多从事文职，体力劳动一般都由外籍劳工承担，沙特高校学生中也是学宗教、文科的多，学工科、理科的少。所以，沙特的大学毕业生很难满足、适应国家实施《愿景》的需要。

另外，沙特人长期处于高福利的优越、舒适的生活和工作条件之中，缺乏刻苦耐劳的意愿和信心，缺乏为国为家而艰苦奋斗的精神。事情是需要人来做的，有人才能做事，有什么样的人，才能做什么样的事，人口素质是影响国家发展前景的决定性因素。人才缺乏、人口素质的不适应也将是《愿景》面临的一大挑战。

（四）国际环境的挑战

改革和发展既需要稳定的内部环境，更需要和平的外部环境。《愿景》的实施也需要一个和平、和谐的国际环境。然而，目前沙特面临的国际环境却不容乐观。首先是与伊朗的关系不仅没有任何缓和的迹象，反而越来越对立。沙特担心伊朗掌握核武器，形成战略威慑；忌惮伊朗扶持黎巴嫩真主党、也门胡塞武装等，跨境联手控制曼德海峡、霍尔木兹海峡等石油输出咽喉；更担心以伊朗为首的什叶派在沙特周围的影响力与日俱增。

在叙利亚问题上，沙特始终支持叙利亚反对派，坚持要推翻巴沙尔政权。然而，形势却没有朝着沙特所希望的方向发展。叙利亚内战仍然无停息的希望，巴沙尔政权也无倒台的迹象，沙特继续深陷其中，难以解脱。

在也门问题上，沙特不惜亲自上阵，组建逊尼派国家的军事联盟，出兵打击据称受到伊朗支持的什叶派胡塞武装。但也是事与愿违，什叶派胡塞武装不仅没有被打垮，反而节节胜利，占领着也门的大片国土，稳坐首都萨那。沙特虽然付出了沉重的代价，却没有取得任何理想的效果，完全处于骑虎难下的境地之中。

2017 年 6 月 5 日，沙特、阿联酋、巴林和埃及以卡塔尔支持恐怖主义、破坏地区安全局势为由，宣布与卡塔尔断交，并开始对卡塔尔实施禁运和封锁。

尽管科威特等国积极出面调停，但由于各种复杂的因素，特别是土耳其强势而公开的介入，这场断交危机趋于升级和复杂化，很有可能使沙特骑虎难下，背上又一个极其累赘的包袱。这对《愿景》的实施是极为不利的。

沙特是美国在阿拉伯世界的长期盟友。但近年来，美国似乎不大情愿完全袒护沙特，两国之间出现了诸多嫌隙。沙特与美国关系疏远，其中最大的原因是沙特担忧美国政府调整中东政策，近伊朗，远沙特。出于自身利益的考虑，美国意欲改善与伊朗的关系，美国不愿长期耗费大量资源维持与伊朗的紧张关系。这对沙特来说自然是难以接受的。

极端主义是导致美沙关系不那么和谐的另一个因素。美国的行政、立法、司法部门和社会公众一直质疑沙特在"9·11"恐怖袭击中扮演的角色。不少美国人认为，沙特不仅支持恐怖主义，而且在输出恐怖主义。2016年5月和9月，美国"9·11法案"先后在国会两院通过，这一法案允许"9·11"事件受害者家属起诉沙特政府。尽管该法案之后遭到时任总统奥巴马的否决，但美国国会几天后又以压倒性票数推翻了总统的否决。2017年3月，美国数百名"9·11"恐怖袭击事件遇难者家属对沙特提起集体诉讼。他们指控沙特向"基地"组织提供资金和其他支持。沙特政府则威胁要抛售自己持有的数千亿美元的美国资产。

这样一种极不和谐的国际关系局面，对于沙特实施《愿景》规划是十分不利的，这无疑是一个需要认真面对的挑战。

五、沙特实施《愿景》的前景

虽然《愿景》与沙特的过往和现状存在很大的差距，但沙特政府的这一改革计划受到了很大的欢迎。人们认为，沙特政府把握住了正确的发展方向，《愿景》是沙特向更加光明的未来迈出的大胆一步。这将会解决以往未能解决的很多低效和禁忌问题，而且恰逢该国及整个阿拉伯世界为年轻人寻求改变和机遇的重要时刻。总体而言，人们对《愿景》可能会带来的变化感到乐观。

（一）《愿景》具有很大的可行性

沙特本次出台的《愿景》目标明确，计划具体，又有政策保障，具有很强的可行性。《愿景》所提出的数据指标都是相关咨询机构根据沙特的实际情况，经过认真调查和测算而得出的，是有科学依据的，是符合实际情况的，在正常情况下是可以实现的。

沙特政府在《愿景》中所做的承诺是符合沙特国情的，是可操作、可兑现的。《愿景》没有在过于敏感的政治体制改革和宗教改革方面着多少笔墨，重点集中在发展经济和改善民生这些阻力相对较小的领域。

另外，沙特政府还出台了一系列切实可行的政策保障措施，以保证《愿景》的顺利实施。如新出台的"绿卡"制度允许部分国籍的外国人在该国永久居住和工作。这不仅会大大减少沙特国内资金的外流，而且会刺激这些外籍人员在沙特的投资。为了吸引外商投资，沙特正不断改善营商环境，允许外商百分之百控股，利润可自由兑换和汇出；通信、交通、银行、保险及零售业也已陆续对外开放。

《愿景》实施的未来五年，构建一个成功的公私合营模式，强化私营投资者与政府部门的合作，将成为沙特经济健康、可持续发展以及实现《愿景》的关键因素。

（二）《愿景》得到王室的大力推动

沙特政府谈论发展规划已不是第一次，但每次都没有落地生根，付诸实施。然而，这次看起来不一样。

第一，王室把制订《愿景》和实施《愿景》都集中在由现任王储负责的经济和发展事务委员会这一个部门。有国王的支持，有王储负责制订与落实，不管石油价格是涨还是跌，《愿景》都将付诸实施。

第二，大幅调整政府机构，使其适应《愿景》实施的要求。这次机构调整包括：裁撤水电部，将其职能划归能源、工业和矿产部以及环境、水利和农业部；新设文娱总局和文化总局，分别负责文娱相关事务和文化事务，由文化和新闻大臣任文化委员会主任；合并、变更多个部门及委员会。

第三，进行大幅度的人事调整。2016年5月7日，沙特国王萨勒曼公布法令，重新任命了各地方政府及国家部门官员，其中包括：任命阿美石油公司总裁哈立德·法利赫为石油和能源部大臣；任命苏莱曼·本·阿卜杜拉·哈姆丹为运输部大臣；任命阿卜杜拉·穆萨德·阿卜杜勒·阿齐兹为体育总局主席；任命马吉德·卡萨比为商业和投资部大臣等。这些变动都是国家转型，为实施《愿景》规划做准备而公布的51项王室法令的一部分。这一系列的机构和人事调整进一步证明了沙特改革的决心。

第四，加强舆论宣传。沙特政府高度重视《愿景》的舆论宣传，通过接受专访、在推特上开设专门账号、官方通讯社沙通社发布消息、阿拉比亚电视台等媒体发布阿文和英文版全文等方式，有步骤、系统地推进《愿景》的宣传工作；通过营造有利舆论环境突显该文件的重要性，强调该文件对沙特社会、经济、国家建设等方面的重大影响，阐释萨勒曼国王的改革决心，进而彰显其稳固的执政地位。

（三）《愿景》深得人心

《愿景》在沙特得到了大多数人的支持，特别是青年人的欢迎和拥护。沙特人口中70%的人年龄低于30岁，也就是说沙特人口中有70%是青年。沙特面临的结构性、传统性问题中，最突出的是年轻人的就业问题。《愿景》充分考虑了这个群体的关切点，在教育、就业、住房、娱乐等方面都给予了具体的关注，特别是明确提出将失业率从11.6%降至7%。到2030年，政府将为年轻人提供 600 万个工作岗位，沙特人的家庭收入将增加 60%。

另外，《愿景》提出将劳动人口中妇女所占比例从 22% 提升至 30%，希望在 2020 年前将拥有自住房的家庭比例提高至 52%，开展丰富多彩的娱乐、体育活动等内容都深受广大普通民众的欢迎和支持。就妇女在沙特社会中的作用问题，沙特王储穆罕默德·本·萨勒曼认为，"限制半个社会的权利的国家是不可能繁荣的"。[1]

（四）《愿景》的实施初见成效

《愿景》计划出台后，沙特政府已经采取了一系列的改革措施，如暂停提高政府职员的工资；取消一般性奖金，暂停大部分诸如加班费、危险工种补贴之类的额外补贴；公共假期按照公历而不再按照伊斯兰历计算（全年约少 11 天）；政府官员的工资降低 20%，并降低他们的特殊待遇；将协商委员会成员的费用支出减少 15% 等。

此外，政府还决定减少政府人员工资在财政预算中的比例；减少公职人员的数量；增加私企工作人员的数量；鼓励政府工作人员在政府各部门之间轮岗，鼓励政府工作人员提前退休到私企工作。

近年来，沙特的宗教警察因过分干预社会生活而备受争议。他们滥用权力，经常随意抓人、打人，甚至有致人死亡的事件发生。2013 年 4 月，3 名男子代表阿联酋参加沙特一年一度的文化节活动，结果因为"长得太英俊了"，被沙特宗教警察以"担心当地女人无法抗拒他们的魅力"为由，强制驱逐出境。2015 年 10 月，一名沙特男演员因在商场与粉丝自拍被宗教警察逮捕。沙特宗教警察的过多、过分干预，在社会上引起了强烈的非议和不满。国外舆论也普遍认为，沙特的宗教警察职权宽泛、行事粗暴，宗教警察制度是一个名声不佳且备受争议的建制。

---

1 见《〈沙特 2030 愿景〉真能得到实施吗？》，https://www.sasapost.com，2017 年 4 月 10 日。

为改变这种局面，2016年4月13日，沙特内阁通过针对宗教警察的新条例，对其执法权限进行了严格限制。新条例规定，宗教警察无权实施跟踪、追捕、拘禁等；不得在街头追逐嫌犯；也不得查看公民身份证件或其他证件——这些属于警察或缉毒部门的职权范畴；值勤时要将身份标识佩戴在显眼位置，写明自己的姓名、工作地点和工作时长，要做到"和蔼可亲"。宗教警察的从业者必须"品行端正，并具有良好的声誉"。对于这样的新规，许多沙特人认为早该如此，表示赞成和支持这样的社会变革。同时，沙特民众希望能够对违反该条例的宗教警察追究责任。

总之，沙特正在改变，沙特大学的女性人数已经超过了男性。由于政府的允许，她们参与从工程到电影制作等各个行业。沙特议会中女性议员的比例已提高到20%。沙特民众对现在的改革进度感到乐观。他们认为，如果改革一夜之间发生，反而会使人难以接受。他们还认为，这样的改革不一定要百分之百实现目标才算成功。沙特现任王储明确表示：驶向未来的列车已经摆脱掉让我们失去了许多机会的意识形态的束缚，正朝着正确的方向前进。

六、中国在沙特实施《愿景》中的作为

《愿景》与我国的"一带一路"倡议在许多方面不谋而合。所以，无论是从两国的合作意愿、合作基础上看，还是从合作领域来看，中国都可以在沙特实施《愿景》中有所作为。

（一）中沙有共同的合作意愿

近年来，为缓解来自西方的压力，沙特一直在推进"东进"战略。《愿景》明确了沙特经济多元化的发展目标，这使其对外合作的意愿更加强烈。中国作为世界经济的重要引擎，其经济的高速发展，让沙特看到了合作的机遇。《愿景》计划的实施，更要求沙特与包括中国在内的广大亚洲国家加强合作关系。沙特国王萨勒曼于 2017 年 3 月 15 日至 18 日对中国进行的国事访问，更加清楚地表明，沙特在面临经济、安全等多方面挑战的情况下，寻求"向东看"，表达了与中国的发展战略深入对接的强烈愿望。

沙特是中国在西亚非洲地区的第一大贸易伙伴，双方经济互补性强。中国提出的"一带一路"倡议实际上也与沙特的《愿景》形成互补。所以，中国也希望与沙特这个石油供应大国开展更为广泛的合作与交流。2016 年 1 月，习近平主席访问沙特，双方发表了《中华人民共和国和沙特阿拉伯王国关于建立全面战略伙伴关系的联合声明》，决定建立两国高级别委员会，双方签署了涉及共建"一带一路"及产能、能源、通信、环境、文化、航天、科技等领域的 14 项合作文件。这一切都清楚地表明了中国与沙特开展全方位合作的意愿。

（二）中沙有良好的合作基础

中沙关系历史悠久，古老的丝绸之路早就将两国人民联系在一起。中沙两国自 1990 年建交以来，双边关系发展迅速，政治互信日益增强，在涉及彼此核心利益和重大关切问题上相互支持，务实合作不断深化，经济融合度日益加强。

近年来，中国从沙特进口的原油量占中国从沙特进口商品总量的 70%～80%，占中沙贸易总量的 40%～60%。中国是沙特主要的原油贸易国。近年来，中国从沙特进口原油已突破 5000 万吨／年，占沙特原油出口总量的 1/7。

沙特多年来一直致力于深化与我国的战略合作伙伴关系。两国的合作不仅局限于能源领域，而是深入拓展到包括安全、金融、技术和文化交流在内的其他领域。两国初步形成了以能源合作为主轴，以基础设施建设、贸易和投资便利化为两翼，以核能、航天卫星、新能源三大高新领域为突破口的合作格局。

沙特政府制订了《愿景》改革计划。该计划与中国的"一带一路"倡议有很大相关性，因此会给两国创造更多的商业合作机会。

2016 年，中国是沙特对外贸易中最大的出口国和第二大进口国。中国的石油进口中，有 2/3 来自沙特。中国以不断增长的能源需求，成为沙特传统石油行业不可或缺的重要市场。在实施《愿景》的过程中，沙特也在积极寻求中国的投资支持。

（三）中沙有广阔的合作领域

第一，可以进一步深化油气领域的合作。在当前"一带一路"建设不断推进的大背景下，沙特作为中东的地区大国和石油大国，在中国能源外交中的地位十分显著。2016 年 1 月，习近平主席访问沙特，将两国关系提升为全面战略伙伴关系。两国同意"加强能源政策协调，提高能源合作水平，构建长期稳定的中沙能源战略合作关系"，并将此写进《中华人民共和国和沙特阿拉伯王国关于建立全面战略伙伴关系的联合声明》。中国和沙特作为世界主要的石油进口国和出口国，油气合作是两国外交的主要抓手。未来，在《愿景》的推动下，两国在原油贸易、天然气勘探、炼油化工、工程技术服务、装备制造等方面的合作空间将更加广阔。

第二，可以拓展高科技领域的合作。沙特是"一带一路"沿线最重要的国家之一。中沙两国在"一带一路"建设上高度契合。沙特需要实现发展模式的转型，需要发展包括制造业在内的各个生产领域。中国可以发挥自己在发展过程中积累的丰富经验和技术、人才优势，与沙方在能源、航天、高科技、工程服务等领域开展更广泛、更深入的合作，为助力两国经济与社会发展、造福人民贡献力量。

第三，可以加大在沙特的中方投资。沙特方面非常希望中国投资者赴沙特投资，特别希望能在文化、交通、航空和航海等方面跟中国有更加紧密的合作。沙特官员认为，中国企业已经在许多领域达到了国际顶尖水平，沙特迫切希望能和这些企业有更多深入合作。沙特政府还为海外投资者制定了财政、资金等方面的优惠政策。沙特是中东地区一个不小的市场。随着《愿景》的实施，沙特的发展速度将会加快，其拥有的市场潜力将会不断显现，这对中国投资者来说不失为一个好的选择和机遇。

第四，可以在反恐问题上进行合作。2016 年 8 月 31 日，沙特外交大臣阿迪勒·朱贝尔在北京大学做题为《中沙关系与〈沙特 2030 愿景〉》的演讲时，赞扬了中沙两国在反恐等诸多重要事务上的双边合作。他呼吁，在中东地区面临安全挑战的情况下，中沙应共同为实现地区和平而努力。沙特一直对恐怖主义持批评态度，其自身也深受恐怖主义之害，并明确表示愿与国际社会共同努力，战胜恐怖主义。沙特同时强调，不应该将恐怖主义与任何宗教、民族或文明相关联。反恐是一个全球性的问题，为应对复杂的反恐局势，中国与沙特在反恐方面进行合作不仅十分必要，而且前景广阔。

第五，中方可以在缓解沙特的地缘政治压力方面发挥作用。沙特与伊朗对立，在叙利亚、也门问题上介入较深。中国与这些国家都有着长期的友好关系，中国始终主张用谈判的方式解决国与国之间及一国内各派别之间的争斗和矛盾。中国可以在缓解中东紧张局势中发挥积极作用。

第六，可以在文化合作方面挖掘更大的潜力。近年来，中沙人文领域合作也是两国合作新亮点。2016 年 12 月，由中国国家文物局、中国国家博物馆及沙特旅游与民族遗产总机构共同主办的"阿拉伯之路——沙特出土文物展"成功举行，466 件体现沙特不同历史时期的珍贵文物吸引了大量民众前来参观。

随着两国在各个领域的合作不断深化，两国民众相互了解的不断加深，越来越多的沙特青年有志于学习汉语。沙特国王大学校长就曾与笔者商谈过开展汉语教学合作事宜。因此，两国在教育领域有着广阔的合作空间。

此外，双方在媒体、旅游、艺术、娱乐、体育、民间交流等领域也有着良好的合作前景。总之，中沙两国将在"一带一路"倡议和《愿景》的推动下，不断加强合作力度，拓宽合作领域，努力构建互利共赢的全面战略合作伙伴关系。

有鉴于此，在沙特推进其《愿景》计划的进程中，中国完全有可能与其取长补短，积极发掘其中互利合作的机遇，把中沙双边关系提升到一个新的层次。

沙特出台《愿景》是一种美好的希望。《愿景》展示了未来十几年沙特的发展前景，为沙特人民描绘了一幅璀璨的蓝图。然而，希望和现实之间还有很大的距离。《愿景》的实现还需要面对种种挑战，顶住各种压力，克服重重困难。但是，只要方向是正确的，目标是明确的，沙特政府和人民一定会孜孜不倦地为将希望变成现实而奋斗。

第五章　埃及两次革命的启示

埃及是一个有着悠久历史的文明古国，是目前人口最多的阿拉伯国家。它一直处于阿拉伯世界的核心地位，发挥着举足轻重的作用。近几年发生在中东地区的变革浪潮，也对埃及产生了复杂的影响。

一、埃及的两次革命

近几年发生在西亚北非的变革浪潮几乎席卷了整个阿拉伯世界。埃及在这场变革中是一个非常特殊的国家。在这里，从 2011 年年初到 2014 年年中的三年多时间里，发生了两次革命，举行了两次大选，换了两个总统。

（一）埃及的第一次革命

2011 年 1 月，"阿拉伯之春"之风很快在埃及刮起。1 月 25 日早晨，埃及首都开罗及亚历山大、苏伊士等地爆发大规模民众集会和游行抗议活动。示威者高喊"够了"等口号，要求统治国家 30 年的总统穆巴拉克下台。

当日中午，开罗民众开始向位于市中心的解放广场聚集。当晚，在广场上抗议的人数过万，大批防暴警察在广场周围维持秩序。警方发射了催泪弹，还用高压水枪对付示威者，双方在街头追逐打斗，多人受伤、被捕。

1 月 26 日早晨，开罗警方为驱散示威游行的队伍，出动了两三万警力。尽管如此，示威者还是成功冲破警方封锁，前往解放广场。在那里，双方发生了激烈的冲突，导致 3 人死亡，其中一名警察被石头击中头部并在医院救治过程中死亡。

1月29日，埃及首都开罗爆发更大规模的游行，老人、儿童、妇女纷纷走上街头，游行人数不断上升。在解放广场聚集的数万名群众高喊口号，要求现任总统穆巴拉克辞职。埃及卫生部发言人阿卜杜拉·赫曼当天下午说，过去4天以来的抗议和骚乱已经导致至少51人死亡、1100人受伤。

此后的日子里，这样的大规模民众抗议示威活动持续不断，人们强烈要求穆巴拉克总统辞职，强烈希望现政权彻底倒台。

2月11日，埃及副总统奥马尔·苏莱曼在晚间发表了简短的电视讲话，向全国宣布总统已经辞职，军方已经接管权力。在长达18天的大规模抗议活动后，埃及民众终于结束了穆巴拉克30年的独裁统治。

穆巴拉克政权被推翻后，原有的政治力量平衡和稳定的社会结构被打破，埃及进入群雄割据的"后穆巴拉克"时代。各种政治力量利用乱局激烈角逐，试图利用人心思变的大势，谋求自身在国家政治生活中的地位和发言权。埃及局势呈现比"倒穆"阶段更为"马赛克化"的乱象。崇尚西方政治制度的自由派、追求"政教分离"的世俗派、脱胎于"泛阿拉伯运动"的左派、希望"以教治国"的激进派、迷失于冲动与理想的学生青年派、掌握实权的军方、具有近百年历史和强大社会基础的穆兄会，一并构成全新的力量格局。

穆巴拉克被迫辞职后，埃及武装部队最高委员会接管了国家权力，解散议会并中止宪法，且承诺尽快举行总统选举。埃及由此进入军方掌管的过渡期。

2012年6月，有着深厚穆兄会背景的穆尔西成为自由与正义党候选人，参加埃及总统选举。在第一轮选举中穆尔西获得24.78%的得票率，与获得23.66%得票率的前总理沙菲克进入第二轮对决。当地时间6月24日16点，埃及最高总统选举委员会主席苏尔坦宣布穆尔西以51.73%的支持率（1323万票）击败得票率为48.24%（1234.7万票）的沙菲克，当选埃及总统。他成为埃及历史上首位代表伊斯兰势力、没有军方背景的总统。

结果公布后，军方领导人坦塔维发表声明祝贺穆尔西当选。坦塔维说，选举结果表明，军方不偏袒任何候选人，最终的人选是由人民的意志决定的。沙菲克当晚也发表声明祝贺穆尔西，并希望他上任后的改革能取得成功。穆尔西当选总统后立即辞去了党主席一职，以便更好地履行总统职务。2012 年 6 月 30 日，穆尔西在最高宪法法院宣誓就职，承诺建立世俗、民主、法治的现代化国家。

（二）埃及的第二次革命

2013 年 6 月，新总统上台还未满一年，埃及就爆发了反对穆尔西总统的游行示威活动。6 月 28 日，解放广场被数以千计的反对派示威者占据，城市各处张贴反对穆尔西、呼吁参与 6 月 30 日示威活动的海报。穆尔西的支持者则在总统府附近静坐集会，一些人誓以"灵魂和鲜血"捍卫埃及首名民选总统。这一天，穆尔西的反对者和支持者在多座城市走上街头，各自表达诉求，双方还发生了暴力冲突，造成 3 人死亡，130 多人受伤。

2013 年 6 月 30 日，是穆尔西宣誓就职总统整一年的日子。但就在当天，数百万民众在包括首都开罗在内的主要城市举行支持或反对穆尔西的大规模游行示威活动，部分城市还爆发了流血冲突。

总统府方面，穆尔西的发言人在记者会上呼吁各方展开对话，并称总统会做出重大让步，包括重写引起巨大争议的宪法，但坚称穆尔西不会辞职。

反对派则要求穆尔西下台并提前举行总统选举，认为政权的合法性已经下降，除了马上离开，别无选择，并呼吁埃及人民继续抗议和罢工。同时，反对派也一再拒绝穆尔西提出的对话邀请。

在此情况下，国防部长塞西 7 月 1 日宣称，军方为支持和反对总统穆尔西的阵营解决危机设置了 48 小时期限，若期限过后危机仍未解决，"人民的要求"没有得到满足，军方将进行干预，监督实施"埃及未来路线图"。

2013 年 7 月 3 日晚上 9 点左右，埃及武装部队总司令、国防部长塞西一身戎装、表情严肃地出现在镜头前，向全国民众宣布：军方和总统穆尔西此前的谈判以失败告终，穆尔西没能满足"人民的要求"，军方对此不能坐视不管。虽然塞西的讲话很短，但全埃及都清楚地知道，穆尔西被拉下了总统宝座。这比军方规定的"最后期限"晚了4个小时。其实，在塞西发表讲话前1小时，军方已通知穆尔西"不再是国家元首"，并把他及其高级助手送到一处军事设施内"保护"起来。

军方的这一做法得到了大多数埃及人的支持。塞西公布了政治"路线图"，如暂停现行宪法、组成联合政府、提前举行总统选举等。埃及主要反对派、宗教领袖以及一些伊斯兰派别纷纷宣布站在军方一边。

2013年7月4日，埃及最高宪法法院院长阿兹利·曼苏尔宣誓就任埃及临时总统，处理过渡时期的事务。然而，局势并未因此平静下来。穆尔西的最大支持者穆兄会不断地组织集会游行，强烈抗议军方解除穆尔西的职务，认为军方的行为是"政变"，要誓死捍卫民选总统。

2014年5月，埃及举行了自爆发推翻穆巴拉克政权革命后的第二次总统选举。

2014年6月3日，埃及最高选举委员会宣布，军方前任领导人阿卜杜勒·法塔赫·塞西以96.91%的得票率战胜对手左翼政治家哈姆丁·萨巴希，获得总统宝座。

2014年6月8日，阿卜杜勒·法塔赫·塞西宣誓就任埃及总统，从临时总统阿兹利·曼苏尔手中接过了执政权力。埃及政权在爆发革命三年半后，又重新回到了军方手里。

二、埃及爆发两次革命的原因

埃及在三年多的时间里，爆发了两次革命，举行了两次总统选举。这绝对不是偶然，无论是第一次革命，还是第二次革命，都有其复杂的原因。

（一）爆发第一次革命的原因

埃及之所以爆发推翻穆巴拉克政权的革命，主要有以下几个方面的原因：

1. 对经济发展失去信心

在穆巴拉克执政的 30 年里，人民对他推行的经济政策非常不满。大部分埃及人一直生活在贫困线以下，许多三十多岁的青年男女找不到工作，买不起住房，结不了婚。面对高物价、高失业率等问题，许多埃及人已失去了对国家和政府的信心，几乎达到了难以忍受的程度。

2. 对家族式统治产生厌倦

埃及宪法规定，总统可多次连任。穆巴拉克自 1981 年上任以来，已经四次连任总统职位。如按当时的说法，新一轮大选将在 2011 年 9 月举行，还不排除 82 岁的他再次连任的可能性。事实上，埃及民众早已厌倦了同一个领导人长期执政的局面。何况近年来，还有穆巴拉克的小儿子贾迈勒有可能成为埃及总统接班人的说法。

3. 对政府腐败极度不满

事实上，无节制的权力终将导致腐败。穆巴拉克长达 30 年的执政，从权力角度上说完全是一种变相的腐败。独裁统治使得政治体制僵化，政府效率低下。政府和官员过分关注小团体和个人利益，漠视民众利益诉求的行为，使民众对政府产生极度不满。

4. 民众民主意识提高

社会的发展导致民众民主意识不断提高，并强烈要求获得参与国家政治生活的权利。现代信息与科技的发展，使人们几乎能同步了解世界各地的情况。国际互联网更是能让几十亿地球人的思想和言论在几秒钟之内得到传播和交流。日益频繁的交流和共同见证发展不平衡的事实也使得地球上不同种族的人在文化、观念上不断碰撞、反思和学习。社会制度和发展方式孰优孰劣也不再由当权者自己说了算，全球几十亿民众心里都在评判，包括强人治理下的国民。

（二）爆发第二次革命的原因

民选总统穆尔西执政不到一年，就被第二次革命推翻，其中的原因是复杂的，主要有以下几个方面：

1. 承诺没有兑现

民众的期望与现实的落差是埃及爆发第二次革命的重要原因。2011年的第一次革命把埃及民众的期望和自尊提得很高，但随后无情的现实又把他们摔向绝望的低谷。竞选期间，穆尔西最吸引选民的承诺就是他推出的"百日计划"。这一计划涉及安全、能源、环境卫生、食品补贴和交通五大类共计64项议题。然而，执政一年后，"百日计划"的大部分目标仍停留在纸面上，两年多的时间过去，"1·25革命"的四项要求（面包、自由、社会正义和人的尊严）中除了自由外，其他都没有实质性的进展。与此同时，埃及经济危机空前加剧，社会治安持续恶化，失业率依然很高，物价依然很高，外汇储备骤减，通货膨胀加剧，这些都使得底层民众生活十分艰难。埃及人民抱怨：埃及历史上从没有一刻像现在这么糟糕。

2. 缺乏政治包容性

穆尔西在执政过程中，缺乏一位国家领袖应有的政治涵养和政治包容性。穆尔西具有深厚的穆兄会背景，世俗力量和不少社会民众本来就对他上台心有忌惮，怕他走极端伊斯兰道路，将国家"伊斯兰化"。穆尔西上台后，不是充分顾忌反对派和民众的这些感受，而是不断推行伊斯兰色彩浓重的政策，不断发展政府和议会中的穆斯林势力，想方设法扩大自己的权力，排挤其他政治派别。这使得埃及社会更加分裂，局势更加动荡。

3. 过分挑战军方权威

埃及是一个权威政治倾向十分明显的国家。军方一直是主导国家政治和经济生活的力量。1952年革命以来的历届总统都有军人背景。为巩固自己的执政地位，穆尔西上台后与军方进行争权博弈，对军方高层进行了大规模人事调整，包括国防部长坦塔维在内的军中元老都被迫离开政治舞台，70多名将军提前退休。穆尔西这种过分挑战军方权威的做法，不仅无法从根本上撼动军方势力，反而为自己埋下了祸根，最终被军方逼下了台。

三、埃及两次革命的启示

埃及的两次革命有上述众多原因，也很值得人们进行深入的思考，以期从中获得一些教训与启示。

（一）没有回报的革命不是成功的革命

埃及民众满怀希望、满腔热情地走上街头，以草根革命、街头政治的形式推翻了持续30年的穆巴拉克政权。但是，"阿拉伯之春"开出的鲜花未能结出丰硕的果实。埃及的革命者们没有得到应有的回报，没有享受到胜利的果实，也没有看到任何希望和光明的未来。

1. 政治稳定没有实现

穆尔西在总统选举中获胜上台后，未能迅速笼络民心，加速和解，改善民生，促进发展，而是不断推行伊斯兰色彩浓郁的政策，挑战军方权威，冷落司法系统，加剧社会分裂，给世俗派提供了再次上街游行示威的充分理由。面对世俗派的不满和抗议，穆尔西始终不肯妥协，更不肯让出部分权力，导致矛盾加剧，经济下滑，民生凋敝，形成"动荡加剧不满，不满又加剧动荡"的恶性循环。

2. 经济形势一团糟

从经济上看，穆尔西执政一年，其改善经济的举措没有"立竿见影"，特别是政局不稳导致外部援助及投资无法到位，还导致作为国家主要收入来源之一的旅游业受到重创。埃及老百姓并未看到国家变好的任何征兆，而是深受财政赤字、通货膨胀和失业率居高不下之苦。国家用于公共医疗、交通、教育和刺激经济增长的经费少之又少，政府对此束手无策。穆尔西竞选时提出的改善经济和民生的目标基本都没有实现。

3. 腐败问题愈演愈烈

众所周知，对腐败官员的愤怒是埃及民众推翻穆巴拉克政权的一个主要原因。但是，自2011年爆发革命以来，埃及的腐败问题不但没有得到改善，反而变得更为严重。埃及民众对官员的腐败感到失望。在经过"阿拉伯之春"和政权更迭以后，64%的埃及受访者感到穆尔西上台以来，官员们的腐败问题正在加剧。

（二）民主不是包治百病的万能药

1. 强行输入民主是坏事

穆巴拉克的下台、穆尔西的上台等一系列埃及事态的发展，一度被西方称为"阿拉伯之春""民主输入"成功的典范。民主是好事，不是坏事，但西方强行把民主输入到这个国家，就变成了坏事。民主不是一把万能的钥匙，不是能包治百病的万能药。各国实现民主必须依据本国国情，不能胡乱引进，也不能拔苗助长。

2. 民主不能直接改善参与者的经济地位

埃及没有经历过社会主义革命，因此，埃及人没有"打土豪，分田地"

的情结。埃及人对民主化的理解是：民主化可以改善国家经济状况，减少甚至消灭失业。事实上，民主化并不能迅速改变一国的经济结构。民主化也许能够解决人们的基本权利问题，但不能保证所有人在经济上立刻翻身。

3. 民主政体的局限性

民主选举只是解决了政府权力的来源和程序问题。但是，民主政体本身并无法解决社会各个阶层之间以及各派政治力量和宗教力量之间的根本冲突，尤其无法解决不同利益集团在国家认同上的分裂。当一个社会在国家认同和社会发展方向上出现深层次分裂和对立的时候，任何体制都会显得无能为力。

（三）统治者的更换不等于社会的变革

1. 革命需要革命者，治国需要政治家

穆尔西的下台表明统治者的更换并不意味着社会的变革，更换领导人不能解决最根本的问题，民众的诉求并不只是更换总统那么简单。

穆巴拉克下台后，埃及民众普遍希望能在埃及实行社会变革。但实行这样的变革，需要形成多数民众拥戴，团结各党派，军队支持，有权威、能担当的领导集团；需要找到一条符合本国国情的发展道路；需要切实推动政治、经济、社会、文化的全面发展。穆尔西执政一年即被赶下台，表明他不具备引领国家实现变革的素质和能力。

2. 治国需要远见，更需要气度

穆尔西的失败关乎他的领导力，关乎他的见识，更关乎他的气度。民选政府虽然意味着"多数人的统治"，但现代民主同样拒绝"多数人的暴政"。它要求政治领导层不将自身狭隘地理解为"特定阶层或势力的化身"，而是要在社会各方之间发挥调和作用，尤其是要关注和回应少数派的诉求。穆尔西是民选出来的总统，并不是神权帝王。但他在执政的一年里，表现出极强的权力占有欲，不是努力团结各党派，推动国家的转型和发展，而是屡屡打破约束自

身权力的既往承诺，排除异己，多方揽权，充分暴露出他的独裁倾向。

他以"胜者通吃"的方式上台执政，组成以穆兄会为主的内阁，还强行通过授予自身广泛权力的法令。他企图用保守的教规束缚民众；他起诉媒体记者"侮辱"总统，开除反对他的法官；他过多地考虑穆兄会的利益；他修宪的内容被指符合了穆兄会的教条，明确了伊斯兰教的立法原则，并且涵盖了许多附加解释。也因此，埃及的世俗派、自由派、妇女和青年，乃至政府的旧势力，全都站到了他的对立面。在执政风格上，他高估自身实力而树敌过多，导致最终被对手联合起来推翻。因为埃及人觉得，他们送走了一个世俗独裁者穆巴拉克，又迎来了一个宗教独裁者穆尔西，而且这个也许比那个更专制、更独裁。

3. 治国需要方略，执政需见实效

在经济发展和社会管理方面，穆尔西更是交不出任何让人满意的成绩单。伊斯兰政党能否立足于政坛，最终取决于解决民生难题的实际效果。穆尔西因没有把握好总统权力的准确行使，治国没有方略，执政没见实效，不但没能振兴经济，改善民生，创造就业机会，交出一份让民众满意的经济和民生答卷，而且无法实现社会的和谐与稳定。埃及民众面临的问题仍然是：政府软弱无力，社会混乱无序；经济形势恶化，民生更加艰难。人们在经历动荡后，安全得不到保障，生活照样艰难，没有得到什么切实的好处。埃及的两次革命再一次无情地告诉人们，不管什么制度，其共性都是：只要民生搞不好，就必然面临危机，甚至是合法性危机；任何制度的合法性都是建立在绩效之上的。

（四）思想意识不变革，很难有真正的变革

思想解放是社会变革的先导。思想解放的历程是人类文明发展的动力和见证。自古以来，人类思想文化的不断发展，不同特色的思想文化的相互碰撞、相互交融，推进了人类社会的共同发展。阿拉伯世界要真正实现变革与发展，首先必须实现思想意识上的变革。

1. 团结才能自强

历史上，阿拉伯民族由弱小分散的游牧部落壮大为统一的强大民族力量，靠的就是团结。当时的阿拉伯人，在穆罕默德和四大哈里发的领导下，以伊斯兰教为精神力量，团结一心，开疆拓土，走出阿拉伯半岛，一次次击败强敌，最终建立了疆域广阔的阿拉伯帝国。在之后的几百年中，阿拉伯帝国继续开拓，阿拉伯民族的文明也在与其他文明交流融合。通过著名的"百年翻译"运动，阿拉伯民族积极主动地将希腊、罗马、波斯、印度和中国的文明精髓消化吸收，创造了光辉灿烂的阿拉伯文明。

当时阿拉伯世界的强盛，完全是阿拉伯民族团结进取的结果。其中，阿拉伯人民的团结得益于他们对家族、氏族、部族界限的打破和提倡并实践"穆斯林皆兄弟"的精神。可以说，是阿拉伯人民团结进取的精神决定了阿拉伯帝国的成功。

今天的阿拉伯世界迫切需要这样的精神，迫切需要强化国家民族意识，必须坚信：只有团结一致，才能自立自强。

2. 稳定才能发展

社会稳定，百姓才能安居；百姓安居，才能乐业；百姓乐业，社会才能正常发展；社会正常发展，百姓就会更加安居乐业。这是一个永恒不变的真理。动荡、冲突、战争，无论对哪一个国家、哪一个民族、哪一个教派、哪一个政党，给予的不是福祉，而是灾难；增加的不是情谊，而是仇恨；带来的不是兴旺，而是毁灭。

3. 正确理解宗教

宗教本身并不对文明的创造与发展构成障碍。但是，宗教思想不可能永远指导后世社会的不断发展，前人制定的宗教教法也不可能完全适应新时代的社会生活需要。所以人们永远面临一个"如何正确理解宗教"的问题。埃及两次革命的一个根本原因就是"世俗化"与"伊斯兰化"的角力。从军人、强人强行推动"世俗化"到"伊斯兰化"借助"民主化"重新复兴，又回到军人、强人强行推动"世俗化"。埃及目前采用的是军人充当保护力量的策略，军方所扮演的角色是一旦民选政府过度"伊斯兰化"，则不惜进行军事干预，然后再还政于"世俗化"色彩的"文官"。

所以，解决好"世俗化"与"伊斯兰化"的结构性矛盾，是摆在阿拉伯精英面前的一项艰难使命。从现实的角度看，伊斯兰教已是伊斯兰文明不可分割的部分。埃及活生生的教训告诉人们：只有正确理解宗教，面对社会现实，顺应国情，走适合自己的路，才是唯一正确的选择。

4. 对待民主要实事求是

民众的民主诉求是不可抗拒的，但政治家必须创新民主政治的形式，设计与国情、时代合拍的民主政治制度。阿拉伯国家在探寻民主政治的过程中，之所以鲜有成功者，根本原因是作为后起的国家，已经无法复制西方"渐进式民主"的演变模式。

西方国家从民主萌芽到发展成熟，无不经历数百年的漫长演变。这期间经历了国家的形成、国家基本制度建设、宗教改革、工业革命、公民社会的形成、市场经济和法制的建立、政党政治的成熟、投票权的逐步扩大等等。然而，后起的国家则往往是一步到位，失败便是必然的结果。

特别需要强调的是，对于民主制度而言，"一个以共同价值观为基础的公民社会"极为重要，只有这样，意见不同的人才会愿意合作。埃及之所以"以对抗取代妥协"，也和世俗派、伊斯兰派没有共同的价值观密不可分。因此，人们必须客观地、理性地、实事求是地认识民主，理解民主，对待民主。政治家要做民主政治的表率。民主不是只写在纸上、挂在嘴上的东西，民主是实实在在的。

四、结语

埃及的两次革命证明埃及的社会转型尚不成熟，还在痛苦的摸索阶段。这两次革命的重要启示是：各党派必须学会政治和解与宽容，努力弥合分歧，兼顾各方利益。无论是哪个党派执政，都要充分考虑到反对派的合理要求，学会在退让中求生存，在妥协中求发展。新政府只有以发展经济为第一要务，迅速稳定民心，让更多的普通百姓享受实实在在的改革成果，才能从天下大乱逐步走向天下大治，为"革命"画上圆满的句号。

埃及的这两次革命也充分暴露出这个国家面临的众多矛盾。埃及的社会精英们必定会持续不断地探索解决这些矛盾的道路。只有妥善地解决了这些矛盾，才有可能实现国家和民族的真正复兴。因此，埃及乃至整个阿拉伯世界所面临的这场动荡与变革将是个漫长的历史过程。这一过程必然充满矛盾和斗争，必然要经历多次曲折与反复。在未来相当长的时期里，大动荡与大变革将成为阿拉伯世界的主旋律。人们期待在经历大动荡和大变革之后，一个繁荣、强大、文明、进步、充满活力的新阿拉伯世界屹立于世界民族之林。埃及无论是从政治、军事、经济角度，还是从地缘、人文、历史、人口角度，仍是阿拉伯世界的重要大国。

第六章 动荡不定的利比亚局势

自"阿拉伯之春"在突尼斯兴起以来，阿拉伯世界似乎又进入了一个政治动荡期。政治动荡来源于社会矛盾、经济停滞和人民的政治不满。人们希望通过政治变革改善生活环境，然而，政治变革并非总是带来新的幸福生活，一些国家或地区反而因此进入了政治动荡的恶性循环，人民生活每况愈下，地区局势混乱不安，利比亚就是典型一例。

一、后卡扎菲时代的利比亚

2011年2月，利比亚爆发反对卡扎菲政权的革命。美国联合多国以空袭政府军的方式支持反对派，强行推翻了卡扎菲政权。同年10月20日，掌权40多年的利比亚领导人穆阿迈尔·卡扎菲身亡，宣告一个时代的终结。随后，由战时反对派联合成立的全国过渡委员会承诺，将按照政治过渡路线图，逐步举行选举，制定宪法，组建新政府。

如今，这个北非国家的重建已持续多年。然而，利比亚并未按照人们所期望的那样实现政治平稳过渡，"革命胜利"气氛所掩盖的种种矛盾逐渐浮出水面。强人政治解体后，宗教、世俗、部族、极端组织等势力都试图填补权力真空，纷争四起。在中央，各派别为政府职位争斗；在地方，各民兵武装拒绝缴械，拒绝接受整编，形成武装割据，相互间冲突不断。

自2011年卡扎菲政权倒台以来，利比亚临时政府一直未能有效控制全国。民间枪支泛滥，绑架、暗杀等事件频发，各地武装力量冲突不断。安全局势混乱还导致"伊斯兰国""安萨尔旅"等一些极端组织在利比亚生根、发展，使国家陷入了割据、暴力、恐怖的泥潭。利比亚人普遍认为：卡扎菲死了，国家破碎了，极端组织坐稳了，坏人有了作乱的空间。

2012 年 7 月 7 日，利比亚举行了国民议会的首次选举，产生了 200 名议员，其中 80 席按党派分配，120 席由无党派人士出任。全国过渡委员会前执行委员会主席贾布里勒领导的自由派联盟——全国力量联盟是议会第一大党，占 39 个席位，穆兄会的公正与建设党占 17 席。议会将在其首次会议召开的 30 天内组建新政府，任命新总理和内阁成员。国民议会将取代过渡政权。

2012 年 8 月 8 日，利比亚全国过渡委员会向新产生的国民议会移交了权力，完成了大约一年的过渡阶段使命。利比亚国民议会正式登上历史舞台，成为利比亚人民的唯一合法代表。

国民议会被授权在 18 个月内暂时掌管国家，并在此期间完成制定宪法、选举总统等工作。一个 60 人的制宪委员会将起草宪法。宪法生效后，利比亚将举行新的议会选举。2011 年 3 月成立的临时政府会在国民议会的领导下工作至新政府成立。

利比亚国内的世俗力量与以公正与建设党为代表的宗教力量的角力，则在国民议会这个舞台上愈演愈烈。利比亚逐渐陷入是"走向世俗"还是"走向宗教"的路线之争。

2012 年 10 月 14 日，由贾布里勒领导的，追求世俗化理念的全国力量联盟支持的阿里·扎伊丹战胜公正与建设党支持的穆罕默德·哈拉里，当选为利比亚临时政府总理。但是自 2013 年起，以公正与建设党为代表的宗教力量多次提出对扎伊丹的不信任案，指责扎伊丹缺乏领导力，国家局势陷入混乱。2014 年 1 月 21 日，公正与建设党在利比亚临时政府中的 5 名部长集体辞职，以此表示对扎伊丹的抵制。2014 年 3 月 11 日，利比亚国民议会通过了对扎伊丹的不信任案，扎伊丹随后下台。

2014 年 3 月 11 日，时任国防部长阿卜杜拉·萨尼接替被利比亚国民议会解职的扎伊丹，出任利比亚临时政府代总理。2014 年 4 月 8 日，利比亚国民议会正式任命萨尼为临时政府总理，并责成其在一周之内组建新内阁。4 月 13 日，萨尼以自己和家人遭受死亡威胁为由提出辞职。

继 2014 年 4 月 29 日举行的选举之后，利比亚国民议会 2014 年 5 月 4 日再次投票选举临时政府总理，艾哈迈德·马蒂格和奥马尔·哈西两人参与角逐。马蒂格虽领先但仅获得 73 票，未达到当选所需的 120 票要求。利比亚国民议会随后对是否同意其担任总理进行信任投票。最后，在宗教力量支持下的马蒂格共获得 121 张赞成票。国民议会第二副议长萨利赫·马赫祖恩随即宣布马蒂格当选。但在 4 日晚，国民议会第一副议长阿瓦米发表声明，宣布因马蒂格未能获得当选所需的法定票数，当天早些时候举行的第二轮总理选举投票无效。很快，利比亚最高法院也裁定该选举违宪。

2014 年 5 月 5 日，利比亚国民议会议长努里·阿布·萨赫明签署决议，确认艾哈迈德·马蒂格当选为利比亚临时政府总理的选举有效。

本届国民议会的 18 个月任期，本应在 2014 年 2 月 7 日届满。按照先前设定的时间表，国民议会应在那时就正式移交权力并解散。但是，利比亚宗教势力和世俗势力在此问题上争执不下。国民议会的任期最终在宗教势力的主导下延长。这招致世俗势力的强烈不满。2014 年 5 月，政治上的僵局终于引发新一轮的武装冲突，利比亚被推向新一轮"内战"的边缘。

2014 年 5 月 16 日，退役军官哈里发·哈夫塔尔以根除恐怖主义为由，在利比亚第二大城市班加西对伊斯兰民兵武装发起大规模打击。利比亚国民议会、临时政府指责哈夫塔尔在班加西的军事行动是一场"政变"，但哈夫塔尔对此予以否认，声称自己是在执行"人民意愿"。

哈夫塔尔 2014 年 2 月曾呼吁解散利比亚国民议会，组建总统委员会，取而代之。哈夫塔尔当时身着军装在电视节目中声称，他将接手这个国家，这一度引发反对派对他可能发动政变的担忧。支持哈夫塔尔的津坦民兵武装也曾发布最后通牒，要求国民议会解散。

2014 年 5 月 18 日，津坦民兵武装冲进国民议会大楼，与守卫部队交火。当天夜间，利比亚军方将领穆赫塔尔·费尔纳纳宣布解散由努里·阿布·萨赫明出任议长的国民议会，并表示，阿卜杜拉·萨尼担任总理的利比亚临时政府将继续保留，直到进行新的议会选举。一直以来，外界都认为费尔纳纳与哈夫塔尔关系密切。

5 月 19 日，利比亚国民议会议长萨赫明要求民兵武装"利比亚之盾中部地区旅"（效忠于穆兄会领导的宗教武装——"利比亚黎明"）进入的黎波里，以保卫首都的安全。同一天，利比亚特种部队、第二大空军基地——图卜鲁格空军基地以及班加西海军基地分别宣布加入哈夫塔尔领导的"反恐行动"，并听从其指挥。

6 月 25 日，利比亚举行国民代表大会选举。这是自 2011 年卡扎菲政权倒台后，利比亚举行的第二次议会选举。此次选举产生的国民代表大会将取代现有的国民议会，成为利比亚政治过渡期间的最高立法机构。利比亚共有约 340 万合法选民，但在此次选举中只有 150 万选民完成了登记，实际参与人数只有 63 万。

7 月 21 日，利比亚国家最高选举委员会公布了最终选举结果，200 个议席中的 188 个席位得以确认，剩余席位将通过补选获得。与过去由宗教势力主导利比亚国民议会的局面不同，此次宗教势力获得胜选的席位不超过 30 席，剩下的席位由世俗势力、联邦主义者和真正的独立候选人获得。

经历了全国过渡委员会和国民议会时期之后，国民代表大会的产生，标志着战后利比亚的政治进程进入到新的阶段。然而，利比亚国内的政治僵局与武装冲突，再加上低投票率，使得这场选举难以显示出足够的权威性，似乎预示着利比亚的未来依然充满艰险。

新议会产生后，原来的国民议会以国民代表大会"违宪"为由拒绝交权。

自 2014 年 7 月 13 日以来，分别支持世俗势力和宗教势力的武装人员在利比亚首都的黎波里、第二大城市班加西等地持续爆发冲突。米苏拉塔民兵武装联合多支支持宗教势力的民兵武装组成的"利比亚黎明"部队发起行动，袭击在的黎波里的支持世俗势力的津坦民兵武装。8月下旬，支持宗教势力的民兵武装夺取了对的黎波里的控制权，支持任期已结束的国民议会复会并组建了"救国政府"。

得到世俗力量支持的利比亚新一届议会——国民代表大会被迫迁往东部小城图卜鲁格，由国民代表大会组建的利比亚临时政府则在贝达召开内阁会议。利比亚由此出现了两个政府、两个议会对立并存的局面。

2014年8月24日凌晨，利比亚国民代表大会发表声明，将"利比亚黎明"部队和"安萨尔旅"列为恐怖组织，并称将全力支持军队对其进行打击。声明说，"利比亚黎明"部队和"安萨尔旅"分别在的黎波里和班加西对国有设施、国家机构和城市基础设施发动袭击，这是真正的恐怖主义行径和战争行为。国民代表大会将全力支持利比亚"国民军"对其进行打击，直至他们停止敌对行动，并交出武器。

8月25日，国民议会宣布解除临时政府总理萨尼的职务，并任命来自班加西的政治学教授奥马尔·哈西为"救国政府"总理。但国民代表大会议长阿基拉·萨利赫·伊萨驳斥国民议会的决定不合法，宣布其决定无效。

2015年3月19日，为从宗教民兵武装"利比亚黎明"手中重新夺回首都的黎波里的控制权，支持世俗势力的津坦民兵武装对"利比亚黎明"在当地的据点发动了突然袭击。

3月21日，利比亚临时政府控制的武装也发起了新一轮军事行动。利比亚空军司令萨克尔证实，临时政府的军队在当天对位于的黎波里的米提加机场和"利比亚黎明"的一处军营进行了空袭。

另一方面，利比亚南部已经成为恐怖活动的中心。"伊斯兰国"和"基地"组织等一些曾经相互敌对的极端恐怖组织正在利比亚联合、合并，尤其是在德尔纳地区。盘踞在德尔纳的宗教极端民兵武装控制了这一地区，并宣誓效忠"伊斯兰国"极端组织。支持哈夫塔尔的利比亚"国民军"此前已经多次对当地的极端武装实施打击，利比亚空军也多次对德尔纳实施空袭。

2015年1月27日，利比亚首都的黎波里的一家豪华饭店遭到武装攻击，造成9人丧生，其中包括至少5名外国人。"伊斯兰国"宣称发动了这次攻击。

3月24日，利比亚一处军队检查站发生一起爆炸事件，一名自杀式袭击者在汽车上引爆爆炸装置，造成7人死亡。事故发生后，"伊斯兰国"宣称对此次事件负责。

另外，一个与"基地"组织有密切联系的武装组织的领导人阿卜杜勒·哈基姆·贝勒哈吉，宣布向"伊斯兰国"效忠。他所领导的武装组织也相应成为"伊斯兰国"在利比亚的分支。

2016年1月7日，利比亚西部城市兹利坦一个警察训练中心遭到"伊斯兰国"利比亚分支发动的汽车炸弹袭击，造成至少70名警察学员死亡，上百人受伤。与此同时，"伊斯兰国"极端组织还对利比亚的石油企业发动袭击，使利比亚的石油产业遭到严重破坏。"伊斯兰国"在利比亚的势力不断增强，特别是在叙利亚和伊拉克受到沉重打击的情况下，"伊斯兰国"有企图在利比亚建立新中心的迹象。

2017年3月30日，利比亚"雷电"特种部队新闻中心宣布："雷电"特种部队粉碎了一起由恐怖组织发起的针对该特种部队最高指挥官的暗杀阴谋。

战火绵延，生灵涂炭。根据联合国难民署于2014年10月10日公布的数据，持续不断的冲突已经造成28.7万利比亚人沦为难民。

二、利比亚的武装组织

利比亚各地持续处于"军阀割据"的局面。2014年，利比亚共有民兵和各种武装组织1700余个，其成员共有25万人左右。较强的利比亚民兵和武装力量分为支持哈夫塔尔与支持国民议会两大阵营，并在的黎波里、班加西等重要城市和地区形成对峙。为了更好地分析利比亚的乱局，我们有必要对利比亚的主要武装组织做一个大概的了解。

（一）"国民军"

哈夫塔尔于 2014 年 5 月 16 日率部进攻班加西，行动代号"尊严"。这场被议会势力视为"政变"的行动由"国民军"打响。

"国民军"的历史可追溯至 20 世纪 80 年代。当时，哈夫塔尔率领利比亚军队对乍得作战失败后，与卡扎菲关系恶化。他自行组建"国民军"，开始反卡扎菲活动，这支部队由美国负责训练。哈夫塔尔后来流亡美国，其部队一度解散。

2011 年，利比亚政局动荡，哈夫塔尔回国重组"国民军"，参加反卡作战。"国民军"士兵多数为世俗人员。2014 年 5 月，"国民军"吸纳了不少武装人员，势力有较大增强。"国民军"战术成熟、战斗力强，是哈夫塔尔可以倚仗的重要军事筹码。

（二）利比亚常规部队

利比亚常规部队组建于卡扎菲执政时期，规模较小。在 2011 年利比亚内战中，一部分为卡扎菲作战，一部分倒向反对派。内战结束后，利比亚政府重组常规部队。但规模不大，质量不高，不少士兵甚至仍在接受训练。

常规部队的精锐之一"雷电"特种部队部署在班加西，曾多次与当地宗教武装发生冲突。乱局中，常规部队大部分倒向哈夫塔尔。"雷电"特种部队、图卜鲁克空军基地和海军参谋部先后表态，支持"尊严"行动，清除国民议会"恐怖势力"。

有一种说法认为，常规部队之所以倒向哈夫塔尔，是因为国民议会曾挪用部队饷金，发放给一些宗教势力民兵组织。常规部队空军支持哈夫塔尔，为其增添了重要筹码。在哈夫塔尔于 2014 年 5 月 16 日攻打班加西时，就有空军战机配合发动袭击。

（三）米苏拉塔民兵

米苏拉塔民兵是利比亚势力最强的民兵武装，在 2011 年利比亚战争中，缴获大量卡扎菲部队装备，其中包括重武器、坦克和自行火箭炮。战争结束后，米苏拉塔民兵一度驻扎在首都的黎波里。2014 年 11 月，的黎波里不少民众发起游行，抗议首都安全局势恶化。这一民兵组织曾向示威民众开枪，致 42 人死亡。几天后，这个民兵组织撤回米苏拉塔。

米苏拉塔民兵武装中的不少领导人支持国民议会中的宗教势力。哈夫塔尔发动"政变"后，米苏拉塔民兵内部意见并不统一，一部分民兵进入的黎波里城区，支持国民议会，另一部分则在米苏拉塔按兵不动，观望局势。

（四）津坦民兵

津坦民兵是利比亚实力第二强的民兵武装，大本营位于的黎波里西南 140 公里的西山地区。2011 年利比亚内战中，津坦民兵是反卡扎菲的一股重要力量。战争临近结束时，津坦民兵进驻的黎波里。与其他民兵组织不同，津坦民兵全部穿部队制服，制服颜色与正规军不同。在哈夫塔尔发动"尊严"行动后两天，支持哈夫塔尔的津坦民兵在的黎波里对国民议会发动袭击，迫使议会休会。

（五）革命者行动委员会

利比亚革命者行动委员会成立于 2013 年，由支持国民议会的多个民兵组织组成。这一军事组织宗旨是"保卫 2011 年（反卡扎菲）成果"，是日常保护国民议会的主要武装。

这一组织曾绑架时任总理扎伊丹，希望迫使其下台，理由是一些利比亚油田经营者曾向扎伊丹临时政府行贿。

自哈夫塔尔发动"政变"后,在国民议会开会期间,利比亚革命者行动委员会都会部署重兵予以守卫。在常规部队空军宣布支持哈夫塔尔后,革命者行动委员会的民兵武装曾向的黎波里空军总部发射过火箭弹。

(六)"安萨尔旅"

"安萨尔旅"的基地位于利比亚东部。这一军事组织反对哈夫塔尔"政变",同时也反对国民议会。"安萨尔旅"在其控制范围内自设宗教学校和医院。

2012年9月,美国驻班加西领事馆遭袭,大使克里斯托弗·史蒂文斯等4名美国人丧生。美国方面指认,"安萨尔旅"策划了这起袭击,并将其列入恐怖组织名单。

2014年5月18日,哈夫塔尔部队向"安萨尔旅"在班加西的基地发动袭击,致使"安萨尔旅"遭受大量人员伤亡。"安萨尔旅"随后发表声明,扬言报复。

(七)"伊斯兰国"利比亚分支

目前"伊斯兰国"在利比亚的武装人员有4000人至6000人。这些人员主要来自伊拉克、叙利亚以及北非地区,也有一部分是利比亚当地的武装人员。"伊斯兰国"在利比亚的影响力逐渐从其在利比亚的大本营、北部城市苏尔特扩大至东北部港口城市班加西和德尔纳,以及西北部城市塞卜拉泰等地。

三、利比亚乱局中的重要人物哈夫塔尔

哈夫塔尔是利比亚世俗力量的代表人物,是利比亚乱局中的关键性人物。他不仅果断地打击利比亚境内的恐怖组织,更是不断地在与利比亚的宗教势力进行毫不妥协的较量。

（一）简历

哈里发·贝卡西姆·哈夫塔尔，1943 年出生于班加西，是法贾尼部落的成员。他在班加西参军，后前往苏联学习。他是卡扎菲政权的重要成员，早在 1969 年"绿色革命"时期就是卡扎菲的战友。1986 年，哈夫塔尔晋升至上校军衔，成为总参谋长。

（二）在乍得

在利比亚与乍得的战争中，哈夫塔尔被任命为战地部队指挥官。1987 年，哈夫塔尔与数百名利比亚官兵在乍得瓦迪杜姆作战时被俘。卡扎菲拒绝承认存在利比亚战俘，否认利比亚军队入侵乍得，当然也要同时否认哈夫塔尔被关押于乍得。这使哈夫塔尔对卡扎菲十分不满，并产生了强烈的怨恨情绪。1990 年被乍得政府释放后，哈夫塔尔和数百名利比亚军人作为反卡扎菲的利比亚全国救国阵线麾下的利比亚"国民军"，在乍得首都恩贾梅纳郊区的一个营地接受训练。他们的经费来自美国中央情报局。

1990 年年底，伊德里斯·代比·伊特诺推翻乍得政府并出任新领导人之后，主动寻求与卡扎菲政权改善关系，要求哈夫塔尔及他的"战友"们离开乍得。哈夫塔尔与美国中央情报局协商后，流亡美国。

（三）革命爆发后

2011 年"2·17 革命"爆发后，哈夫塔尔在 3 月中旬离开弗吉尼亚州时表示，美国中央情报局和美国驻利比亚大使与他联系过，询问他的回国时间并表示可以给予反对派帮助。哈夫塔尔表示，这些年他一直在等待这个时刻。

哈夫塔尔回国后，作为反卡扎菲部队的战地指挥官，致力于军队战斗能力的快速提高、武器装备的提升以及寻求更多来自美国的援助。

2011 年 4 月，哈夫塔尔成为阿卜杜拉·法塔赫·尤尼斯和奥马尔·哈里里之后的利比亚全国过渡委员会第三号军事人物。4月初，美国派出的利比亚特使克里斯·史蒂芬抵达反对派据点城市班加西，与哈夫塔尔和其他全国过渡委员会官员进行了会面。哈夫塔尔在4月中旬抱怨说，北约对利比亚进行的一系列空中打击给了卡扎菲部队喘息重组的机会。他认为空袭行动应该由美国主导，这样才能更加有效。虽然美国三番五次表示不会武装反政府军，但哈夫塔尔仍极力呼吁美国政府向反对派提供尖端武器。

后来，由于利比亚全国过渡委员会中的头号军事人物尤尼斯领导不力，哈夫塔尔的地位逐渐上升。2011年7月尤尼斯被暗杀后，哈夫塔尔成了利比亚的最高军事领导人。同年10月，他宣布击毙利比亚前任领导人卡扎菲。之后，他被150名军官推举，出任新武装政权的总参谋长。

（四）发表视频声明

2014年2月14日，哈夫塔尔发表一份提前录制好的视频声明，宣布"冻结"国民议会、政府工作以及宪法声明的效力。他在声明中强调，本次声明"并非军事政变"，因为"政变的时代早已过去"。他还强调称，这样做的目的只是"为了与利比亚人民站在一起"。随后，哈夫塔尔宣布了包含5条具体内容的"未来路线图"。

在哈夫塔尔发表反政府讲话后，利比亚时任总理阿里·扎伊丹发表声明称，利比亚现政府"十分安全"，"局势得到了有效控制"。政府迅速做出反应，删除了哈夫塔尔的讲话视频。扎伊丹在随后的讲话中说："利比亚局势十分稳定。国民议会和政府都在很好地履行职能。军队没有异常动向，哈夫塔尔也无法对军队进行任何控制。"扎伊丹说，军方将根据军法对哈夫塔尔下达逮捕令，同时逮捕了30多名试图参与政变的军官，哈夫塔尔连夜逃跑。

（五）打击伊斯兰极端组织

2014 年 5 月 16 日，在利比亚东部城市班加西，哈夫塔尔出动直升机和地面武装对多支伊斯兰民兵武装的基地展开攻击，致 79 人死亡。利比亚国民议会、临时政府和军方发表联合声明，斥责这是"政变"行径。不过，哈夫塔尔当天的行动得到了部分军人的支持。利比亚空军的一架飞机参加了当天的行动，据说还有一些特种部队士兵也响应了哈夫塔尔的号召。宣布解散国民议会的费尔纳纳也被认为是哈夫塔尔在军队内部的支持者。

2014 年 5 月 21 日晚，哈夫塔尔在班加西郊外举行记者会，要求利比亚最高司法当局组建一个由文官组成的"总统委员会"，由该委员会组建一个危机内阁，并组织新一届议会选举。他还指责利比亚国民议会失去合法性，让利比亚成为恐怖分子的栖身之所。

四、利比亚局势动荡的原因

利比亚局势发展至这样令人忧心的局面，其原因是复杂的、多方面的。

（一）世俗势力和宗教势力相互争权夺利

利比亚国内宗教势力与世俗势力的角力是造成目前形势的根本原因。2011年卡扎菲政权被推翻后，宗教势力和世俗势力之争一直存在，两派势力在议会和政府争权夺利，支持它们的民间武装也为了争夺地盘不惜兵刃相接。

2012 年 7 月选举产生的利比亚国民议会被宗教势力主导。同年 10 月，世俗势力的代表人物扎伊丹出任利比亚临时政府总理一职，双方实现了微妙的权力制衡。在宗教势力的主导下，原定于 2014 年 2 月 7 日结束任期的国民议会，因制定宪法、总统选举等均未能按时举行，提出延长任期到年底，从而引起世俗势力的强烈不满。此后双方一直争斗不休。世俗势力的代表人物哈夫塔尔要求国民议会中止活动，成立总统委员会管理国家，直到举行新的大选。津坦民兵发誓要让国民议会下台，并于 2014 年 5 月 18 日向国民议会发起进攻，遭到宗教势力民兵的抵抗。

于 2014 年 6 月 25 日至 7 月 21 日选举产生的国民代表大会，作为国家最高权力机构，取代了国民议会。在这次选举中，宗教势力惨败。利比亚宗教势力在与世俗势力的争斗中连连失利，如果收手，恐在新一轮权力分配中被彻底边缘化。因此，宗教势力一方面拒绝解散国民议会，另一方面，则由民兵武装发起首都机场争夺战，试图显示力量，挽回局面。

世俗势力和宗教势力都在积蓄力量，随之而来的将是在利比亚全国范围内一个更大的政治分化。分析人士认为，随着利比亚局势进一步紧张，各派武装开始选边站队。如果分化持续且双方无意妥协，世俗势力和宗教势力的对立将进一步加深，利比亚会有再度陷入大规模内战的危险。

（二）部落式的社会结构

利比亚是一个部落国家，传统的部落是利比亚的基本社会形态。部落对政权的效忠是保持政权稳固的重要基础。

利比亚人口不过 640 余万，其境内却生活着 140 多个部落和家族，其中中等规模的有 30 多个，另外还有 10 个跨国界部落。最具影响力的三个部落是瓦法拉、图阿里和卡达法。这三大部落的人数占利比亚总人口的 1/3。其中，瓦法拉部落人口最多，约有 100 万，主要集中在利比亚的经济中心、港口城市班加西附近，是昔日伊德里斯王朝的权力基础。图阿里部落约有 50 万人口，是利比亚第二大部落。卡达法部落则是卡扎菲的直属部落。这个早先流落于东部昔兰尼加地区的贫穷部落曾是利比亚的边缘群体。得益于卡扎菲的极力扶持，卡达法部落从最初的几万人发展到 15 万人左右，成为利比亚第三大部落。

部落众多是阿拉伯国家的一个基本特征。现代阿拉伯国家的历史，经常被描述为"部落的较量史"。部落自治是中东地区独有的现象，它起源于游牧民族依赖大家族保护的原生机制。

过去，在很多西亚非洲国家，由于受自然环境影响，土生土长的部落权威比政府更贴近普通民众，人们的部族归属感根深蒂固。特别是那些居住在偏远地区的部落，对国家事务的关注远远少于对部落内部事务的关注。部落成员对本部落的效忠（或者在很大程度上对部落首领的效忠）程度，远远大于对国家和军队。

利比亚独立前一直是基于亲缘关系的"无国家社会"，各个地区一直处于分治状态，即使在奥斯曼帝国和意大利统治时期曾被联合为一个整体，之后依然被划分为不同的行政省份，各省份相对独立，缺乏联系。他们在政治和文化方面也缺乏认同感，对于独立后应该采用何种政体和国家结构意见并不统一。

利比亚独立之后，家族和部落认同仍然占据着主导地位，国家认同相对淡漠。长期以来，在国家认同上，利比亚一直存在两种"主义"：昔兰尼加的"伊斯兰主义"和的黎波里塔尼亚的"世俗民族主义"。传统的"伊斯兰主义"在利比亚民族认同的构建中存在着严重的缺陷，这是因为利比亚的"伊斯兰主义"具有明显的地域特征，社会动员能力较弱。与利比亚东部地区浓厚的伊斯兰传统文化相比，西部地区受西方文化的影响更大，具有更强的"世俗化"倾向。因此，"伊斯兰主义"的影响力仅限于利比亚东部地区。

另外，"伊斯兰主义"也受到阿拉伯民族主义思想的挑战。20世纪50年代，阿拉伯民族主义思想风行阿拉伯世界，并对利比亚的一些学生和军官产生了非常大的影响。他们代表着新的政治力量的崛起和大众政治时代的到来，同时也成为建设利比亚国家的一股新的政治力量。

利比亚存在着政治、地理和文化上的分裂，部落和家族构成了利比亚基本的政治和社会单元，这必然会对利比亚的政治重建带来一定的负面影响。

（三）缺乏权威政府

2011年利比亚强人卡扎菲倒台之后，由于世俗力量和宗教力量之间的争权夺利，利比亚临时政府多次更换，实际上难以正常行使政府职能，难以控制动荡不安的局面，缺乏权威政权的凝聚力和号召力，不能引导各派远离暴力，走向政治协商，不能按时制定各派认可的宪法，不能按时进行总统选举。更为严重的是，临时政府缺乏一支能够掌控全国局势的强有力的军事力量。所以，过渡政府始终没有，实际上也难以平息各地的武装冲突，反而使各派民兵组织不断坐大。这样的政府既无能维持社会的稳定，更不可能把关注点放在发展经济和改善民生之上。

（四）宗教极端组织趁乱扩大势力

在利比亚国内局势不稳的情况下，一些宗教极端组织利用局势的动荡无序，趁机兴风作浪，扩大势力。尤其是利比亚东部地区，已然成了极端组织和恐怖主义滋生的温床。"基地"组织、"伊斯兰国"等恐怖主义势力便乘虚而入。近年来，恐怖组织利用利比亚动荡不安的局势，在利比亚境内扩张势力范围。"伊斯兰国"趁乱占据苏尔特、德尔纳等地，并在的黎波里、班加西等地附近设有据点。这不仅严重威胁利比亚国内的稳定和安全，而且严重影响地区内其他国家的稳定与安全。2014 年 7 月 19 日，埃及边防部队就遭到利比亚一侧的恐怖分子的袭击，造成 21 名埃及官兵死亡。

（五）西方世界"只破不立"

对于利比亚所面临的混乱与动荡局面，当初粗暴干涉其内政、单方面发起军事打击的欧美国家有着不可推卸的责任。卡扎菲政权被推翻后，西方国家对利比亚一直缺乏明确的长期政策，没有给利比亚应有的关注，没能帮助利比亚重建有一定控制力的中央政府以及强有力的正规军和警察体系。它们给利比亚的诸多美好许诺远未兑现。在局势恶化后，包括美国、法国、英国在内的西方国家没有积极斡旋，而是纷纷关闭使馆。虽然利比亚官方多次请求国际社会介入，但包括美国在内的西方国家对此回应冷淡。事实上，这几年发生在西亚北非地区的政治动荡，既没有向青年人提供就业机会，也没有带来稳定的社会秩序，更没有催生现代民主制度。当地民众感受到的是：社会更不稳定，治安更加糟糕，生活更加困难，希望更加渺茫。美国和一些西方国家不考虑中东国家发展的实际情况，一味推行西方民主，打破了中东国家的政治格局与战略平衡。他们这种"只破不立"的做法，给中东地区造成了更大的动荡，留下了一个又一个难解的乱局，甚至导致该地区成为恐怖主义的重灾区。

五、国际社会对利比亚局势的态度

面对动荡不定的利比亚局势，国际社会从不同的立场、不同的利益出发，持有各不相同的态度，采取的是各不相同的措施。

（一）联合国的态度

2015 年 3 月 18 日，时任联合国秘书长潘基文表示，联合国希望有关解决利比亚问题的谈判取得进展，希望冲突各方遵守承诺，尽快组建民族团结政府。他表示，持续的武装冲突只会加剧国家动荡，为极端主义武装团体提供滋生、壮大的土壤。潘基文指出，利比亚问题的特别代表兼联合国利比亚支助团负责人莱昂正在全力开展斡旋工作，敦促利比亚冲突各方进行直接对话。

2014 年 9 月 29 日，在联合国的斡旋下，利比亚冲突各方举行了第一轮和谈。此后，又在阿尔及利亚和摩洛哥重启和谈，承诺组建一个尊重法治、人权与民主准则的民族团结政府，同时改善国家安全局面，并扩大受冲突影响的民众获取国际援助的通道。2015 年 3 月 5 日，新一轮谈判又在摩洛哥启动。潘基文希望有关解决利比亚问题的谈判取得突破性进展，希望冲突各方切实遵守诺言，立即结束暴力和战斗，并就建立团结政府尽快达成协议，以推动民主进程，重建国家。

（二）阿拉伯国家的态度

面对利比亚的复杂局面，大多数阿拉伯国家或因自身面临重重矛盾和困难，或因与己无关，没有给予足够的关注。但也有些阿拉伯国家不仅对利比亚局势给予了足够的关注，而且有一定程度的介入。

2014 年 8 月，阿联酋借助埃及空军基地，在一周内秘密派战机两次空袭利比亚境内支持宗教势力的民兵武装。

第一次空袭发生在 2014 年的 8 月 18 日，打击了在利比亚首都的黎波里的宗教民兵武装驻地，包括一座小型军火库，致 6 人死亡，这些民兵来自利比亚第三大城市米苏拉塔。

第二次空袭发生在 2014 年 8 月 23 日早晨，针对的是占据的黎波里机场的米苏拉塔民兵武装，目标包括火箭弹发射装置、军车和一座仓库。空袭致 11 人死亡，20 人受伤。空袭目的是阻止宗教势力控制机场，但民兵武装最终还是巩固了对机场的控制。

自 2011 年年初西亚北非多国政局动荡以来，宗教势力借机壮大。例如，穆兄会曾一度在埃及掌权，宗教党派曾掌控利比亚国民议会。埃及当前政府、阿联酋以及沙特则把宗教武装组织视为严重威胁。宗教民兵武装在利比亚的推进，令这些国家有些担忧。

卡塔尔自 2011 年利比亚革命爆发之初就支持"伊斯兰主义"民兵组织。这个小国期待，一旦盟友统治利比亚，自己就可跃升为地区玩家。在卡扎菲死后近 4 年，多个权力集团唆使其民兵武装相互争斗，邻国忧心忡忡地关注着那里越发动荡的局势。沙特和阿联酋尤其紧张，因为这些极端分子质疑他们眼中海湾地区阿拉伯独裁者的统治。卡塔尔则寻求与这些"伊斯兰主义"者合作。

美国公开承认，埃及和阿联酋暗中在利比亚对伊斯兰武装分子实施空袭，并认为埃及、阿联酋和沙特由于担心伊斯兰极端分子的日益壮大，一直在支持世俗势力的代表人物哈夫塔尔，对抗利比亚宗教民兵组织。埃及和阿联酋均属于阿拉伯世界最强大的反"伊斯兰主义"国家，他们认为，必须采取行动，以阻止利比亚成为一个失败的政府和阿拉伯世界圣战分子活动的温床。尽管埃及和阿联酋都否认进行了空袭，但无论袭击是谁发动的，都契合了埃及及其逊尼派盟国进行的广泛努力，以压制穆兄会及其资助者卡塔尔。

（三）西方国家的态度

总体而言，西方社会不愿过多地卷入利比亚乱局。在吸取了多年参与阿拉伯世界纷争的教训后，美国更是希望阿拉伯人"自己去解决自己的问题"。除了呼吁利比亚各方立即停火，西方国家没有提出任何行之有效的解决办法，更没有国家表态要斡旋利比亚两派民兵武装之间的冲突。面对这种局面，利比亚官方指责国际社会没有认真对待利比亚动荡不定的局势，直到恐怖组织在利比亚不断坐大，难民问题对西方社会造成的压力越来越大，西方才真正感受到解决利比亚问题的迫切性。

在西方国家中，意大利是对解决利比亚问题态度较为积极的一个国家。2015 年 3 月 5 日，意大利总理伦齐在莫斯科表示，有必要"优先"调解利比亚局势。他认为，世界大国不应忽略这个议题。考虑到俄罗斯与埃及的历史关系，他呼吁俄罗斯帮助调解冲突。

意大利之所以如此，是因为它在利比亚有巨大的经济利益。意大利商家在利比亚的传统优势行业是农业、食品和技术，而基础设施、医疗、纺织、原材料、建材和电信等也是意大利商家重点经营的领域。在卡扎菲政权倒台前，意大利与利比亚之间的年贸易额约为 50 亿欧元。利比亚安全局势持续动荡，在利比亚及周边国家经营的意大利企业受到严重影响。据"意大利—非洲商会"预测，在利比亚的意大利企业直接经济损失至少是 10 亿欧元。

意大利原本是西方国家中唯一一个没有关闭驻利比亚使馆的国家。意大利外交部 2015 年 2 月 15 日发表声明说，由于利比亚安全局势恶化，意大利驻利比亚大使馆从当天起暂时关闭，使馆工作人员经海路返回意大利，撤侨行动同时展开。

（四）中国的态度

对于利比亚问题，中国始终主张用谈判、协商的途径予以解决。2015年2月18日，联合国安理会轮值主席、中国常驻联合国代表刘结一大使，在主持联合国安理会公开审议利比亚局势时表示，中方认为国际社会必须加强合作，坚持统一标准，标本兼治，与利比亚等国家加强合作，共同遏制和打击恐怖主义。

刘结一大使还表示，国际社会要推动利比亚有关各方积极参与包容性政治对话，通过协商和平解决分歧。中方欢迎利比亚有关各方在联合国主持下举行政治对话。中国支持联合国、地区国家、区域和次区域组织继续在帮助利比亚恢复和平与稳定方面发挥建设性作用。

六、利比亚局势的发展趋势

虽然利比亚卡扎菲政权被推翻多年，但利比亚依然处于动荡与战乱之中。利比亚的局势将如何发展，人们似乎还难以做出明确的预测和判断。

（一）利比亚的和解进程有所突破

利比亚的政治和解进程有所突破。2016年3月30日，利比亚民族团结政府的7名成员，在总理法伊兹·萨拉杰的率领下，乘坐利比亚海军军舰抵达的黎波里，并在一处海军基地设立了临时权力机构。萨拉杰随后发表声明称，民族团结政府将在数天内公布施政计划，致力于实现利比亚全境停火、民族和解和难民回归，并打击境内"伊斯兰国"等极端势力。

2016年4月5日，利比亚"救国政府"宣布解散，并表示即日起停止履行作为国家行政机构的责任和义务,不再对国家可能发生的一切承担任何责任。

4月6日,利比亚制宪委员会新宪法草案磋商会议在阿曼闭幕。与会者就国名、首都、官方语言和妇女地位等宪法草案中悬而未决的问题达成共识。

自2014年8月以来,利比亚就出现两个政府、两个议会对立并存的局面。在联合国的斡旋下,两个议会的代表于2015年12月签署了《利比亚政治协议》,同意结束分裂,共同组建民族团结政府。2016年以来,政治对话产生的总理委员会先后提交了两份民族团结政府名单,但当时未获得利比亚国民代表大会表决通过,而且出于安全考虑,总理委员会和民族团结政府此前只能在突尼斯办公。如今这两个机构回到首都,民族团结政府终于可以将施政纲领提上日程。

另外,据意大利《新闻报》2017年4月2日报道,利比亚各部落的代表在意大利内务部进行了长达72小时的秘密谈判后,终于签署了停战协议。

这些变化似乎让人看到了利比亚的光明前景,但利比亚局势发展至此,主要是由外力推动的,民族团结政府当时既没有被国民代表大会批准,也没有被各派势力广泛认可,之后能否顺利施政还是个未知数。

(二)国际社会发挥了有效作用

利比亚的政治和解进程推进到这一步,国际社会在其中发挥了有效的作用。从两个议会的和谈,到民族团结政府的组建,再到制宪委员会的会议,都是联合国和国际社会积极调停的结果。尤其是西方国家,迫切希望利比亚能够团结在一个政府之下,以帮助它们一方面打击在利比亚日益壮大的极端组织"伊斯兰国",另一方面控制从利比亚偷渡到欧洲的非法移民。在巨大的国际压力下,包括"救国政府"在内的各个派别至少还没有与民族团结政府发生正面冲突。

(三)利比亚政府内控乏力

政治动荡局势在相当长的时期内使一些国家的国内政治斗争激化,政府职能弱化，不能为经济发展、社会稳定提供基本保障。主要由外力推动的利比亚政治和解进程缺乏坚实的国内基础。分别支持两个政府的世俗势力和宗教势力在权力分配等一些关键问题上仍未消除分歧，两个议会内部都有不少代表反对《利比亚政治协议》，55名制宪委员会成员也只有32名参加了磋商会议。利比亚国内依然处于武装派别割据的局面，"救国政府"虽然解散，但的黎波里仍然掌握在宗教民兵武装手中。一旦后期出现利益纠葛，各个派别之间以及它们与民族团结政府之间就可能兵戎相见。民族团结政府在目前情况下难以对反对派、部族武装和极端组织开展有力打击，对利比亚全国的控制力仍相当有限。

（四）利比亚经济将受到更大的影响

经济困境不会因政治动荡而消失，反而会因此加剧。经济结构转型或经济质量提升需要稳定的政治和社会环境。作为北非国家的利比亚，经济结构单一，严重依赖国际市场，在全球化分工中处于边缘位置。反对卡扎菲政权的革命成功了，但是革命之前的所有问题依然存在，没有一个得到解决。经济结构转型需要一个高效的政府，但是利比亚在相当长一段时间内不会产生这样一个政府。经济结构转型需要一个稳定的社会环境，显然，利比亚何时能拥有一个稳定的社会环境谁也难以预料。因此，利比亚经济必将受到更大程度的影响。如果石油生产和运输设施遭受更加严重的破坏，那么利比亚本国经济在国际原油价格长期低迷的情况下将难以有根本性的好转，人们改善民生的愿望将难以实现。

（五）宗教极端势力有可能乘机坐大

利比亚至今无法形成统一的国家政府，并持续陷入僵局状态，使得这个原本盛产石油的国度成为恐怖组织"伊斯兰国"的天堂。"伊斯兰国"利用利比亚国内的权力真空，在那里组织起数千人的武装。原先盘踞在叙利亚和伊拉克的 "伊斯兰国"，因为遭受到各方的空袭和地面部队的打击，打算向利比亚这些陷入权力真空、防卫薄弱的国家转移。目前，利比亚宗教极端势力的活动十分猖獗，不仅有大量的外来恐怖分子，更有利比亚国内公开表示效忠"伊斯兰国"的极端组织。利比亚东部地区已成为极端组织和恐怖主义滋生的温床。如果利比亚宗教势力在军事上不能占据主动，政治上的诉求又得不到满足，那么宗教极端势力就更有可能进一步发难、挑衅、作乱，进一步坐大。假如这种局面发生，利比亚的乱局将更加失控。

由"阿拉伯之春"引发的利比亚革命结束了卡扎菲的独裁统治，但却没有给利比亚带来和平与安宁，利比亚依然处于内乱和动荡之中。国际社会虽然为解决利比亚问题进行了一系列调停，但利比亚要实现和平与稳定，要争取发展与繁荣，似乎还十分遥远。

第七章　也门局势的动荡与胡塞武装

也门虽是阿拉伯半岛南端的一个小国，但却是受阿拉伯剧变浪潮冲击较为严重的国家。自2011年以来，也门处于持续的战乱动荡之中。什叶派胡塞武装与前总统萨利赫的军队结成的联盟，一直与政府军争夺国家的控制权和领导权。

一、也门局势

2015年1月19日，也门什叶派胡塞武装与哈迪总统的卫队在位于首都萨那南部的总统府附近发生冲突，双方激烈交火造成9人死亡、67人受伤，死伤者多为平民。20日，胡塞武装人员占领总统府。21日，也门总统哈迪与胡塞武装组织达成协议，同意胡塞武装提出的多项要求，其中包括修改宪法草案，增加胡塞武装在国会的代表人数。胡塞武装领袖则同意释放总统办公室主任，承诺从总统府及总统官邸撤离。但几个小时后，胡塞武装炮轰总统官邸，停火协议成为一纸空文。

在总理及内阁官员辞职后，也门总统哈迪也于当地时间22日晚上提出辞呈。哈迪表示，胡塞武装分子未遵守和平协议，他无法继续担任总统一职。也门议会22日晚发表简短声明，拒绝接受也门总统哈迪辞职。也门议长叶海亚·阿里·拉依决定于25日开会讨论解决危机的办法。25日也门议会宣布推迟对哈迪总统的辞呈进行表决。

就在25日也门议会推迟开会的同时，也门总统顾问法里斯·萨卡夫表示，总统哈迪已决定收回 22 日递交的辞呈。萨卡夫说，经过与联合国也门问题特使以及国内政党代表磋商，总统哈迪决定收回辞呈继续为国家服务。

半岛电视台在报道哈迪辞职问题时表示，哈迪之所以辞职，是因为已完全控制首都的胡塞武装向他提出了极为苛刻的条件，其中包括哈迪必须任命胡塞武装的人担任副总统、总统办公室主任、国家总检察长、中央监督委员会主席。另外，政府绝大多数部委的副部长中必须有胡塞武装的人，国家石油公司和经济公司总经理也需由胡塞武装的人担任等等。哈迪不可能满足胡塞武装的上述要求，只好向议会提出辞职。

也门亚丁电视台 23 日凌晨报道说，在北方什叶派胡塞武装的强大压力下，总统哈迪被迫宣布辞职。胡塞武装立即发表声明表示欢迎，并要组建"总统委员会"单独掌握国家权力。胡塞武装认为，哈迪辞职是国家发生巨大变化的开始，也门人民今后每年都会纪念这一天。胡塞武装还表示，为了国家的稳定，为了在国家过渡阶段实施有效管理，将组建"总统委员会"。该委员会将由各革命力量和受尊敬的政治人士组成，其中包括军方、安全力量、人民委员会（隶属于胡塞武装）和各政治党派的代表。胡塞武装还表示，不会承认现议会的合法性。

另据也门新闻社 22 日晚间报道，胡塞武装已经包围了也门国防部长穆罕默德和国家安全委员会主席阿里的住宅，以逼他们交出军权。25 日，英国驻也门大使简·马里奥特在推特上写道，她有"可靠证据"证明"几乎所有也门部长都遭软禁"。

2015 年 2 月 21 日，哈迪总统被卫队用"调虎离山计"救出，摆脱胡塞武装的控制，逃往亚丁。哈迪随即呼吁政府在亚丁重整旗鼓，并于 26 日会见了联合国特使贾迈勒·贝努马尔和一些军政要员，研究全国性对话，寻求应对胡塞武装的途径。总统还要求设立全国军事办事处，用以指挥和协调全国的军事行动。此后，已有也门国防部长等一些军政官员相继摆脱控制，逃往亚丁。这个南部城市正在日益取代被胡塞武装控制的萨那，成为也门实际上的政治首都。

与此同时，也门全国各地爆发各种形式的游行示威，抗议胡塞武装的"政变"。也门南部马里卜等地区的部落武装也进行了多次集结，表示随时准备抗击胡塞武装的进攻。

3月中旬，也门总统哈迪在亚丁组建了由7个党派和45个团体构成的全国拯救委员会，并宣布：因首都萨那被胡塞武装分子占领，亚丁为临时首都。

胡塞武装在不断扩大地盘的同时，重点向亚丁发动进攻，企图占领现政府的临时首都，掌握对红海港口航道的控制权。在这样的情况下，也门哈迪政府向沙特等海湾国家求援。

2016年7月28日，胡塞武装和前总统萨利赫方面在首都萨那签署协议，将联合组建"总统委员会"来维持国家的运行。这在外界看来是打算将过去所占领的地区统治合法化。

11月28日，也门胡塞武装及其同盟前总统萨利赫领导的全国人民大会党发表声明，宣布组建"民族救国政府"。这一举动招致也门总统哈迪的强烈谴责。胡塞武装—萨利赫同盟在也门首都萨那成立所谓的"民族救国政府"，同暂时在南部港口城市亚丁行使职权并得到国际社会承认的哈迪政府分庭抗礼，使得也门内战出现长期化倾向，将对也门国内和地区形势产生更加不利的影响。

2017年3月25日，也门叛军法庭以叛国罪缺席判处哈迪总统死刑。这种极端的行为将使也门局势更趋复杂化。

也门内部发生严重武装冲突的导火索是哈迪政府准备公布的新宪法草案。根据草案，也门将划分为6个联邦州，但胡塞武装认为，拟定中的新宪法草案是试图分裂也门的"阴谋"。他们坚持将也门分为南北两个联邦州，并要求取得北部联邦州的控制权。2015年1月17日，胡塞武装为阻止政府向全国和解对话委员会提交新宪法草案，绑架了负责此项工作的总统办公室主任艾哈迈德·本·穆巴拉克。

2011年也门局势发生动荡，时任总统萨利赫被迫辞职。2012年2月，也门举行总统选举，时任副总统哈迪作为唯一候选人当选新总统。2013年3月，过渡政府开始举行全国和解对话，并着手修改宪法。和解对话原计划为期半年，但各党派直到2014年1月才达成共识，同意将也门政体从单一制转变为复合制，国家由多个联邦州组成，将目前的21个省和1个直辖市重新划分为6个联邦州，以此赋予地方政府更大的权力。

二、胡塞武装组织的由来

胡塞家族属于什叶派分支——宰德教派。1956 年，侯赛因·巴德勒丁·胡塞在也门北部萨达省的拉维斯市出生。早年曾随父巴德勒丁·胡塞前往伊朗和黎巴嫩，后在苏丹获得法学硕士学位，20 世纪 70 年代就被视为宰德教派的精神领袖。

1990 年，侯赛因·巴德勒丁·胡塞与一些宰德派人士创建了"真理党"。

1992 年，同样信仰宰德教派的也门总统萨利赫，为了对抗逊尼派穆斯林，开始联合侯赛因·胡塞和他的"真理党"。与此同时，政府的支持让侯赛因·胡塞的势力日渐壮大。

1993 年，也门举行议会选举，侯赛因·胡塞被选为议员。直到 1997 年，他一直是"真理党"在议会的代表。此后，由于侯赛因·胡塞的观点越来越激进，与萨利赫等温和派越离越远。

在 1993 年的选举中，侯赛因·胡塞得到了社会主义者的支持。所以，1994 年夏天，在与政府军爆发的冲突中，他被指控"支持分立和帮助社会主义者"。此后，他放弃了"真理党"，并且没有参加 1997 年的议会选举，而是让他的三弟叶海亚·巴德勒丁·胡塞参加了选举。叶海亚·巴德勒丁·胡塞顺利当选。侯赛因·胡塞则专心从事一个政治的、宗教的、武装的组织——"青年信仰者"组织的活动工作。他以反对被边缘、被歧视的口号，表达当地对也门政府内外政策的不满，并致力于削弱政府在萨达省本来就脆弱的存在感。

也门政府指控侯赛因·胡塞开办非法的宗教中心、在宗教演讲中发表反美言论、与伊朗真主党相勾结等。

2000 年，侯赛因·胡塞提出，效仿伊朗建立"神权也门"，实行政教合一。自 2003 年爆发伊拉克战争后，侯赛因·胡塞及其支持者将矛头对准以美国为代表的西方国家，认定也门总统阿里·阿卜杜拉·萨利赫支持美国反恐的政策"违法"。侯赛因·胡塞认为萨利赫已成美国的代理人，而美国则将侯赛因·胡塞形容为夸大其词的极端教士。还指责其盗用神的名义笼络人心。

2004 年 6 月，由于与当局水火不容，胡塞武装与也门政府军之间发生了第一次大规模的武装冲突。直到 2004 年 9 月 10 日，侯赛因·胡塞在冲突中被打死，冲突才停了下来。

自此，萨达省沦为战场。敌对双方随后又相继发生了五次大规模的武装冲突。

侯赛因·胡塞死后，其支持者将"青年信仰者"组织改名为"胡塞人"，以示永远追随侯赛因·胡塞。胡塞武装改由侯赛因·胡塞最小的弟弟阿卜杜拉·马利克·胡塞领导。他的三弟叶海亚则前往德国寻求政治避难。

2005 年 3 月，由于也门政府大规模逮捕与侯赛因·胡塞有关的领导人士，胡塞武装与也门政府军之间的第二次大规模武装冲突爆发。尽管政府军在 4 月就宣布停火，但零星的战斗一直到 12 月才结束。

2005 年 12 月，也门政府很快以藏有胡塞武装人员之名，对"胡塞人"的民居进行轰炸。这意味着双方第三次冲突的开始。这次冲突以政府方面给予胡塞武装投降期限为条件才得以停止。这种冲突带有明显的部落复仇色彩，往往是在忠于胡塞武装的部落和忠于政府的部落之间进行。

2007 年 2 月，随着投降期限的结束，双方的第四次冲突爆发。在这次冲突中，政府军使用了飞机和大炮。胡塞武装则进行了顽强的抵抗。后来因卡塔尔出面进行调停，冲突才于 2007 年 7 月 17 日停止。

2008 年 5 月，由于位于萨达省的布·萨尔曼清真寺内发生爆炸，双方的第五次冲突随之开始。也门政府指责胡塞武装是此次爆炸的幕后操纵者。胡塞武装则认为清真寺爆炸和劫持外国人是政府搞的阴谋。2008 年 6 月 17 日，阿里·阿卜杜拉·萨利赫总统宣布停止所有的战斗和冲突。

2009 年 8 月 11 日，萨利赫总统在一次会议上宣称叛军无意履行协议，指责他们毁坏房屋和田园以及阻止非政府组织的粮援行动，因此决定用"铁权"对付胡塞武装，并将对胡塞武装采取的军事行动称为"焦土行动"。双方的第六次大规模的武装冲突由此开始。断断续续的战斗一直到 2010 年 2 月 25 日才结束。

2011 年，受"阿拉伯之春"的影响，也门爆发了要求阿里·阿卜杜拉·萨利赫总统下台的群众运动。胡塞武装宣布支持"也门青年的革命"，并为他们的组织起了一个新的名字——安萨鲁拉。2011 年 3 月，萨达省长塔哈·哈吉尔逃往萨那。胡塞武装趁机任命了自己人法里斯·曼纳阿为萨达省长。自此，胡塞武装完全控制了萨达省，随后又相继控制了焦夫省、哈吉省、阿姆兰省、扎马尔省、荷台达省，连首都萨那也已在他们的控制之中。

三、胡塞武装与伊朗和沙特的关系

自 2011 年以来，动荡的也门就像一股强劲的龙卷风，将沙特、伊朗等国家卷入其中，成为中东地区大国博弈的又一个战场。

1. 与伊朗的关系

伊朗是中东地区最大的什叶派国家，而沙特则是中东地区最大的逊尼派国家。两国在对美国的态度、核问题以及中东局势发展问题上，都有着明显的分歧。也门政府、沙特和美国情报机构都认为，胡塞武装的背后有伊朗的暗中支持，他们不仅从伊朗获得资金，而且还获得武器，更有传言说，在胡塞武装中有伊朗人出现。

2009 年 12 月 13 日，时任也门外长阿布·贝克尔曾呼吁伊朗停止对胡塞武装的支持。也门现任总统哈迪在 2012 年 9 月访美期间，也曾谈到伊朗对也门事务的干涉，指出伊朗控制着真主党在也门的分支机构。英国媒体则认为，也门政府和胡塞武装之间的战争，实际上是沙特和伊朗之间的一场"代理人战争"。

伊朗也不隐讳对胡塞武装的同情和支持，并为该武装夺取也门首都而欢呼。2013 年 3 月中旬，伊朗和胡塞武装达成协议，向其提供石油，为期一年。由于地理上同也门不接壤，伊朗的支援更多带有间接性。伊朗海军还以保护伊朗的航运免受海盗侵扰为由，派遣两艘军舰开赴亚丁湾。同时，为缓解沙特对胡塞武装的压力，伊朗还向联合国提交了"四点和平计划"，呼吁终结沙特等国对胡塞武装实施的空袭行动，以期建立以什叶派为主导的"有包容性的全国统一政府"。

2016 年 4 月 20 日，美国时任国防部长卡特和海合会秘书长扎耶尼宣布，美国和海合会成员国将开展海上联合巡逻，阻止伊朗向也门输送武器。

胡塞武装则始终否定这种支持的存在，认为也门政府是在用伊朗来转移人们对沙特在也门所起作用的视线。

2. 与沙特的关系

沙特是也门北部的邻国，与也门有长达 1456 公里的陆地边界线，也门可以说是沙特的后院。沙特希望也门稳定，非常不愿意看到也门什叶派胡塞武装生变、坐大。早在 1994 年也门陷入内战期间，逊尼派穆斯林占统治地位的沙特就曾协助萨利赫政府对抗南部的分离主义势力。

由此，胡塞家族等宰德教派人士抱怨萨利赫政府受逊尼派影响太严重。沙特则担心，一旦宰德教派壮大，可能影响到它在也门的国家利益。

也门萨那大学政治学教授达西里曾在接受媒体采访时称，本来就对胡塞家族心存疑虑的沙特，自那之后开始更加关注胡塞家族的动向。

沙特当局依据相关情报认定，胡塞家族和宰德教派的部分信徒来头不小，伊朗或许是其背后的支持者。

当胡塞武装于 2004 年与政府军发生第一次大规模武装冲突后，也门政府就认同了沙特当局的判断。也门政府打击胡塞势力的一个重要原因，就是认为他们接受伊朗和黎巴嫩真主党的资助，进而威胁到也门的国家安全和领土完整。

2009 年 11 月，沙特指控胡塞武装渗入沙特境内，并向沙特边防人员开枪，造成沙特士兵死亡。胡塞武装则指责沙特让也门政府军集结在沙特吉扎地区的烟山，以便从背后袭击胡塞武装人员。他们就此与沙特进行了交涉，但没有得到沙特的答复。2009 年 11 月 2 日，胡塞武装向该地区发起了攻击，并声称是沙特军人先开的枪。11 月 4 日，沙特开始越境打击胡塞武装。沙特"台风"和 F-15 战机轰炸了胡塞武装的巢穴。11 月 8 日，沙特宣布收复烟山。此后，沙特陆军和特种部队曾赴也门北部，协助也门军队打击胡塞武装。除了认定胡塞武装有伊朗暗地撑腰外，沙特还怀疑胡塞武装与"基地"组织有牵连。"基地"组织高级成员则否认了沙特当局的推测。

2015 年 3 月 26 日零时，沙特发动了代号为"决战风暴"的军事行动，对也门什叶派胡塞武装进行空中打击，并在也门设立禁飞区。

沙特与伊朗是两个伊斯兰大国，长期争夺地区主导权。如果胡塞武装控制也门，阿拉伯腹地将出现继叙利亚、伊拉克、黎巴嫩后第四个什叶派政权。这将对逊尼派势力特别是海湾君主国构成严重威胁。如果伊朗公开介入也门冲突，沙特应该不会坐视不管，也门可能会成为沙伊两国对抗的新热点。俄罗斯《生意人报》分析称，沙特正逐渐成为阿拉伯国家中影响力最大的国家，并成为唯一能在政治和宗教等方面与伊朗对抗的地区大国。为了争夺地区大国的地位，沙特和伊朗的明争暗斗不会停止。

四、也门局势动荡的原因

也门局势动荡的原因错综复杂。归结起来，主要有以下几个方面：

1. 作为少数族裔的什叶派长期被边缘化

也门是以逊尼派穆斯林为主的国家，逊尼派人口占了全国人口的 2/3。作为少数族裔的什叶派长期处于被打压、被边缘化的状态。属于什叶派分支——宰德教派的胡塞家族，以其武装组织——胡塞武装为代表，多年来一直在尝试通过武力使其家乡萨达省拥有更大的自治权。自 2004 年以来，胡塞武器一共与政府军发生了六次大规模的武装冲突，留下了深深的积怨。

2. 也门社会发展严重滞后

长期以来，也门的改革进程十分缓慢，社会发展严重滞后，经济凋敝，民生凄苦，种种问题多年来一直未能得到有效解决。1982 年，笔者在也门工作期间，也门已有小型的超市，里面卖的盒装纸巾和瓶装矿泉水曾让笔者赞叹不已。然而 30 多年过去了，我国发生了翻天覆地的变化，也门不仅没有发展，反而比那时候更困难、更落后了。

哈迪上台后，为减轻政府财政负担，于 2014 年 7 月宣布削减燃油补贴，造成汽油和柴油价格大涨，全国爆发大规模民众示威游行，长期盘踞在也门北部萨达省的胡塞武装借机发难，也门再次爆发内战的条件已基本具备。

3. 西亚北非动荡留下恶果

2011 年，西亚北非多国出现政治动荡，突尼斯总统外逃、埃及总统入狱，利比亚、叙利亚等国陷入内战，唯有也门在国际社会的强力干预，特别是在海合会的全力调停下，实现了权力交接。但也门的改朝换代并没有给该国带来稳定、和谐与发展，相反，过去被统一掩盖的南北矛盾、地区差异、族裔摩擦和权力失衡再次被暴露和激化，撕裂的伤口没有愈合，内部矛盾重重。

4. 各武装派别之间的利益分配问题没有解决

也门是一个由 200 多个部落组成的联盟国家。也门的头号政治强人萨利赫执政时，也只能控制全国 30% 的地区，其他地盘都掌握在部落手中。各部落处于相对独立状态，对国家、政党的忠诚度很低，与政治集团的联盟不牢固、难持久。此外，与中东地区其他国家不同，也门的部落或部落联盟并非以宗教派别划分，而是以地域和共同利益为界限。这一方面造就了也门历史上教派冲突较不明显的传统，另一方面也使部落间的利益纠葛和矛盾更加复杂。在前总统萨利赫执政的 33 年里，为稳定局势，也门政府不断出让利益安抚地方部落、武装组织和分裂势力。也门新政府上台后，各派在国际社会推动下开始政治和解进程。但权力交接没有解决各武装派别的利益分配问题。各部落势力划地为王，多地爆发武装冲突。"基地"组织阿拉伯半岛分支趁机发展壮大。

5. "基地"组织活动猖獗

"9·11"袭击事件后，也门成了恐怖主义袭击与反恐战争的前线。"基地"组织不仅在亚丁湾重创美国"科尔号"驱逐舰，而且建立了阿拉伯半岛分支机构，大肆开展恐怖活动。萨利赫政府曾被美国视为坚定的反恐伙伴，并获得每年约 5 亿美元的反恐援助。虽然胡塞武装是也门一支反对"基地"组织的强大力量，但也成为逊尼派也门政府的政治对手和逊尼派部落武装的劲敌。"基地"组织利用什叶派胡塞武装的扩张，打着拯救也门逊尼派穆斯林的旗号，开始进行力量重组，使得也门原有的反恐战变得越来越带有教派冲突特征。

6. 忠于萨利赫的力量试图浑水摸鱼

萨利赫虽是和平交权的，但那是他迫于国内局势和沙特等海湾国家的压力，内心并不情愿。他的老班底没有受到多大影响，忠于他的军队和部落势力没有受到多大的削弱，特别是以他儿子为首的老总统卫队的势力依然存在。哈迪上任之后，一直希望能够驱逐"人民代表会议"中萨利赫的影响，因而在不少关键领域里同萨利赫势力矛盾不断。从 2014 年年底开始，由于同萨利赫及其势力斗争的失败，哈迪彻底失去了"人民代表会议"的支持。

此次与胡塞武装并肩作战的就是萨利赫的势力。萨利赫虽然在任期间曾与胡塞武装进行过六次战争，但在共同的对手哈迪面前却一拍即合。在胡塞武装占领首都萨那后，萨利赫势力与其联手发动了也门内战。尽管因为种种原因双方已经分裂，萨利赫也已被胡塞武装打死，但胡塞武装与前总统萨利赫的军队结盟，大大增加了也门局势的复杂性。另外，被撤换和排挤掉的也门军队高层中，不少人同北部的胡塞武装取得了联系，这也正是胡塞武装得以在短期内渗透到首都萨那，并且取得重大战果的原因之一。

五、国际社会对也门局势的态度

也门社会的动荡不安使本就难解难分的中东局势更加纷繁复杂。国际社会一致希望也门问题能尽快得到解决，也门人民能尽快摆脱战乱带来的不幸与苦难。

1. 美国的态度

胡塞武装虽视"基地"组织为敌人，但是对美国同样心存敌意。众议院情报委员会内部已有成员表示，美国在也门的反恐工作已"陷入危险"，需要竭尽全力保持和也门的合作。美国政府无法就也门局势做出任何评估，美国提倡并支持也门达成"和平的权力过渡"。时任美国总统奥巴马也曾表示，尽管也门出现政治动荡，但是美国将继续在也门进行反恐努力。

奥巴马曾经认为也门是全球反恐伙伴关系的"成功典范"，但也门的混乱局势已经威胁到了对抗"基地"组织的战略。

美国白宫 2015 年 1 月 26 日称，总统奥巴马将于 27 日对沙特进行短暂访问，预计他将与沙特新国王萨勒曼讨论打击极端组织"伊斯兰国"与也门危机等问题。

2016 年 10 月 9 日和 12 日，美国海军驱逐舰两度在红海海域遭遇导弹袭击。美国认定这些导弹来自也门胡塞武装的同一片控制区。作为报复，美军 10 月 13 日首次采取直接军事行动，发射巡航导弹摧毁了也门胡塞武装在红海沿岸的 3 座雷达站，引发外界有关美国可能介入也门冲突的猜测。

2. 联合国的态度

联合国前任秘书长潘基文曾于 2015 年 1 月 20 日通过发言人发表声明，对也门局势不断恶化表示严重关切，对什叶派安萨鲁拉武装团体和也门总统卫队在首都萨那发生激烈交火予以强烈谴责。联合国安理会当天也就也门局势发表媒体声明，呼吁所有各派在政治行动方面与总统哈迪、总理巴哈以及也门内阁站在一起，使国家走上稳定和安全的轨道。

潘基文在声明中呼吁也门所有各方立即停止一切形式的敌对行动，并保持最大程度的克制，采取必要步骤，全面恢复合法政府机构的权威。声明指出，所有各方必须恪守所声明的承诺，通过和平手段解决分歧，根据全国和解对话委员会和海合会倡议实施机制，确保落实"和平和全国伙伴协定"。秘书长还提醒所有各派尊重安理会相关决议。

声明对 2015 年 1 月 17 日也门总统办公厅主任穆巴拉克遭到绑架事件予以强烈谴责，呼吁立即将其释放。声明还呼吁所有各方保持与也门问题特别顾问的充分接触，使其能够继续在与海合会和安理会成员的紧密合作下，进行秘书长的斡旋任务。

2015 年 1 月 21 日，联合国安理会应英国的提议就也门局势举行了闭门磋商。也门问题特别顾问本·奥马尔通过视频向安理会汇报了该国局势进展。之后，联合国安理会发表媒体声明，对近几天也门发生的包括绑架在内的暴力行径予以强烈谴责，督促也门所有各派致力于对话和协商进程，并落实全面和持久的停火协议。

联合国安理会 2015 年 2 月 15 日通过决议，要求也门胡塞武装组织从政府机构撤出武装人员，释放总统哈迪及其内阁成员，并无条件参加联合国斡旋的谈判。

2015 年 5 月，联合国安理会发表媒体声明，表示安理会成员将全力支持联合国以及秘书长也门问题特使艾哈迈德的工作，请求联合国秘书长进一步强化斡旋作用，以重启一个和平、包容各方、井然有序、由也门人主导而且能够满足所有也门人民合法诉求的政治过渡进程。声明呼吁也门各方积极参与联合国支持下的相关和平谈判，在不预设任何前提条件的情况下真诚开展对话，通过协商解决分歧，摒弃通过暴力方式实现政治目标，避免挑衅和任何可能破坏政治过渡的单边行动。

2015 年 12 月 23 日，联合国安理会发表声明重申，所有也门各派应充分落实安理会相关决议，恢复并加快由联合国斡旋的具有包容性的政治谈判进程。声明同时指出，安理会成员对在谈判期间发生的多起违反停止敌对行为协议的行为深表关注，敦促所有各派恪守所达成的协议，并保持最大程度的克制。声明对也门各派参与 12 月 15 日至 20 日在瑞士举行的和平谈判并达成停止敌对行为的协议表示欢迎，称此次谈判为下次和平进程打下了基础。

2015 年 12 月 20 日，联合国也门问题特使艾哈迈德宣布，因各方在和谈期间未能实现有效停火，和谈暂时中止，将于 2016 年 1 月中旬重新启动。由于同样的原因，和谈迟迟未能再次开始。

3. 海合会的态度

海合会呼吁联合国采取强制措施，对付什叶派胡塞武装。海合会 2015 年 2 月 7 日谴责胡塞武装搞"政变"，并警告说："如果达不成协议，它们将采取必要措施来保护自己有赖于也门稳定和安全的重要利益。"[1] 2 月 15 日，海合会的外长们警告说，如果安理会不能通过一项决议，允许"对非法夺取权力的胡塞武装"使用武力，作为海合会成员国的沙特、科威特、卡塔尔、巴林、

---

1 见《海湾国家请求联合国干预也门》，载于参考消息网，http://www.cankaoxiaoxi.com，2015 年 2 月 16 日。

阿曼和阿联酋可能会自行干预。后来这种干预以沙特发动的"决战风暴"为标志，于 2015 年 3 月 26 日发生。

4. 我国的态度

中国与也门的关系自 1956 年建交以来就十分友好。早在 20 世纪 50 年代，我国就帮助也门修建了首都萨那通往港口城市荷台达的公路，帮助也门兴建各种发电厂，负责安装电缆和天然气管道，还中标了也门 5.08 亿美元的集装箱码头扩建项目。此外，我国还往也门派遣医疗队，援建了也中友谊医院并捐助医疗设备，长期帮助也门创办职业技术学校。

也门位于阿拉伯半岛西南侧，靠近苏伊士运河，战略位置十分重要，是我国实现"走出去"战略的重要环节，对巩固我国在世界各战略要道和商贸要塞的立足点具有重要意义。

对于也门的动荡局势，我国政府一直深表关切，希望各派通过和谈尽快结束也门危机。2015 年 4 月 17 日，习近平主席在与沙特国王萨勒曼通电话时强调：也门局势关乎中东特别是海湾地区的安全稳定，应该加快也门问题政治解决进程。希望有关各方切实落实联合国安理会有关决议、海合会倡议等，尽快恢复也门和平、稳定的局面。中方愿同有关各方保持密切沟通和协调，共同推动也门问题早日得到妥善解决。

2016 年 1 月，习近平主席访问沙特期间，中沙发表联合声明，强调支持也门合法政权。中方始终站在中东和平和也门人民一边。

2016 年 12 月 2 日，外交部发言人耿爽再次表示，中方支持也门合法政府，不赞成也门任何一方采取导致局势复杂化的单边行动，认为这不利于也门问题的政治解决。希望也门问题相关各方继续通过谈判化解彼此分歧，以联合国安理会有关决议和海合会倡议为基础，达成各方都能接受的平衡解决方案。

六、也门局势的发展趋向

也门局势十分复杂，既有内部的深刻矛盾，又有外部的强势干预，因此，动荡的局面一时间将难以缓和。但胡塞武装想要独霸天下恐亦难以实现。

1. 也门局势将继续动荡

曾经担任副总统17年的哈迪总统个性软弱，行事低调，很少发表公开讲话，面对也门复杂的局面，显得力不从心，无计可施。如何调解各派之间的矛盾，同时劝说国内各武装组织参加全国和解对话对他来说是个巨大的挑战。

沙特的"决战风暴"行动没有取得理想的效果，反政府力量没有受到明显削弱，依然占据着首都萨那和大片国土。

沙特和伊朗在也门问题上的态度没有任何改变，他们将继续支持各自在也门的代理人。

国际社会为解决也门问题所做出的努力没有取得明显的效果，在联合国主导下举行的也门冲突和谈迟迟无法获得进展。双方在一些关键问题上都不肯让步，因而不断陷入僵局。也门政府方面要求反政府武装先撤出占领的地区，而反政府武装则要求先解决分享权力的问题，要求沙特军事力量撤出也门。"基地"组织和胡塞武装在萨利赫执政时期就已经存在，也门的许多政治派别正在利用这些武装组织制造骚乱，以谋求政治利益。

2. 胡塞武装难以独霸天下

尽管胡塞武装2015年2月6日在首都萨那举行了新闻发布会，宣布将成立由5名成员组成的"总统委员会"，负责组建专家型政府，还宣布解散也门议会，成立由551名成员组成的全国过渡委员会代行议会职责；2016年7月又宣布和前总统萨利赫方面联合组建"总统委员会"来维持国家的运行；2016年11月与前总统萨利赫领导的全国人民大会党发表声明，宣布组建"民族救国政府"。但胡塞武装单方面行动造成的无政府状态不仅不得人心,而且引起了强烈的社会公愤。在多数人口为逊尼派穆斯林的也门,胡塞武装没有多高的支持率。他们既没有治理国家的经验,又总是凭借武力解决争端,难以使其他党派和部落服从其领导。另外,由于胡塞武装的什叶派背景及其强烈反对美国的意识形态,一个由胡塞武装领导的也门政府也难以得到海湾国家及美国的支持。

3. 极端组织有可能趁机坐大

在也门,最严重的安全问题并不是胡塞武装,而是在该国大部分领土上神出鬼没的恐怖主义势力——"基地"组织阿拉伯半岛分支和"伊斯兰国"也门分支。随着胡塞武装势力的不断扩张,一些逊尼派部落转而支持"基地"组织。"基地"组织也正在跃跃欲试,努力寻找和巩固也门逊尼派部落的支持,并利用逊尼派与什叶派的矛盾,以支持逊尼派为由,浑水摸鱼。一些西方反恐专家认为,美国在也门的反恐效果受到严重质疑。"基地"组织在也门站稳脚跟后,具备了向美国和西方国家发动恐怖袭击的能力。因此,也门未来的政治形势和反恐战将变得十分复杂。2015年3月13日,"基地"组织也门分支宣布,攻占了也门南部一个陆军基地,缴获了大批武器弹药和其他军用物资。

"伊斯兰国"渗透至动荡的也门并制造事端,也应引起国际社会的严重关切。追溯"伊斯兰国"的兴起,就是利用伊拉克、叙利亚长期战乱、民不聊生及教派纷争引发社会分裂等因素,趁机作乱。不幸的是,也门也面临几乎相同的局面。也门旷日持久的动荡和战乱,给"伊斯兰国"提供了绝佳的机会,使其能趁乱在也门站稳脚跟并扩张势力。"伊斯兰国"蔓延至也门还与该组织当前的处境有密切关系。在俄罗斯和多国联盟的打击下,伊拉克和叙利亚的"伊斯兰国"组织接连遭遇重挫,武装力量也被严重削弱。

面对这种局面,"伊斯兰国"采取在其他地区制造事端的做法,试图缓解"大本营"的压力;同时寻找新的根据地,利比亚和也门就是被选中的新落脚点。鉴于也门所处的复杂局面,存在"伊斯兰国"在也门坐大的危险。

4. 也门的经济状况将进一步恶化

2014 年 9 月，胡塞武装组织使用武力夺取了萨那的控制权，随后沙特等海湾国家暂时中断了对也门的资金援助。也门央行 2014 年 12 月公布的数据显示，10 月也门外汇储备跌至 49 亿美元，占也门财政收入近七成的石油出口与 2013 年同期相比下跌 45.8%。西方国家以政府腐败、政治和解迟缓为由，拖延发放对也门的经济援助，更使也门经济雪上加霜。

也门财政部官员表示，也门的外汇储备仅够维持数月，如果内乱持续、国际援助中断，也门货币里亚尔有大幅贬值的风险。也门国内的粮食等基本生活物资主要依赖进口，货币汇率大幅波动将给百姓生活带来重大影响。各种武装力量对一些地区和城市的长期围困，更使当地百姓的生活苦不堪言。

也门局势动荡以来，先后有阿联酋航空、阿提哈德航空、阿联酋廉价航空、沙特航空、约旦航空等航空公司停飞前往萨那的航班。这不仅给也门航空公司造成巨额损失，也使也门空中交通陷于孤立状态，给货物进出口、商人往来以及商业物流等带来很大的负面影响，导致也门经济的进一步恶化。

在阿拉伯世界的剧变之中，也门是实现政权和平交接的国家。原来人们都希望也门能真正避免动荡，专注于社会的和谐与经济的发展。然而，胡塞武装的强势介入、前总统萨利赫势力的复出还是使也门陷入内乱的深渊。国际社会虽然为解决也门问题做了不少的努力，但也门问题似乎还看不到获得妥善解决的曙光。

第八章　叙利亚危机中的大国博弈

2011 年 3 月，叙利亚危机爆发，形势持续紧张且越来越复杂，由当初"阿拉伯之春"中的街头革命演变成全面的内战。叙利亚已成为中东剧变的"暴风眼"。叙利亚问题是中东地区长期存在的各大矛盾的总爆发。首先，叙利亚国内反对派和政府之间的政权之争是叙利亚问题由来的主因与核心。其次，是中东地区大国之间和不同教派之间的矛盾，主要体现在以逊尼派为主的沙特与以什叶派为主的伊朗之间的地区势力和霸权之争。最后，是美国和俄罗斯围绕传统"势力范围"展开的角逐。叙利亚已经成为美俄和沙伊等国博弈的主战场。

一、叙利亚危机的成因

叙利亚危机的产生要追溯到 2011 年席卷阿拉伯世界的"阿拉伯之春"运动。2011 年 3 月，受"阿拉伯之春"的影响，叙利亚德拉市的 15 名小学生在学校的墙上涂写"人民要政府垮台"等一些反政府标语，遭到警方拘押。这些学生的家长、亲友及部分其他当地民众举行集会，要求释放学生，并呼吁民主和进一步的自由。3 月 15 日，受美国脸谱网站一篇博文的煽动，数十名叙利亚人在大马士革市中心哈米迪亚市场游行，揭开了反政府活动的序幕。3 月 18 日，德拉市爆发了上千人参加的游行，随后抗议风暴蔓延至叙利亚全境。叙利亚政府宣布停止紧急状态法案，保障民众的"游行示威权利"。但政府的让步反而激起民众更大的情绪，反对派人士提出新的要求，如重组安全机构和修改叙利亚宪法等。3 月下旬，叙利亚政府开始搜捕抗议人士，4 月爆发大规模流血冲突。

一场由"少年涂鸦"事件引发的叙利亚国内动荡，最终演变成了分别得到世界大国和地区大国支持的政府军同反对派之间的内战。战争造成大量人员伤亡和国际难民潮危机，对中东局势和国际社会产生了深远影响。叙利亚危机的产生有国内政治、经济、宗教等原因，也有外国势力纷纷插手，使事态迅速向恶性循环方向发展等原因。

（一）叙利亚危机产生的国内因素

叙利亚位于亚洲大陆西部，北靠土耳其，东南邻伊拉克，南连约旦，西南与黎巴嫩和巴勒斯坦地区接壤，处于地中海、红海、黑海、里海、阿拉伯海"五海"的中心地带，是连接亚、欧、非三大洲的桥梁，战略位置十分重要，自古以来就有世界"跳动的心脏"之称。叙利亚虽然面积只有18.5万平方公里，人口仅2300多万，却是一个地缘政治上的"大国"，在中东政治生态环境中发挥着极其重要的作用。叙利亚危机爆发的原因是错综复杂的，最重要的因素是国内深层次的政治、经济和宗教、民族矛盾。

1. 政治因素

首先，叙利亚民众对阿萨德家族的世袭专制统治早就有所不满。1971年在复兴党担任要职的哈菲兹·阿萨德发动和平政变，登上了总统宝座。在此后的30多年里，这位政治强人四次连任民选总统，以在全国仅占13%的什叶派阿拉维分支，长期统治着占国民大多数的逊尼派。与此同时，他还精心编织"子承父业"的关系网，成为阿拉伯地区唯一成功将权力移交给自己下一代的非君主制领导人。在阿萨德家族内部，哈菲兹一直将长子巴希尔定位为总统继承人。但1994年巴希尔车祸身亡，次子巴沙尔接替哥哥成为总统候选人。2000年6月，哈菲兹·阿萨德去世，巴沙尔"顺理成章"地成为复兴党推选的唯一总统候选人。这一年，巴沙尔只有35岁，不满足叙利亚宪法规定的总统最低年龄40岁的规定。叙利亚议会召开紧急特别会议，将宪法规定的总统候选人年龄从40岁降为34

岁。巴沙尔最终以 97.29% 的得票率当选总统。

其次，叙利亚民众缺乏公民权利。阿萨德家族实行的是集权式统治，长期采取高压政策，铲除各种反对势力，清除政敌威胁，特别是自 1963 年起一直实施的紧急状态法案，严格限制了公民的权利。

最后，腐败严重，改革不力。阿萨德家族成员掌握着垄断行业和要害部门，权力集中，监督缺乏，工作效率低下，官僚作风盛行，贪污腐败严重。巴沙尔上台后，试图进行一些改革，但由于受到国内一些元老、利益集团、保守人士的反对，加上美国和西方国家的长期制裁，国内石油资源的减少等因素，改革的力度和成果远远没有满足人们的期望。

2. 经济因素

叙利亚经济来源主要靠农业、石油加工业和旅游业，经济结构单一，工业基础薄弱，城乡发展失衡。随着国内石油资源的不断减少、长期的干旱和西方的制裁，叙利亚经济步入严重困境。叙利亚国民人均收入徘徊在阿盟成员国的中后部，1/3 人口每天收入不到 2 美元，贫富分化严重。据叙利亚中央统计局公布的数据，2011 年叙利亚失业率达 14.9%，失业者大部分是年轻人。全国约 30% 的人口生活在官方公布的贫困线（月收入 49 美元）以下。叙利亚政府缺少振兴经济的有效办法，引起民众的怨恨和不满，导致社会不稳定因素增加，为叙利亚危机的爆发埋下了隐患。

3. 宗教因素

叙利亚是一个多民族和多教派国家。居民中 90% 信奉伊斯兰教，10% 信奉基督教。穆斯林人口中，逊尼派约占总人口的 74%，什叶派的各支派占 16%，其中阿拉维派占 13%，德鲁兹派占 3%。叙利亚是典型的少数宗教派别统治多数宗教派别的国家，掌握叙利亚政权的阿萨德家族属什叶派分支阿拉维派。占人口绝对多数的逊尼派并不甘心受阿拉维什叶派的统治，教派矛盾长期存在。以穆兄会为主要代表的逊尼派曾多次进行反政府斗争。由于存在多种教派和族群，不同的教派和族群在国内有不同的地位和发展空间，宗教矛盾还和民族矛盾交织在一起，从而导致教派摩擦不断，族群矛盾重重。这也是导致叙利亚危机爆发的一个重要因素。

（二）叙利亚危机产生的国际因素

叙利亚是世界上地缘政治最复杂的国家之一，相邻的都是一些举世瞩目的国家，面临的都是一些全球关注的问题。其中阿以和谈、教派纷争、族群分裂、恐怖主义、伊核问题等都是世界热点。叙利亚局势的发展，会对这些问题产生重大影响。叙利亚危机的产生不仅有复杂的国内因素，更有复杂的国际因素。

1. 受"阿拉伯之春"影响

叙利亚危机爆发的直接原因是受到了"阿拉伯之春"的影响，是"阿拉伯之春"这把火点燃了它。事实上，巴沙尔上台后采取了不少改革措施，也取得了一定的效果，一度被称为"大马士革之春"。2010 年年底开始于突尼斯的阿拉伯政治社会变革运动引爆了中东地区大规模、长时间的动荡。突尼斯、埃及、也门、利比亚先后出现了政权更迭。叙利亚没能躲开这场动荡的冲击，被卷进了这场风暴的旋涡。叙利亚巴沙尔政权这张牌虽然仍摇而不坠，但叙利亚局势的性质已远远超出了社会变革的范围，已经从最初的要民主、要自由、要工作、要平等、要政府下台的变革诉求，蜕变为地区控制权和战略利益之争，成为中东各种矛盾的汇集点和各种势力的角斗场，成为西亚北非动荡中持续时间最长、牵涉利益最多的一场内战。

2. 周边国家介入

叙利亚是反以色列的重要力量，直接影响着阿以和谈进程。以色列十分希望叙利亚这个强硬的反以政权能不断被削弱。叙利亚与黎巴嫩关系密切，叙利亚局势对黎巴嫩产生直接的影响。同属什叶派的黎巴嫩真主党不仅坚定地支持巴沙尔政权，而且派遣武装民兵与巴沙尔的军队并肩作战。叙利亚与伊朗是战略盟友关系。这种关系不仅加强了叙利亚在中东政治博弈中的地位，更为伊朗扩大地区影响力提供了重要平台。因为叙利亚与伊朗的亲密关系，因为叙利亚巴沙尔政权与沙特之间的教派矛盾，因为国家体制的不同，叙利亚与沙特一直关系紧张。在叙利亚危机中，沙特等海湾国家坚定地站在叙利亚反对派一边，为反对派提供了全方位、强有力的支持。

3. 大国博弈

叙利亚危机的爆发与其背后的大国博弈直接相关。在国际政治舞台上，联合国安理会中部分国家提出的关于叙利亚的提案四次遭到否决。这是地区局势连续发生动荡以来所没有的。以美国为首的西方国家之所以未能在叙利亚复制利比亚模式，一方面是西方以武力推翻一国政权的行为缺乏国际法理依据，另一方面是叙利亚问题涉及大国在该地区的战略利益和格局演变中的主导权争夺。在大国博弈中，美国与俄罗斯之间的较量无疑是最主要的一面。美、俄在叙利亚问题上政策分歧明显，其中以巴沙尔的去留最为突出。美国致力于推翻巴沙尔政权，而俄罗斯则表现出力挺叙利亚政府的立场。这种大国间的博弈加剧了叙利亚危机的复杂程度、激烈程度和时间长度。

二、美国和俄罗斯在叙利亚危机中的博弈

中东历来是大国争夺的重要地区，特别是 20 世纪 70 年代石油的重要性突显以后，中东地区的战略地位显得愈发重要。叙利亚危机从一开始就已超越了国界，演变成大国博弈之战，尤其是美国与俄罗斯围绕传统"势力范围"展开的激烈角逐。美国欲借叙利亚国内的"人道危机"推动叙利亚"政权更迭"。俄罗斯则为保持其在中东地区传统影响力的最后据点而全力以赴。尽管这些角逐的因素错综复杂，但双方的目的都是为了进一步捍卫自身利益、壮大自己，

同时有效地削弱对方。叙利亚问题不仅关系到阿拉伯世界的力量对比，牵动美俄等大国的地缘战略较量，而且关系到未来国际规则和秩序的调整。它已不只是一个单纯的地区问题，而是国际格局调整的集中体现。

（一）美国是倒巴沙尔政权的总后台

冷战结束后，美国在中东地区先后发动了海湾战争、伊拉克战争和阿富汗战争。2011年又借助"阿拉伯之春"支持北约对利比亚进行了军事打击。经过持续的军事行动，美国消灭了萨达姆政权、卡扎菲政权，打击了"基地"组织。尽管为配合其全球战略重心的东移，美国在中东的战略布局有了较大调整，但美国欲军事干预叙利亚、武装推翻巴沙尔政权的企图一直存在，倒巴沙尔政权的行动一直没有停止。实际上，美国就是倒巴沙尔政权的总后台。

1. 美国倒巴沙尔政权的原因

一是为了清除反美势力。叙利亚是伊朗唯一的阿拉伯盟友。在美国看来，伊朗—叙利亚—黎巴嫩真主党轴心是中东地区反对美国和以色列的唯一堡垒。美国长期视叙利亚为眼中钉，恨不得拔之而后快。巴沙尔政权一直被认定为黎巴嫩真主党、哈马斯等"反美"武装和组织的幕后支持者。叙利亚已成为美国在中东的最大障碍。美国及盟友就是想借"阿拉伯之春"的"东风"推翻巴沙尔政权，清除美国长久以来地缘政治上的对手和障碍，巩固由西方主导的中东秩序。

二是为了排挤俄罗斯在中东的势力。中东一直是美苏争霸的重要战略地区。苏联解体后，俄罗斯在全球进行战略大收缩。美国开始在中东地区频频发动战争，挤压俄罗斯的势力范围。叙利亚是俄罗斯在该地区唯一的最后的战略盟友。美国想通过搞垮叙利亚，达到完全清除俄罗斯在中东地区影响力的战略目的。

三是为了控制中东的战略资源和通道。叙利亚政府如果倒台，将会对伊朗造成很大的冲击。美国接下来就会将主要精力用来对付伊朗，收紧对伊朗的遏制和包围，最后搞垮伊朗。这样，中东地区基本上都是亲美政权，美国就可以控制中东地区的战略资源和通道，既能维护自己的利益，又能抑制其他大国在该地区的活动与拓展。

2. 美国倒巴沙尔政权的行动

由于对长期卷入中东地区战乱的厌倦，并受债务危机的影响，美国在叙利亚问题上相对克制，奥巴马政府更是希望能从中东脱身。尤其是美国开始在亚太实施"战略再平衡"后，其主导思想已倾向于"幕后领导"。叙利亚反对派鱼龙混杂，美国和西方国家担心，一旦巴沙尔政权被推翻，叙利亚政权有可能落入伊斯兰极端分子之手。因此，总体而言，美国在处理叙利亚危机问题上表现得相对谨慎，行动上有一个渐进的过程。

在叙利亚局势动荡之初，美欧曾试图利用动荡的压力诱逼巴沙尔总统"弃暗投明"。美国曾明确表示无意更迭叙利亚政权，但巴沙尔必须对内外政策进行实质性调整：对外放弃与伊朗的结盟关系、停止支持真主党和哈马斯等激进组织，对内进行改革。在遭到巴沙尔政权的拒绝后，美欧和部分地区国家便决定推翻巴沙尔政权。

西方主导的国际舆论对叙利亚政局动荡产生了不可低估的影响。美欧一直丑化叙利亚政府，谴责叙利亚政府对示威群众采取武力"镇压"手段，屠杀无辜平民，认定巴沙尔政权独裁专制，宣称其丧失了执政的合法性。美欧还积极展开外交攻势，联合欧盟、阿拉伯国家和土耳其等，加强对叙利亚的经济制裁和政治压力，多次向联合国安理会提交有关叙利亚问题的决议草案，强行在安理会投票表决，企图通过联合国安理会授权，对叙利亚进行武力干涉。在草案遭到否决后，美欧又在联合国大会进行投票表决，通过了一份类似的决议草案，试图从根本上动摇巴沙尔政权的根基。

与此同时，美国正式宣布支持叙利亚反对派，为叙利亚反对派提供武器装备和训练支持。

在叙利亚实行"反恐"的问题上，美国对俄罗斯介入叙利亚的"反恐"行动持坚决反对与批判的立场。美国一再表示，拒绝在叙利亚问题上与俄罗斯合作。美国组建的反恐联盟和派出的特种部队却没有取得实质性的效果。

3. 美国倒巴沙尔政权的成效与前景

尽管美国采取了一系列反对叙利亚政府的措施，大大削弱了巴沙尔政权，但让巴沙尔下台的目标未能实现，美国的"倒巴"成效非常有限。由于美国还没有完全摆脱经济危机的影响，人们对美国出兵中东持反感和反对的态度，美国并没有做好推翻叙利亚政府的准备，俄罗斯的强势加入，美国"倒巴"的目标恐怕并不容易实现。总的来看，在叙利亚问题上，美国依然希望扮演"后台老板"角色，利用外交攻势全方位推动叙利亚的政权更迭，同时尽量避免卷入大规模的军事行动，力图以制裁、支持反对派等手段，达到"兵不血刃"颠覆巴沙尔政权的目的。

（二）俄罗斯是保巴沙尔政权的坚强后盾

俄罗斯与叙利亚的关系素来友好，苏联在1944年就与叙利亚建立了外交关系。在叙利亚问题上，俄罗斯态度鲜明，主张通过对话和平解决叙利亚危机，反对外部势力偏袒叙利亚反对派并向其提供武器。俄罗斯认为，国际社会不仅应该向叙利亚政府，也应向叙利亚反对派施加压力，迫使双方展开对话。随着事态的发展，俄罗斯意识到观望和调停不仅没有阻止局势的持续恶化，反而使叙利亚政府和俄罗斯自身都陷入被动局面，俄罗斯的国家利益也面临严峻考验。俄罗斯最终选择介入叙利亚危机，成为保巴沙尔政权的坚强后盾。

1. 俄罗斯保巴沙尔政权的原因

一是为了证明大国身份。美俄对峙由来已久，但由于苏联解体，俄罗斯综合国力大不如前，在与美国的较量中始终处于弱势。而纵观叙利亚危机的整个发展过程，俄罗斯一改过去的退守之势公开与美叫板，俄罗斯意识到，要证明自己的大国身份，就必须在叙利亚问题上有所作为，就必须力保巴沙尔政权。

二是因为叙利亚是俄罗斯在阿拉伯世界的重要战略盟友。倘若俄罗斯在紧要关头背弃叙利亚，那将是对所有其他伙伴发出信号：不能指望克里姆林宫。俄罗斯在国际上的盟友将会望风而散。俄罗斯丢掉的将不仅是一个叙利亚，而是其国际影响力，更是颜面。

三是因为叙利亚事关俄罗斯的切身利益。叙利亚的塔尔图斯港为在地中海执行任务的俄罗斯军舰提供维修和补给服务，是俄罗斯海军在除独联体国家以外唯一的军事基地。如果巴沙尔政权垮台，俄罗斯在地中海这个唯一的立足点可能不复存在。叙利亚也是俄罗斯重要的贸易伙伴。俄罗斯目前对叙利亚投资总额达 200 亿美元，双方近年来签订的军事合同总额达 40 亿美元，叙利亚仅 2010 年就向俄购买了 7 亿美元的武器。

四是因为俄罗斯认为叙利亚反对派在心理上更依赖海湾君主制国家、土耳其和西方，而不会向俄罗斯表示亲善。这将使俄罗斯在中东地区的利益遭受严重损失。

五是因为俄罗斯领导层不再轻信西方国家的承诺，即关于叙利亚问题的决议不应被视为通过军事干预该国内部事务的步骤。利比亚就是前车之鉴：在联合国安理会通过第 1973 号决议后，北约就开始了对利比亚的轰炸。俄罗斯眼睁睁地看着美国及其盟国干涉中东事务，进行武装侵略，组织或鼓动"革命"，眼睁睁地看着与自己关系密切的卡扎菲政权被推翻。俄罗斯不能再容忍巴沙尔政权重蹈覆辙。

六是因为俄罗斯要遏制恐怖势力的蔓延。俄罗斯境内生活着众多的穆斯林，且大多居住在黑海和里海之间的高加索地区。苏联解体后，俄罗斯内部民族分离势力抬头，民族分裂、暴力恐怖等成为困扰俄罗斯国内安全的社会问题。叙利亚内战爆发后，大批的北高加索地区的极端分子赴叙利亚帮助"伊斯兰国"参战。俄罗斯不能忽视的一个事实是，大量伊斯兰武装分子前往叙利亚获取实战经验后可能会出现在世界其他地区，比如北高加索、车臣和达吉斯坦，这意味着新一轮恐怖袭击活动将要爆发。俄罗斯在叙利亚打击恐怖主义，就是想从源头上遏制恐怖势力向俄罗斯境内蔓延。

2. 俄罗斯保巴沙尔政权的行动

自叙利亚危机爆发以来，作为叙利亚的传统盟友，俄罗斯始终力挺叙利亚政府，一直以自己的方式帮助着巴沙尔政权。面对美欧"倒叙"的决心，俄罗斯在叙利亚危机中表现得比在利比亚冲突中更加强硬。

2011 年 11 月 18 日，时任俄罗斯总理普京在会见法国总理时表示，俄罗斯不赞成对叙利亚动武。普京表示："埃及至今未结束动乱，还有一些人企图改变叙利亚，这对我们来说是个非常敏感的问题——叙利亚离俄罗斯很近。"[1]

2013 年 9 月 6 日，普京总统在 20 国集团峰会期间就叙利亚问题明确表态："如果叙利亚遭到军事打击，俄罗斯将继续向其提供帮助，向其供应武器并展开经济合作。""只有在进行自卫反击或得到联合国安理会授权的情况下，才允许对一个主权国家使用武力。但众所周知，叙利亚没有攻击美国，联合国也没有进行类似授权。"[2]

俄罗斯曾先后四次在联合国安理会动用否决权，使英法提出的制裁叙利亚的决议草案和阿盟与部分欧洲国家联合制定、旨在促使巴沙尔交权的涉及叙利亚问题的决议草案未能通过，并先后对联合国大会相关决议投了弃权票和反对票。俄罗斯明确反对西方要求巴沙尔下台的主张，认为应当给予他更多实施改革的时间。

面对美欧的紧逼和压力，俄罗斯坚持向叙利亚政府提供军事支持，不仅继续向叙出售武器，而且邀请叙利亚国防部代表团参加在俄境内举行的独联体防空演习，为应对北约空袭做准备。2011 年年底，俄罗斯还派遣"库兹涅佐夫"号航空母舰到塔尔图斯港为巴沙尔撑腰。

---

1 见《为何俄罗斯力挺巴沙尔政权》，载于《新京报》，2013 年 9 月 8 日。

2 同上。

2015 年 9 月 30 日，俄罗斯"杜马"（议会）通过决议，授权普京总统在境外用兵。两个小时后，俄空军即受命在叙利亚境内开始空袭，实行"先发制人"的境外反恐，打击"伊斯兰国"。俄罗斯空军对叙利亚境内恐怖势力的有力打击，为巴沙尔政权的延续起到了关键作用。

3. 俄罗斯保巴沙尔政权的成效与前景

俄罗斯保巴沙尔政权的行动取得了明显的效果，从目前情况看，无疑是成功的。俄罗斯在叙利亚政府的请求下果断介入对极端组织的有效打击占据了道义制高点，赢得了伊朗、伊拉克、埃及等中东国家的广泛支持，也赢得了国际上许多国家的认可。俄罗斯的军事介入大大缓解了叙利亚政府军的战场压力，逐步恢复了对"伊斯兰国"和反对派的优势，同时干预了美国及西方对叙利亚的既定政策。总体而言，俄罗斯出兵叙利亚的主要目的在于以军事手段达到地缘政治上的目的，底线是通过军事行动对反对派和西方施加压力，力图达成政治和解，促成叙利亚各方和平对话。如果这个目标迟迟未达到，俄罗斯长期陷入叙利亚内战，将会十分被动。

三、沙特和伊朗在叙利亚危机中的博弈

中东地区逊尼派主导的沙特和什叶派主导的伊朗之间的分歧由来已久。随着美国的长期介入，两股势力的力量格局发生了巨大变化：以伊朗为代表的反美激进势力被大大削弱，以沙特为代表的亲美温和势力逐步占据优势。伊拉克和伊朗两雄争霸的格局变成了以伊朗为首的什叶派反美势力与以沙特为首的逊尼派亲美势力的对峙。叙利亚危机便是这种状态的具体体现。

（一）沙特是倒巴沙尔政权的急先锋

在这场席卷整个中东的反政府浪潮中，沙特凭借其强大的经济财力、独一无二的宗教地位和稳健低调的对外政策，开始在中东扮演"老大"的角色，以不同的手段和对策，四处进行调解、干预、施加影响，竭力维护自身的君主制统治不受阿拉伯社会变革风潮的冲击。在叙利亚问题上，沙特试图通过推翻巴沙尔政权，遏制住老对手伊朗对阿拉伯国家事务的渗入和影响。沙特实际上就是"倒巴"的急先锋。

1. 沙特倒巴沙尔政权的原因

一是因为沙特把对叙利亚政策看作"对伊朗战争"的一部分。沙特对叙利亚与伊朗结盟非常纠结，如果巴沙尔倒台，不仅会使叙利亚切断与伊朗的联系，而且还将使伊朗失去向中东地区投送力量的主要手段。

二是因为君主政权和世俗政权的对立。沙特一直将阿萨德政府和复兴党视为意识形态上的敌对阵营。反对叙利亚复兴党执政的主要力量也来自伊斯兰组织。阿萨德政权将此归因于沙特境内穆兄会的暗中指使。随着两伊战争的爆发，叙利亚和沙特之间的紧张关系进一步升级。叙利亚是伊朗伊斯兰共和国的坚定盟友，而沙特却站到了伊拉克萨达姆政权的一边。

三是因为宗教派别的对立。逊尼派和什叶派根深蒂固的宗教冲突始终是理解叙利亚周边地区区域政治的重要因素。在中东地区，有两个国家是由什叶派掌权的，一个是叙利亚，还有一个是它的盟友伊朗。沙特和海湾地区其他国家把叙利亚阿萨德政权和伊朗看成是阿拉伯逊尼派君主国的什叶派敌人。沙特认为，伊朗企图通过挑起阿拉伯国家教派冲突来实现其控制阿拉伯世界的野心。由于地缘政治、教派矛盾、民族利益等原因，沙特与叙利亚的盟友伊朗的关系在急剧恶化，两国关系充满敌意。沙特前任国王阿卜杜拉在提到伊朗时曾经表示：他希望华盛顿砍掉"蛇头"。沙特已将遏制伊朗势力扩张视为其安全和外交的最重要目标之一。2016年年初，沙特宣布与伊朗断交就是有力的例证。

2. 沙特倒巴沙尔的行动

在叙利亚问题上，沙特明显站在叙利亚反对派一边。沙特前国王阿卜杜拉于 2011 年 8 月 8 日明确表示：沙特选择叙利亚人民，伊朗选择叙利亚政府。同年，随着叙利亚局势的恶化，阿拉伯国家打破沉默，公开谴责巴沙尔政权的暴力镇压，要求叙利亚政府停止针对平民的所有暴力行动、全面从城市撤出军队。不久它们又宣布：中止叙利亚的阿盟成员国资格；对叙利亚实施制裁；向叙派出阿盟观察团。卡塔尔、沙特、科威特、巴林、摩洛哥等国相继召回驻叙利亚大使。

阿拉伯各国议会联盟也发表声明：由于巴沙尔政权不顾国际社会的强烈呼吁，继续镇压叙利亚示威民众，阿拉伯各国应把叙利亚大使驱逐出境。阿拉伯各国议会联盟主席阿里·萨利姆·达格巴希在声明中指出："所有阿拉伯国家应该遵守和执行阿拉伯联盟冻结叙利亚成员国资格的决定，并采取具体行动断绝与叙利亚的外交关系，停止与叙利亚的贸易活动，直到叙利亚人民的要求得到满足为止。"[1]

在巴沙尔拒绝"改过自新"，重新回到阿拉伯阵营后，沙特等国多次推动阿盟通过对叙利亚进行制裁的决议，并呼吁对叙利亚进行军事干预。沙特等海湾国家还向叙利亚反对派提供大量的武器和资金支持。即使在面临"伊斯兰国"威胁的情况下，沙特和土耳其等国仍将"倒巴"作为优先目标。

3. 沙特倒巴沙尔的成效与前景

沙特倒巴沙尔的行动虽然还没有达到最终目的，但却增强了反对派的实力，严重地动摇了巴沙尔政权。如果没有俄罗斯的强力介入，巴沙尔政权也许已不复存在。但在围绕叙利亚危机的较量中，沙特只是单纯地提供资金和武器装备，没有能力提供直接的军事支持；而伊朗在提供资金的基础上，还提供了直接的军事支持，伊朗处于强势地位。近二三十年来，沙特逐渐成为阿拉伯国

---

1 见《叙利亚正构成大国博弈焦点》，载于《中国青年报》，2012 年 2 月 6 日。

家中影响力最大的国家，并成为唯一能在政治和宗教等方面与伊朗对抗的地区大国。为了争夺地区大国的地位，沙特和伊朗的明争暗斗不会停止。虽然两国还不太可能发生大规模的直接冲突，但暗中较劲的特征将体现在政治、经济、文化、宗教等各个方面。

（二）伊朗是保巴沙尔政权的生力军

在中东地区的地缘格局中，叙利亚和伊朗是一对有着特殊关系的战略伙伴。伊朗是什叶派穆斯林占多数的国家，叙利亚的阿萨德家族属什叶派分支阿拉维派，两者有着强烈的宗教认同感和共同的宗教归属感。双方在地区事务上相互倚重，相互配合，共同获利。伊朗试图通过加强与叙利亚的关系，扩大自己对其他阿拉伯国家什叶派穆斯林的影响。叙利亚希望通过加强与伊朗的关系，突显自己的地区大国地位，谋求发挥更大的作用和影响力。不言而喻，伊朗就是保巴沙尔政权的生力军。

1. 伊朗保巴沙尔政权的原因

一是因为叙利亚是伊朗唯一的阿拉伯盟友。以叙利亚为纽带的德黑兰—大马士革—黎巴嫩真主党轴心为伊朗提供了一条什叶派"保护链"。叙利亚已是伊朗前面的最后一块多米诺骨牌，推翻叙利亚巴沙尔政权就相当于砍断了伊朗的手臂。

二是因为伊朗和叙利亚同属伊斯兰教的什叶派。与叙利亚的联盟对伊朗在中东地区的势力至关重要，而这一联盟依赖于什叶派阿萨德家族控制的政权。

三是投桃报李。1980 年—1988 年两伊战争期间，叙利亚是唯一不支持伊拉克同伊朗作战的阿拉伯国家，并且是同伊朗关系最紧密的阿拉伯国家。叙利亚不仅是"什叶派之弧"中的重要一环，也是伊朗牵制以色列的重要一环。长期以来，伊朗与黎巴嫩真主党往来密切。叙利亚发挥了"前线国家"和"抵抗运动"连接点的重要作用。叙利亚局势的变动，可能会彻底摧毁伊朗在该地区的战略部署，伊朗对叙利亚决不能袖手旁观。

四是因为伊朗和叙利亚是重要的贸易伙伴。两国的经济和贸易联系非常紧密，年平均贸易额达 2 亿美元。伊朗在叙利亚有大量投资，是叙利亚举足轻重的贸易伙伴。

五是因为伊朗十分清楚所有推翻巴沙尔政权的企图和行动，实质上都是针对自己的。因为叙利亚是伊朗的盟友，也是伊朗通向阿拉伯世界的唯一桥梁。推翻巴沙尔政权的目的就是对伊朗釜底抽薪。

2. 伊朗保巴沙尔政权的行动

自叙利亚危机爆发以来，伊朗政府多次强调，伊朗将坚定地与叙利亚站在一起，共同应对来自西方敌对势力的威胁。

2012 年 1 月 13 日，伊朗议会通过决议，批准了伊朗与叙利亚的自由贸易协定。多家中东媒体认为，这是两国"抱团取暖"，"联袂对抗"来自西方的压力。也有分析人士认为，伊朗在此关键节点上批准与叙利亚的自由贸易协定，就是对叙利亚这个处于"暴风眼"中的国家雪中送炭。

2012 年 11 月，伊朗最高领袖哈梅内伊明确指出，叙利亚是本地区对抗阵线中极为重要的一环，一些国家不断向叙利亚反对派武装提供武器，叙利亚总统巴沙尔采取军事打击行动是正常的，必须解除叙利亚反对派的武装。面对叙利亚反对派在卡塔尔首都多哈就组建统一领导机构达成协议一事，伊朗感到形势紧急，必须采取应对措施，以维护巴沙尔政权。

2013 年 6 月 16 日，据英国《独立报》报道，伊朗做出决定，派遣一支由 4000 名革命卫队战士组成的队伍前往叙利亚，协助巴沙尔打击主要由逊尼派组成的叛军。

在叙利亚伊德利卜省落入反对派武装手中之后，伊朗向拉塔基亚派遣了 2 万军队，以帮助叙利亚政府军夺回伊德利卜。这是战争爆发以来伊朗在叙利亚开展的前所未有的军事行动。

3. 伊朗保巴沙尔政权的成效与前景

伊朗保巴沙尔政权的行动取得了它所希望的效果。在俄罗斯的参与下，避免了巴沙尔政权的垮台。伊朗政体稳固，综合国力较强，在地区热点问题中敢于使用武力，在与沙特的较量中处于强势地位。但是，由于地缘的局限性和综合实力的差异，伊朗和叙利亚在和沙特、美国以及以色列的对抗中仍处于弱势防守的地位。伊朗并不希望过多、过深、过久地卷入叙利亚战争，而更愿意以外交的手段与美国周旋。鉴于叙利亚对于伊朗的重要性，鉴于地缘政治和维护自身核心利益的需要，伊朗力挺巴沙尔政权的立场不会改变，将继续为保巴沙尔政权而竭尽全力。

四、叙利亚危机的解决之道与前景瞻望

叙利亚危机持续多年，造成了大量的人员伤亡和不计其数的财产损失，给叙利亚人民带来了难以弥合的伤痛。大量的叙利亚难民不仅对其周边国家，而且对西方社会带来了巨大的冲击。叙利亚该往何处去？叙利亚危机还要持续多久？解决之道是什么？一系列的问题，让人们深思，却很难寻求到答案。

（一）政治解决是必经之路

在经历了多年的灾难之后，在大国激烈的博弈之中，人们越来越坚信：政治解决是必经之路，政治解决危机对叙利亚人民有利，对地区和平与稳定有利，对西方大国也是利大于弊。

2015 年诺贝尔和平奖获得者"突尼斯全国对话大会"为政治解决叙利亚危机提供了范本。尽管叙利亚的局势更为复杂，但是"打击恐怖势力，恢复中东稳定"符合各方的利益。虽然美国一再要求巴沙尔·阿萨德下台，但是中东的动乱从根本上看并不符合美国的利益，也不符合俄罗斯及中东其他国家的利益，在此广泛共识下，叙利亚危机的最终出路将是由多方势力参与的政治解决之路。唯一的问题就是各方参与，尤其是大国的底线必须通过彼此持续的博弈来试探清楚，在此之前叙利亚动乱将会继续。尽管美欧等西方国家、以沙特为主角的阿盟、土耳其和叙利亚国内外反对派等力量构成的"倒巴沙尔阵线"占据上风，但在国际层面中的俄罗斯因素、地区层面的伊朗因素、黎巴嫩真主党因素和阿盟内部的"挺叙"力量同样在起作用，特别是叙利亚军队及复兴党高层等国内政权"支柱"仍对巴沙尔政权保持着较高的忠诚度，从而使叙利亚危机保持了相对的平衡，也为政治解决提供了基础。

事实上，2015 年 10 月 23 日，美国、俄罗斯、土耳其、沙特四国外长已在维也纳悄悄地会面，一起商讨解决"叙利亚问题"的方案，并决定继续深入讨论，争取问题的解决。在这次会议上，美国似乎已放弃了要巴沙尔下台的"底线"；俄罗斯外长拉夫罗夫则坚定地重申支持巴沙尔的立场，认为"叙利亚、叙利亚总统和政府其他官员的前途只能由叙利亚人民自己决定"。更重要的是，美国已不再反对俄罗斯在解决叙利亚问题上发挥作用。

联合国安理会已于 2015 年 12 月 18 日一致通过决议，支持维也纳会议上达成的解决叙利亚冲突的各项原则。决议呼吁联合国秘书长尽快斡旋，力争于 2016 年 1 月召开叙利亚各方参与的和平谈判。决议还支持叙利亚问题的政治解决进程，应在 6 个月内通过谈判组建过渡政府，并在 18 个月之内根据新宪法举行"自由公正的选举"。

武力或许能决出暂时的胜负，但会加深彼此的仇恨，对话谈判才能逐渐恢复互信，求得持久的共赢，这是当今世界的共识和潮流。

（二）荆棘密布，路途漫漫

然而，实现政治解决还面临重重困难，叙利亚危机的政治解决依然是荆棘密布，路途漫漫。

第一，目标南辕北辙，难以一致。无论是美欧国家、沙特等部分阿拉伯国家，还是叙利亚反对派，对推翻巴沙尔政权的决心未有实质性改变，对巴沙尔政权采取的全民公投等"改革"措施嗤之以鼻。以阿拉维派及阿萨德家族统治为基础，并联合逊尼派商人阶层构成的巴沙尔政权，已形成"荣辱与共"的利益共同体。面对穆巴拉克和卡扎菲悲惨下场的"前车之鉴"，巴沙尔不可能拱手交权。

第二，宗教及民族矛盾难以调和。逊尼派与什叶派在叙利亚问题上的态度泾渭分明，矛盾难以调和。围绕叙利亚危机，逊尼派与什叶派之间的冲突主要表现为以沙特为首的逊尼派与以伊朗为首的什叶派之间的对抗。沙特、卡塔尔等国主导的海合会和阿盟致力于颠覆叙利亚政权，其目的就在于削弱什叶派和"宿敌"伊朗的影响。从深层次原因看，沙特和伊朗的对抗，实质上是对伊斯兰教教主地位和地区霸权的争夺。

第三，外部势力的不断干预。叙利亚问题十分敏感，涉及的周边关系亦十分复杂。叙利亚危机之所以愈演愈烈，与外部势力不断干涉、阻挠国际社会调解有很大关系。可以说，外部势力的干涉正是叙利亚危机迟迟无法结束的原因。

第四，和谈困难重重，变数难测。面对联合国安理会通过的决议，叙利亚主要反对派组织却形容该决议是不现实的。该组织领导人哈立德·霍贾在推特上说，这份决议"损害了革命力量此前会议的成果并且削弱了联合国此前关于政治解决叙利亚问题的决议"。该组织另一名成员说，要想达成持续的停火，叙利亚当局和俄罗斯必须停止轰炸，否则"协议就绝对无法执行"。美国及其阿拉伯盟友仍然坚信，作为和平进程的一部分，巴沙尔必须下台。但是莫斯科和德黑兰坚持这一决定应由叙利亚人民做出。安理会的决议并未触及这一最关键、最敏感的问题。

政治解决需要妥协和让步，需要勇气和智慧。叙利亚形势极其脆弱，谈谈打打还会反复，解决之路会很漫长、很坎坷。大国博弈下的叙利亚局势变幻莫测，前景难料。

第九章 极端组织"伊斯兰国"探析

极端组织"伊斯兰国"不仅对伊拉克、叙利亚这样的地区国家在领土完整、社会稳定、人民生命财产安全方面带来极大的挑战与威胁，其在全球展开的恐怖活动也对世界各国人民的感情、生命造成了巨大的伤害。"伊斯兰国"已经成为全球性的问题。

一、"伊斯兰国"的产生与发展

贻害四方的"伊斯兰国"到底是什么？它是怎么产生、如何发展的？要探析极端组织"伊斯兰国"，首先应该对它的产生和发展过程有一个基本的了解。

（一）"伊斯兰国"的产生

"伊斯兰国"自其雏形的产生至今已经历了十多年的时间。早在1999年，其前身"认主独一圣战组织"就在约旦人阿布·穆斯阿卜·扎卡维领导下在伊拉克宣告成立。2004年，扎卡维公开宣布效忠"基地"组织领导人乌萨马·本·拉登，并将其组织更名为"基地组织伊拉克分支"，内部则称"两河流域圣战组织"。2006年1月，该组织与其他一些组织合并，构成"伊拉克圣战者协商委员会"，该委员会的领导人为阿卜杜拉·拉希德·巴格达迪。2006年6月，扎卡维遭美军空袭身亡后，该组织再次与伊拉克其他几个组织联合，并于2006年10月13日宣布成立"伊拉克伊斯兰国"，其领导人为阿布·欧麦尔·巴格达迪。由于受到美军和伊拉克民兵武装"觉醒委员会"的联合打击，该组织的生存空间在随后几年中被大幅压缩。2010 年 4 月 19 日，阿布·欧麦尔·巴格达迪也遭美军和伊拉克政府军突袭身亡。5 月 16 日，阿布·巴克尔·巴格达迪被推选为接班人。

阿布·巴克尔·巴格达迪本名为伊卜拉欣·本·阿瓦德·本·伊卜拉欣·巴德里。1971 年出生在伊拉克萨迈拉市一个信仰萨拉菲主义的逊尼派穆斯林家庭。曾在巴格达大学获伊斯兰教研究学士、硕士、博士学位。巴格达迪很早就参加了圣战组织的一些活动，由于他行事低调，作风强硬，颇具领导才能，很快就成为这些活动的核心成员。他创建的第一个组织叫"逊尼派团体军"。此后，该组织加入了"伊拉克圣战者协商委员会"，巴格达迪任委员会委员。在此期间，他与阿布·欧麦尔·巴格达迪建立了密切的关系。后者生前留下遗言，希望在他死后由阿布·巴克尔·巴格达迪担任"伊拉克伊斯兰国"的领导人。巴格达迪上台后，致力于恢复该组织的战斗力和影响力，特别是在2011 年年底，美国从伊拉克撤出后，"伊拉克伊斯兰国"所面临的军事压力大大减轻。2013 年年初，巴格达迪决定抽调部分主力挺进叙利亚，展开以推翻巴沙尔政权为目标的"伊斯兰圣战"，试图在叙利亚建立政教合一的政权。同年 4 月 9 日，巴格达迪宣布：叙利亚的"支持阵线"是"伊拉克伊斯兰国"的延伸，故将"伊拉克伊斯兰国"和"支持阵线"合并为"伊拉克与沙姆伊斯兰国"。对此，"支持阵线"表示有保留地接受，但由于巴格达迪及其手下的独断专行和残暴无度，双方分歧愈演愈烈。"支持阵线"总书记阿布·穆罕默德·贾拉尼拒绝与"伊拉克伊斯兰国"联合，并宣布"支持阵线"效忠"基地"组织。"基地"组织领导人扎瓦赫里则明确表示："伊拉克伊斯兰国"扩名违背伊斯兰法，试图吞并"支持阵线"更不会得到真主同意，并责令巴格达迪将本组织活动范围严格限定在伊拉克境内。巴格达迪拒绝接受扎瓦赫里的裁定，命令所属各部解除"支持阵线"武装。在经过激烈的战斗后，"支持阵线"被逐出拉卡省，80% 的武装人员投降。为此，扎瓦赫里宣布"基地"组织总部断绝与巴格达迪的一切关系。

巴格达迪在叙利亚建立了根据地，力量得到急速的扩充，决定建立伊拉克和叙利亚两大战场的联系。从 2014 年 6 月开始，巴格达迪抽调半数主力，东进伊拉克，攻克摩苏尔、提克里特、费卢杰等重镇，控制尼尼微、萨拉赫丁等省的大部地区，逼近库尔德自治区首府埃尔比勒，并控制伊叙、伊约边界的全部过境点。2014 年 6 月 29 日，巴格达迪在摩苏尔宣布建立"伊斯兰哈里发帝国"，并将"伊拉克与沙姆伊斯兰国"更名为"伊斯兰国"。巴格达迪自封为"哈里发"，要求全世界的穆斯林服从和效忠于他。

（二）"伊斯兰国"的发展

"伊斯兰国"在伊拉克和叙利亚攻城略地，不断地发展和扩张，成为与"基地"组织相互竞争的全球两大伊斯兰圣战组织之一。

"伊斯兰国"遵循的是萨拉菲主义的逊尼派教义，其信念是：让文明重新回到 7 世纪的法律环境下，因此嘲弄现代，反对世俗，认为世俗化代表了社会和道德的沦丧，认为圣战的运用是合法的、必须的，只有圣战才能挽救伊斯兰教。其实圣战并不等于暴力，在阿拉伯语里翻译成"圣战"的词"吉哈德"原本包含"努力""奋斗"等意思，指"为促进和保卫伊斯兰事业做出的任何努力"。例如，拂晓即起进行祈祷也是一种"吉哈德"。

"伊斯兰国"的一些理念也可以从它使用的旗帜中得到解读。"伊斯兰国"采用的是一种"四合一"旗帜，即用阿拔斯王朝使用的黑旗为底色，以穆罕默德妻子艾莎的长方形头巾为模型，旗的上方是用阿拉伯语书写的白色"清真言"，即"万物非主，唯有真主"，旗的下半部分用"穆圣先知印"替代"清真言"后一句，即"穆罕默德是真主的使者"，因为该印章为不规则圆形，文字分三行，自上而下为"真主""使者""穆罕默德"，内容与"清真言"后一句完全一致。尽管一些穆斯林团体争辩称，"阿拔斯黑旗"并非是恐怖、极端主义的标志，而是一面历史传承的旗帜，但许多反对者指出，"四合一"的"阿拔斯黑旗"已被各类极端组织用作发动"圣战"、进行恐怖号召和组织的象征。

实际上，"伊斯兰国"的宗教信条就是要建立一个排他的、复古的、一切按照他们理解的宗教信条统治的世界。"伊斯兰国"就是要用国家的形式实施复古性统治。

相比之下，拉登心中的敌人在远方，"基地"组织极力主张和号召袭击美国为首的西方国家，而美国在伊斯兰国家的盟友只是其第二攻击目标。"伊斯兰国"的首要目标却并非西方国家，而是伊斯兰国家内部，是亲西方的本国政权。"伊斯兰国"主张在控制区迅速"建政"，并实行严苛的教法统治，它着眼于先安内。因此，拥有疆土成为"伊斯兰国"存在的必要条件，也成为显示"伊斯兰国"权威的先决条件。"伊斯兰国"作为一个国家实体形式的存在必须要维持合法的领地。"伊斯兰国"的目标是：首先打破欧洲殖民者原先在中东地区划分的边界，在叙利亚、伊拉克、黎巴嫩、约旦、以色列等地区，建立一个"政教合一"的"神权国家"。然后，在五年内占领整个中东地区以及非洲、欧洲、亚洲的部分地区，直至中国新疆。因此，"伊斯兰国"占领了叙利亚和伊拉克约4万平方公里的领土，大小接近比利时。也有报道推测"伊斯兰国"控制的区域将达9万平方公里，面积与约旦接近，生活着大约800万人口。"伊斯兰国"暂时"定都"叙利亚的拉卡。

除了已经拥有部分"国土"，"伊斯兰国"还拥有相当规模的武装力量。伊拉克专家海夏姆·哈希米认为，"伊斯兰国"的战斗人员在3万～5万之间，其中30%是自愿加入的，其余人员是因为害怕被镇压而被迫加入的。这些人中有大约12,000人是来自81个国家的外国人，其中约有2500人来自西方国家。这些人中有原"基地"组织在阿富汗和车臣参加过战斗的伊斯兰武装人员，有欧美公民身份的穆斯林二代、三代移民，以及皈依伊斯兰教的欧美"纯种白人"，还包括几十名"东突厥斯坦伊斯兰运动"恐怖分子。这些来自世界各地的年轻人往往都具备典型的"反社会人格"。他们或是不容于当地社会，或是反感、甚至厌恶世俗。精神上的空虚使他们被伊斯兰激进主义"圣战"思想所吸引。自2013年7月以来，"伊斯兰国"袭击了多座监狱，除了能够从伊斯兰教法角度提供"特殊理由"者外，所有因犯都被要求成为"圣战者"，否则格杀勿论。另外，"伊斯兰国"还接收了数千名萨达姆时期的军政人员和哗变的叙利亚军队官兵。

从装备水平看，"伊斯兰国"夺取了大量伊拉克和叙利亚政府军的武器装备。特别是在2014年6月"伊斯兰国"占领摩苏尔时，伊拉克政府军的4个师溃不成军，丢下了大量武器装备，包括坦克、火炮、装甲运兵车和大量弹药。就拥有的武器数量和打击力而言，"伊斯兰国"已经超过"基地"组织总部、阿富汗塔利班、巴基斯坦塔利班、车臣伊斯兰武装等其他激进组织。值得一提的是，"伊斯兰国"在占据叙利亚塔布卡空军基地和伊拉克摩苏尔机场时，还获得了十余架"黑鹰"直升机和几十架米格-23战斗机。

"伊斯兰国"不仅人多势众，而且财力雄厚。其经济来源主要有以下几个方面：第一是从海湾国家的一些个人和伊斯兰基金会得到资助；第二是从占领区获得的石油、天然气收入；第三是在所控区域征收的税赋收入；第四是在控制区内向商店、加油站和超市等私营业主强行收取的保护费；第五是通过挖掘、贩卖文物获取暴利；第六是靠绑架收取赎金；第七是从银行抢劫活动中获取大量资金，包括抢劫摩苏尔银行所获得的4.3亿美元现钞和大量金条。据估计，"伊斯兰国"的总资产达20亿美元。

"伊斯兰国"拥有一套自上而下的管理体系。"哈里发"巴格达迪手下有两名副手，阿布·穆斯林姆·土库曼尼负责分管伊拉克事务；阿布·阿里·安巴里负责叙利亚事务。这三人是"伊斯兰国"的核心决策层。"伊斯兰国"设有1个协商委员会，9个分别负责行政、财务、军事、律法、安全、宣传等具体事务的管理机构；在伊拉克和叙利亚设有12名执政官，具体负责执行高层的命令和决定。在管理上，"伊斯兰国"保证占领地区的医院、商店、超市等民生机构的正常运营，并严格执行伊斯兰律法。事实上，"伊斯兰国"的领导成员并非乌合之众。这些人中有许多是高级知识分子，曾在西方获得博士学位。从他们开展的宣传和军事行动中可以看出，他们并不都是一介武夫，"伊斯兰国"也不是一般意义上的军事组织。

由于"伊斯兰国"颇具感染力的宣传和它在全球范围内造成的影响，世界各地的恐怖组织开始陆续宣布效忠和支持"伊斯兰国"。车臣伊斯兰武装"迁徙者支持军"宣布效忠巴格达迪，并宣布车臣为"伊斯兰哈里发帝国"的组成部分。菲律宾反政府武装"邦萨摩洛伊斯兰自由战士"和巴基斯坦塔利班宣布效忠"伊斯兰国"。尼日利亚极端武装"博科圣地"宣布效忠"伊斯兰国"，并将"博科圣地"改名为"伊斯兰国西非省"。与此同时，"基地"组织在也门的阿拉伯半岛分支、在阿尔及利亚的马格里布分支、在埃及西奈半岛的分支及菲律宾阿布萨亚夫武装都宣布支持"伊斯兰国"。

二、"伊斯兰国"产生的原因

"伊斯兰国"的产生、发展，直到成为国际社会和世界媒体关注的热点，其中的原因复杂多样，较为明显的有以下几个方面。

（一）美国中东政策的失败

"伊斯兰国"能够产生并发展到这种阵势，重要原因之一是美国中东政策的遗祸。美国不负责任的政策导致了"伊斯兰国"的发展壮大，特别是美国出于自身利益，插手他国内政导致地区陷入动乱，使得极端势力乘虚而入。1979 年苏联入侵阿富汗后，美国大力扶植伊斯兰武装势力。1981 年，阿富汗的几个抵抗组织联合成立了"阿富汗圣战者伊斯兰联盟"，并开始接受美国、巴基斯坦、沙特和埃及等国的军事援助，在全国开展抵抗苏军入侵的斗争。美国认为，阿富汗的冲突是冷战时期对抗苏联的重要斗争之一。美国中央情报局不仅通过巴基斯坦三军情报局向圣战者提供武器弹药及资金，其中包括著名的FIM-92 毒刺导弹，还通过构建"用圣战捍卫伊斯兰领土免受外来侵略"的核心愿景，动员、招募、训练逊尼派穆斯林青年，组成圣战游击队到阿富汗与苏联作战，沙特富家子弟本·拉登便是当初被招募的人员。正是这支最初的战斗部队及其背后的意识形态构成了逊尼派圣战分子的基础，其中也包括"伊斯兰国"。20世纪80年代末，随着苏联从阿富汗撤军，圣战部队的某些单位演变成为"基地"组织。阿拉伯语中的"基地"，指的是由本·拉登和美国中央情报局在阿富汗建造的训练场地和军事设施。苏联撤军后，"基地"一词从代指某个具体军事基地转而代指组织圣战活动的大本营。

2003年3月20日，以美英军队为主的联合部队对伊拉克发动军事行动。美国以伊拉克藏有大规模杀伤性武器并暗中支持恐怖分子为由，绕开联合国安理会，单方面对伊拉克实施军事打击。到2010年8月美国战斗部队撤出伊拉克，美方始终没有找到所谓的大规模杀伤性武器。美国以对主权国家发动战争的方式应对属于非传统安全威胁的恐怖主义，并推翻一个国家政权的做法，导致伊拉克逊尼派的政治影响力陡降，大量民众失业，财产遭到剥夺，激起逊尼派圣战分子和更多伊拉克民众的愤怒，为极端势力滋生蔓延提供了极大的空间，为"伊拉克基地组织"（也是"伊斯兰国"前身）生根发芽提供了土壤。正是在伊拉克陷入内乱后，扎卡维于2004年在伊拉克打出了"基地组织伊拉克分支"的旗号。该组织2006年更名为"伊拉克伊斯兰国"，并逐渐成为从事恐怖活动能量最大的极端组织。

化名为阿布·艾哈迈德的"伊斯兰国"早期核心成员认为，如果没有美军在伊拉克的监狱，就不会有现在的"伊斯兰国"。正是伊拉克战争期间美军在伊拉克设立的监狱，为不少后来的"伊斯兰国"高级成员提供了"安全"的联络和策划点。阿布·巴克尔·巴格达迪就是其中一员。他因善于帮助平息在押者之间的纷争而得到美军赏识，在监狱内行动自由，最终因"表现良好"被美军释放。伊拉克政府预计，"伊斯兰国"最核心的25名头目中，大约17人在2004年至2011年期间在美军控制的伊拉克监狱中待过。一些人后来由美军移送伊拉克政府部门看押，在数年来的一系列越狱事件中逃脱，最终成为"伊斯兰国"重要成员。

2011 年中东剧变后，美国等西方国家一方面撤出在伊拉克的全部军队，另一方面在利比亚、叙利亚等国策动政权更替，造成相关国家局势失控，"伊斯兰国"等极端组织借机发展壮大。

（二）阿拉伯国家治理的失败

"伊斯兰国"异军突起，并发展至此，可以说是中东国家治理失败的产物。许多研究者认为，阿拉伯国家治理失败是导致恐怖主义的根源之一。国家治理失败是指国家无力保障人民的生命及财产安全，无法解决贫困、腐败、动荡等问题。人民的极度贫困、政府的严重腐败、长期的战争和动荡的政局等成为滋生恐怖主义的温床。

阿拉伯国家治理失败是指在推行政治纲领中的失败，是指在整合民族文化、处理族群关系中的失败，是指在发展经济、改善民生中的失败。特别是像叙利亚、伊拉克、利比亚、埃及、也门这样的阿拉伯国家，政府在长达 30 年到 40 年的执政过程中，没能为其人民提供安全保障、法律保障，没能提供包括医疗照顾、教育和基础设施等公共福利，没能保证公民的政治权利，使人民陷入极度贫困的状况，国家处于崩溃的边缘。每当这些代表世俗民族主义力量的政府无法有效地进行治理、日渐失掉民心之时，某些极端组织往往会发展壮大，试图取而代之。

阿拉伯社会公平正义严重缺失，贫富鸿沟扩大，物价飞涨，通货膨胀加剧，大量青年失业，官员贪污腐败，而巴勒斯坦问题长期得不到公正解决，美国偏袒以色列并在"民主""人权""反恐"等问题上奉行"双重标准"，都为"伊斯兰国"的繁衍和扩张提供了条件。因为，每当公民不能指望他们的政府保障安全与法治的时候，就可能转向现有的种族或宗教势力。阿富汗战争、伊拉克战争、叙利亚战争，使这些国家的主权和领土完整受到严重的侵犯与打击，造成政府权威下降，伊斯兰极端势力因此发展壮大。这是"伊斯兰国"崛起的一个重要政治背景。

（三）民主进程的失败

首先是西方推行民主的失败。由于美国以暴力手段强行在伊拉克及整个阿拉伯世界推行"美式民主"，越来越多的阿拉伯民众把美国主导的民主化与美国的霸权扩张等同视之。在许多阿拉伯人看来，民族分裂和冲突几乎成了民主的伴侣。民主在很大程度上正是民族问题爆发的催化剂。

民主化是一个相当长的渐进过程，快速的民主化可能会破坏社会的平衡，助长极端主义的政治思潮，使激进分子和他们的组织靠着对西方和以色列的仇恨情绪更加联合一致，不断坐大，甚至通过"大选"这一民主手段获得国家的最高领导权。"基地"组织的发展、"伊斯兰国"的猖獗、埃及穆兄会的上台与下台，都是对此最好的例证。

其次是民主尝试的失败。阿拉伯国家虽然也进行了一些民主改革，但这些改革都是围绕一些边缘性问题进行的，没有让民众有解渴之感。

特别是"阿拉伯之春"这场"民主运动"的失败，在阿拉伯民众中引起了极大的失望情绪。阿拉伯人普遍认为，"阿拉伯之春"带来的不是民主，而是灾难。"伊斯兰国"其实就是在"阿拉伯之春"中长大的一只"黑天鹅"。

阿拉伯世界的政治环境、经济环境、社会环境等，都离实现民主所要求的环境越来越远。人们渴望民主，却又看不到实现民主的任何希望，由此而产生的必然是绝望的情绪。"伊斯兰国"正是这种极端恶劣政治生态环境的最终产物，它正是利用了民众的这种情绪，谋求打破现行秩序、建立替代性国家体系，以极端思想和暴烈行动"拯救和改造"阿拉伯世界。

（四）对宗教的片面理解

伊斯兰极端主义在当代社会的猖獗还与人们对伊斯兰教的片面理解有关。

伊斯兰教不仅是一种精神信仰，还是一种政治制度。伊斯兰教主张"两世吉庆"，既重视现世的物质福利，又重视来世的福乐，要求教徒在参与日常宗教生活的同时，积极参与包括政治生活在内的现世的社会世俗生活。因此，伊斯兰宗教团体都以一种积极的姿态参与社会政治生活，甚至把夺取和保卫政权作为现实目标，以伊斯兰教与政治的互动关系来建立社会秩序。但是在现实政治生活中，统治者的独裁专制使伊斯兰教政治运动成为民众表达对政府不满情绪的唯一渠道，参加宗教反对派成为民众政治参与的"合理选择"。这也是"伊斯兰国"具有一定吸引力和一定群众基础的原因。

伊斯兰极端主义是当代伊斯兰复兴的必然产物。面对阿拉伯世界的衰落，许多穆斯林产生了强烈的复古思想，极力倡导伊斯兰复兴，以期重振昔日阿拉伯帝国的辉煌。伊斯兰复兴也就意味着政治与宗教的重新结合，其归宿必然是伊斯兰政治化。

"伊斯兰国"秉持的正是这样一种复古主义价值观，其最大特点就是通过不断重温历史辉煌来赢取民众的支持。在伊斯兰教史上，穆罕默德创教时期和随后的四大哈里发时期，一直是令广大穆斯林敬仰不已的"黄金时代"，并由此使伊斯兰政治势力形成了一种"回溯性历史观"：只有严格遵循《古兰经》和圣训、实行哈里发统治，才能实现国家复兴。因此，伊斯兰政治势力一旦掌权，定会将"全面伊斯兰化"作为施政重点。伊斯兰极端主义正是伊斯兰政治化的结果。

三、"伊斯兰国"的影响

极端组织"伊斯兰国"伤害平民、杀害人质、杀害被俘虏人员、制造袭击、毁坏文物等行为，其密集和残酷程度震惊全球，不仅危害伊拉克和叙利亚国民的安全，而且危害整个中东地区乃至世界的和平及安全，在全球范围内造成了严重影响。

（一）"伊斯兰国"的所作所为

为了打造和传播"伊斯兰圣战"的威慑力，"伊斯兰国"重视以血淋淋的行动来扩展影响，制造了无数骇人听闻的事件，试图从精神上摧毁对手和民众的意志，使其尽快成为巴格达迪的顺民。

1. 伤害平民

自 2004 年"基地组织伊拉克分支"成立至 2014 年 8 月底，伊拉克境内发生的绝大多数针对平民的恐暴活动，都是 "伊斯兰国"所为。从 2013 年年初至 2014 年 8 月底，叙利亚境内半数以上针对百姓的恐暴袭击，也是"伊斯兰国"所为。每占领一个地方，"伊斯兰国"就会发布严厉的法令，对人们的言行做出严格的规定，违者将受到重罚。法令对妇女着装提出明确要求，并规定无特殊情况，妇女不能出门，规定女性都要实行割礼；规定不准买卖和使用酒精类产品；不准买卖和吸食香烟、水烟；规定不准在车内、商铺内、公众场合播放音乐、歌曲；规定不准在商铺的展柜贴挂人物画像。违背这些规定者将受到鞭刑等惩罚。法令规定，对小偷的惩罚是剁手；凡犯有同性恋、卖淫嫖娼、观看黄色音像资料、使用和占有违禁品、强奸、卖淫、反对伊斯兰教、杀人等罪行的，将被判处死刑。死刑的执行方式有：石击、钉十字架、砍头、火烧、从高楼推下等。

从 2014 年 8 月 5 日开始，"伊斯兰国"在伊拉克辛贾尔地区对亚兹迪人展开种族清洗，对既拒绝皈依伊斯兰教，又不愿交纳人头税的男子一律处死，女子则变为性奴，以平均约 1000 元人民币的价码卖给有需要的"圣战士"。在奴隶市场，只要 27 美元就能买到一个 40 岁到 50 岁的雅兹迪妇女或者女性基督徒，而一个 1 岁到 9 岁的孩子贩卖价格是 108 美元。一名 21 岁名叫纳迪亚的伊拉克雅兹迪族少女，沦为"伊斯兰国"武装分子的性奴后，曾被武装分子轮奸。她勇敢地现身联合国安理会作证，讲述自己成为性奴的惨痛经历。另外，据叙利亚通讯社 2016 年 1 月 16 日报道，极端组织"伊斯兰国"当天在叙利亚东部代尔祖尔省一个村庄屠杀了约 300 名平民。这样的屠杀事件已经发生了许多次，还在继续发生。

2. 杀害人质

近年来，极端组织"伊斯兰国"为了制造恐怖气氛，索取大量赎金，抓了多个国家的记者或公民作为人质，并用残忍的手段将他们杀害。从 2014 年 8 月到 2015 年 8 月的一年间，极端组织"伊斯兰国"武装分子就杀害了 4 名美国人质、2 名英国人质、1 名法国人质、2 名俄罗斯人质、2 名日本人质和 1 名克罗地亚人质，其中多为记者或援助人员。2015 年 11 月 19 日，中国外交部确认，中国公民樊京辉被极端组织"伊斯兰国"绑架并残忍杀害。同时遭绑架和杀害的还有一名挪威人质。另外，被杀害的伊拉克、叙利亚、埃及、利比亚等阿拉伯国家的人质更是不计其数。

3. 杀害被俘人员

极端组织"伊斯兰国"对待被俘人员更是惨无人道。2014 年 6 月 15 日，"伊斯兰国"攻克伊拉克尼尼微省塔勒阿法尔市后，将被俘的 1700 名伊军官兵以残忍方式集体处死，并将视频传播到网络上。同年 7 月 17 日，"伊斯兰国"占领叙利亚霍姆斯省沙尔天然气田后，将 270 名叙利亚官兵集体处死，尽管一些官兵求饶，但未能唤起刽子手的恻隐之心。2014 年 12 月，"伊斯兰国"武装在大马士革北郊卡拉蒙山区处决了 20 名"叙利亚自由军"成员。2015 年 1 月 3 日，极端组织"伊斯兰国"残忍地将被俘的约旦飞行员卡萨斯贝活活烧死。2015 年 10 月，伊朗革命卫队高级指挥官侯赛因·哈梅达尼，在叙利亚阿勒颇北部执行"顾问任务"时被恐怖组织"伊斯兰国"俘虏后杀害。此外，被杀害的被俘人员中还有黎巴嫩和库尔德武装人员。

4. 制造恐怖袭击事件

频繁发动恐怖袭击是极端组织"伊斯兰国"另一惯用的手法。2015 年 3 月 19 日，极端组织"伊斯兰国"在网络上发布了一段音频，宣称制造了在突尼斯议会大厦附近巴尔杜博物馆发生的武装袭击事件。

2015 年 4 月 17 日，美国驻伊拉克埃尔比勒领事馆外发生一起汽车炸弹爆炸事件，造成 3 人丧生，14 人受伤。"伊斯兰国"宣称对当天的袭击负责。

2015 年 7 月 11 日，埃及首都开罗的意大利领事馆外发生爆炸，导致至少 1 人死亡，约 9 人受伤。"伊斯兰国"宣称对该起爆炸袭击事件负责。

2015 年 10 月，俄罗斯一架客机在埃及西奈半岛上空坠毁，机上 224 人全部罹难，俄方认定客机坠毁缘于恐怖袭击。11 月，法国首都巴黎多地遭遇恐怖袭击，造成 129 人死亡，350 多人受伤。极端组织"伊斯兰国"主动认领上述袭击事件。

美国沃卡蒂夫新闻网站 2015 年 12 月 5 日报道：一个附属于"伊斯兰国"组织的媒体机构发表了一份非正式声明，声称发生在美国加利福尼亚州圣贝纳迪诺市的枪击事件是该组织成员所为。这次案件共造成 14 人死亡，21 人受伤。

5. 毁坏文物

巴格达迪及其追随者自认为是"纯正"的穆斯林。为了建立所谓纯净的"伊斯兰国"，他们不允许在"国土"上有异教的痕迹存在，所以肆无忌惮地毁坏异教的文化。

"伊斯兰国"2015 年 2 月 26 日发布视频显示，该组织武装人员在伊拉克尼尼微省首府摩苏尔市持大锤和电钻毁坏珍贵文物。摩苏尔博物馆大量藏品遭殃，包括古亚述时期和古希腊风格手工艺品。亚述王国是兴起于底格里斯河流域的古代西亚奴隶制国家。"伊斯兰国"武装人员手持电钻破坏了一座城门前的花岗岩翼牛像。受损物品还包括真品、复制品和重新修复的文物。一些文物来自古亚述王国，还有一些来自帕提亚王国的哈特拉古城。帕提亚王国又名安息帝国，存在于公元前 247 年至公元 226 年。

2015 年 3 月 5 日，伊拉克旅游和文物部发表声明说，"伊斯兰国"武装人员当天使用重型军用卡车毁坏了古城尼姆鲁德的考古遗迹。

2015 年 10 月 4 日，叙利亚国家博物馆馆长马蒙·阿卜杜勒·卡里姆证实，叙中部历史古城台德穆尔（巴尔米拉）的标志性建筑凯旋门、两座主要古神庙和多座古代陵墓等遗迹已被极端组织"伊斯兰国"炸毁。马蒙·阿卜杜勒·卡里姆还提到，"伊斯兰国"在台德穆尔竟处决了一名 82 岁的叙利亚前文物部门主管，还将他的遗体示众。

（二）"伊斯兰国"的影响

极端组织"伊斯兰国"利用叙利亚、伊拉克乱局迅速崛起，已构成国际恐暴势力主干，不仅威胁叙伊两国政权，而且催生溢出效应，对地区和全球安全构成挑战，造成的负面影响引发全球关注。

在阿拉伯世界内部（特别是伊拉克和叙利亚），"伊斯兰国"的影响主要是威胁其国家主权和领土完整，威胁地区和平与安全，加剧地区动荡，影响地区经济发展与人民生活，并向外输出恐怖主义，为恐怖主义的发展提供基地。"伊斯兰国"不断扩大自身在中东地区的影响力，并在利比亚、也门、埃及西奈半岛、阿富汗等地建立据点。同时加大宣传力度，呼吁无法前往叙利亚的支持者转而在本国发动战争。从"伊斯兰国"的所作所为可以看出，伊拉克人民和叙利亚人民所受到的伤害是极大的。其他阿拉伯国家也在承受着它所造成的严重影响。

2015 年 11 月 21 日，美国《华尔街日报》刊载了布鲁金斯学会高级研究员罗伯特·卡根的文章《"伊斯兰国"崛起撼动国际体系》。罗伯特指出：叙利亚、伊拉克和"伊斯兰国"的联合危机并没有得到遏制。正如巴黎袭击所体现的，"伊斯兰国"显示了其搞恐怖活动的持久性和能力。由于有大量难民逃离，叙利亚冲突正在破坏黎巴嫩和约旦的稳定，并给土耳其业已脆弱的民主制度造成更大压力。它加剧了整个地区逊尼派和什叶派之间的尖锐冲突。

　　对外部世界而言，"伊斯兰国"严重威胁中东地区其他国家、美国乃至于中国的国家安全。"伊斯兰国"以伊拉克、叙利亚两国为依托扩展疆域，不仅在其自称的"哈里发国"开展行动，还召唤其在袭击目标国中的支持者开展行动。2015 年发生的多起针对平民的致命袭击事件，就是"伊斯兰国"的支持者所为。"伊斯兰国"影响力的溢出效应已经越来越明显。罗伯特认为：中东的多阵营战争已经不再是一个纯粹的中东问题，也成为一个欧洲问题。逃离叙利亚战乱的难民浪潮已经震动了欧洲大陆，令其无力招架。发生在巴黎的骇人攻击（很可能是由"伊斯兰国"在其叙利亚大本营组织和指挥的）以及日后发生更多此类袭击的前景，将威胁欧洲的团结，并由此威胁跨大西洋共同体，即过去所谓"西方"的团结。简言之，边缘的危机已经蔓延到了核心位置。

　　"伊斯兰国"的崛起直接挑战美国在中东的利益，因为在伊拉克和沙姆地区建立"伊斯兰国"，将使美国发动伊拉克战争的地缘政治和"民主改造"成果化为乌有。该组织决意灭亡以色列，也是美国所不能允许的。"伊斯兰国"开展的"伊斯兰圣战"，直接挤压什叶派新月地带，挑战了伊朗的地缘战略利益，而其宣扬和推行的极端伊斯兰理念又对伊朗什叶派构成宗教层面的威胁。"伊斯兰国"致力于推翻巴沙尔政权，挑战了俄罗斯在中东的"势力范围"，"伊斯兰国"势力在高加索地区的扩展也对俄罗斯国家安全造成威胁。"伊斯兰国"发誓要占领新疆，则对中国主权和国家统一构成潜在威胁。

　　随着西方社会"伊斯兰恐慌症"日益严重，种族主义者的声音恐怕会越来越强，西方社会对于整个穆斯林群体，包括对温和、没有极端倾向的穆斯林的歧视都可能不断加深。另外，在难民问题上，巴黎恐怖袭击让欧洲国家因为担心恐怖分子混入难民队伍，而对难民的接收采取了更为保守甚至抵触的态度。这种现象使"文明冲突"变得更加复杂和严峻。同时也给"伊斯兰国"开展更多恐怖活动以借口和机会。总之，在可见的未来，恐怖活动很可能成为某种"常态"，全球面临的恐怖主义威胁将会空前加剧。"伊斯兰国"对全球的各种负面影响将不断突显。

四、打击"伊斯兰国"的行动

极端组织"伊斯兰国"的崛起已对地区和国际安全构成严重威胁，国际社会期待尽快遏制该组织的蔓延。早在 2004 年 10 月，联合国安理会就认定"伊斯兰国"的前身"基地组织伊拉克分支"为国际恐怖主义组织。"基地组织伊拉克分支"每次更名后，联合国安理会都及时将其认定为国际恐怖主义组织。此外，世界上绝大多数国家都将"伊斯兰国"认定为国际恐怖主义组织。联合国安理会不仅发表声明，以最强烈言辞谴责"伊斯兰国"的恐暴行为，还一致通过决议，呼吁国际社会"采取一切必要措施"打击恐怖主义。

（一）美国和西方国家对"伊斯兰国"的打击

"伊斯兰国"对国际公共安全的巨大威胁，迫使相关各方对打击"伊斯兰国"的认识走向一致。2014 年下半年以来，国际社会在"伊斯兰国"问题上逐步形成共识。美国开始对"伊斯兰国"进行直接军事打击。奥巴马政府在中东的政策非常明确，就是从伊拉克乱局中脱身，以实现全球战略"再平衡"。然而，"伊斯兰国"的快速兴起，严重危及美国的国际威望和宏观战略布局。2014 年 9 月，奥巴马授权美军开始对"伊斯兰国"进行空袭。随后 6 个月间，美国及其盟军向伊拉克境内的"伊斯兰国"目标发动空袭 2500 余次，扔下约 8200 枚炸弹，破坏了约 3000 个目标。

2014 年 9 月 10 日晚，奥巴马宣布，他会再度派遣 475 名美军前往伊拉克，对伊拉克安全部队进行支援。同时，奥巴马也呼吁美国国会授权，执行培训叙利亚反对派武装，并向他们提供武器的计划，以支持他们对抗"伊斯兰国"和叙利亚总统巴沙尔·阿萨德的武装。

2015 年 6 月 3 日，美国常务副国务卿布林肯在接受采访时表示，在过去 9 个月的空袭中，美国主导的打击"伊斯兰国"国际联盟已消灭了超过一万名"伊斯兰国"武装分子。

2015 年 6 月 10 日，白宫宣布：为更好地打击"伊斯兰国"极端组织，美国总统奥巴马授权增派 450 名美军人员赴伊拉克安巴尔省训练伊拉克安全部队，助其收回被"伊斯兰国"占据的失地。

2015 年 8 月 18 日，"伊斯兰国"二号人物法迪勒·哈雅利在一次美军空袭中被炸身亡。

8 月 24 日，美军对"伊斯兰国"位于叙利亚拉卡市的大本营实施"定点清除"，成功炸死该组织电脑专家、21 岁的英国人朱奈德·侯赛因。在应对"伊斯兰国"威胁的问题上，美国较为迅速的反应和坚定的介入，成为遏制"伊斯兰国"发展的重要外部因素之一。

英国对于在中东地区开展军事行动一直持谨慎态度。但英国首相卡梅伦于 2015 年 11 月 26 日表示，英国是时候加入打击叙利亚境内"伊斯兰国"的空袭行动了，因为英国不能把自身的安全问题转包给他国。

在"伊斯兰国"宣称对巴黎恐怖袭击事件负责后，一些曾不愿在中东发起更多军事行动的英国议员认为，有必要防范英国遭到此类袭击。卡梅伦认为，"解决了叙利亚冲突后再应对'伊斯兰国'，我们对此等不起。对于英国而言，把自身的安全问题转包给他国，期望他国的飞行人员承担打击'伊斯兰国'的负担和风险，以此来阻止英国的恐怖主义，这是错误的。"[1] 2015 年 11 月 18 日，英国国防大臣迈克尔·法伦表示，英国将派遣军舰支援法国打击"伊斯兰国"的行动，并将审议巴黎方面一切有关支援的其他需求，英国海军"保卫者"号军舰将为法国航母打击"伊斯兰国"期间提供掩护。

法国自 2014 年 9 月以来就参与了打击"伊斯兰国"国际联盟的大规模空袭行动。法国还为伊拉克军队和库尔德族部队提供培训。2015 年 9 月 27 日，法国对叙利亚境内的"伊斯兰国"进行了首次空袭。发生在巴黎的恐怖袭击事件迫使法国对"伊斯兰国"实施进一步的报复行动。2015 年 11 月 18 日，法国"戴

---

[1] 见《卡梅伦称英国该加入打击"伊斯兰国"空袭行动》，载于中国新闻网, http://www.chinanews.com, 2015 年 11 月 27 日。

高乐"号航母驶离土伦军港，前往地中海东部海域，参与打击极端组织"伊斯兰国"的行动。

2015年12月1日，德国内阁批准联邦国防军参与打击"伊斯兰国"的行动。德国将派出1200名士兵，为法国、伊拉克等打击"伊斯兰国"行动提供支持。德国方面的行动主要集中在军事侦察和后勤补给，不会参加前线作战。此外，德国还计划派一艘护卫舰为法国部署的"戴高乐"号航母护航，但德国不会直接参与空袭任务。

2014年11月，意大利政府决定将4架"狂风"战斗机部署到位于科威特的空军基地，以加入由美国主导的多国联盟针对极端组织"伊斯兰国"的打击行动。意大利国防部长罗伯塔·皮诺蒂在接受当地媒体采访时说，意大利军方"应北约及地方当局的要求派遣的4架'狂风'战斗机将在当地执行侦查和情报任务"。[1] 此外，澳大利亚、加拿大、新西兰、荷兰等国家也参加过一些空中打击活动。

为消除"伊斯兰国"的威胁，美国和欧洲国家组建了联盟，对其进行空袭。但美国等西方国家为了在中东地区实现"分而治之"的政策，实现地区力量的平衡，对"伊斯兰国"的打击总是"雷声大，雨点小"，总是有所保留，始终不肯派遣地面部队进行打击，空袭行动虽然也摧毁了"伊斯兰国"的一些武器和目标，但并未对其构成致命伤害。

（二）俄罗斯对"伊斯兰国"的打击

极端组织"伊斯兰国"因不满普京支持巴沙尔政权，扬言要打倒俄罗斯，并解放车臣和整个高加索地区。据俄罗斯专家称，"伊斯兰国"组织中有1000多名俄罗斯人，这对俄罗斯的本土安全构成一定的威胁。为保巴沙尔政权，为维护俄罗斯的战略利益，为防止恐怖分子向俄罗斯渗透，俄罗斯决定参与对

---

1 见《意大利4架狂风战斗机加入打击"伊斯兰国"行动》，载于国际在线网，http://news.cri.cn，2014年11月18日。

"伊斯兰国"的武力打击。

2015 年 9 月 30 日上午，俄罗斯联邦委员会批准总统在国外动用武装力量。仅隔 6 小时左右，俄罗斯空军就在叙利亚空军的配合下，首次对叙利亚境内的极端组织目标实施空中打击。此后俄罗斯对"伊斯兰国"的目标进行了持续猛烈的轰炸，摧毁了大量军事设施、武器装备、仓库基地、训练营地和石油设施，截断其多条重要跨境补给线路，配合叙利亚政府军收复了大量失地，迫使"伊斯兰国"大批人员外逃。

俄罗斯总统普京对俄罗斯空军打击叙利亚境内"伊斯兰国"的行动给予了高度评价，并表示，在叙利亚采取的军事行动是针对"伊斯兰国"极端组织的，目的是要帮助巴沙尔·阿萨德总统巩固合法政权，并为政治妥协创造条件。普京强调："我们不希望战争，但要是我们任由'伊斯兰国'极端组织吞并叙利亚，成千上万的恐怖分子就会跑到我们的领土上。因此我们会帮助阿萨德总统对抗他们。"[1]

（三）部分阿拉伯国家和伊朗对"伊斯兰国"的打击

面对极端组织"伊斯兰国"的威胁，中东地区特别是阿拉伯国家都认为"伊斯兰国"属于恐怖组织，都对其极端恐怖主义行径进行了谴责，部分国家还采取军事行动，对"伊斯兰国"实施打击。但由于各种复杂的原因，各国参与的程度、打击的力度各不相同，打击的效果也相对有限。

伊拉克是"伊斯兰国"的产生地，是遭受其伤害最严重的国家，本应是打击"伊斯兰国"的主力，但由于伊拉克连年遭受战争的侵蚀，军队饱受教派矛盾、贪污腐败、装备给养等问题困扰，士气低落，战斗力很弱。伊拉克军队和逊尼派民兵武装虽一直在对"伊斯兰国"实施打击，但效果十分有限，在强悍的"伊斯兰国"武装面前，常常是自身难保。自 2015 年以来，在外力的作

1　见《普京：俄罗斯空袭行动旨在打击"伊斯兰国"极端组织》，载于 FX168 财经网，http://www.fx168.com，2015 年 10 月 13 日。

用下，这种情况有所改变。2015年1月11日，伊拉克军队与库尔德武装在伊拉克北部的战斗中击毙70多名"伊斯兰国"武装分子。3月，伊拉克向"伊斯兰国"发起最大规模反攻，出动3万兵力尝试收复战略重镇提克里特。6月，伊拉克军队与极端组织"伊斯兰国"武装分子在伊拉克境内多个地区爆发武装冲突，19名"伊斯兰国"武装分子死亡。11月，伊拉克空军和打击"伊斯兰国"国际联盟战机轰炸了被极端组织"伊斯兰国"占领的伊拉克西部重镇拉马迪，炸死至少24名"伊斯兰国"武装分子。12月，伊拉克安全部队收复了被极端组织"伊斯兰国"武装占领的拉马迪的部分城区。仅在12月22日一天的战斗中，伊拉克军队就击毙了48名"伊斯兰国"武装分子，俘房了14名武装分子，并缴获大量武器和爆炸物。伊拉克政府军和民兵武装收复大量失地。2016年6月又收复了距离巴格达仅50公里的费卢杰。"伊斯兰国"在伊拉克已明显处于退缩之势。

"伊斯兰国"自从扩展到叙利亚以后，控制了叙利亚北部省份拉卡、东部代尔祖尔大片地区和阿勒颇部分地区。叙利亚政府军、叙利亚自由军、库尔德武装等对"伊斯兰国"武装进行了顽强的抵抗和打击。叙利亚政府军是一支非常有战斗力的部队。在过去的三年中，叙政府军一直在与伊斯兰极端组织战斗，在伊朗、黎巴嫩真主党和俄罗斯的帮助下，不仅有效遏制了极端分子对国家南部和首都的进攻，而且收复了不少被"伊斯兰国"占领的失地。

约旦是参与打击"伊斯兰国"行动的国家之一。约旦的一名飞行员还被"伊斯兰国"残忍地处以火刑。但在2014年9月参加打击行动之初，约旦一直保持低调，原因之一是国内民众反对参与打击行动。"伊斯兰国"也有意利用飞行员事件迫使约旦退出美国主导的打击"伊斯兰国"国际联盟。但这名飞行员在2015年2月3日遇害后，约旦国内反"伊斯兰国"情绪反而高涨，从而使约旦加大了打击力度。仅在2015年2月5日到8日的几天里，约旦战机就实施了56次空袭，总袭击达到946架次，有力地打击了包括武装人员训练营地、武器和弹药库等在内的"伊斯兰国"重要目标。

埃及和海湾国家出于国内困境和地区政治利益的考虑，只是象征性地参与了对"伊斯兰国"的打击行动。例如，埃及只于 2015 年 2 月 16 日对在利比亚境内的"伊斯兰国"目标进行了空袭，以表示对"伊斯兰国"利比亚分支 2 月 15 日杀害 21 名埃及科普特人的报复。2014 年 9 月 23 日，当时的沙特王储兼国防大臣萨勒曼的儿子驾驶战机参与了对极端组织"伊斯兰国"目标的空袭行动。王储萨勒曼表示，为捍卫宗教纯洁和国家利益，沙特空军对极端分子实施了精准打击。沙特参与空袭行动，一方面是为打击"伊斯兰国"，另一方面是为支持叙利亚温和反对派武装。其他阿拉伯国家除了在本国内部控制和打击极端组织的恐怖活动外，几乎没有对在伊拉克和叙利亚的"伊斯兰国"武装开展实质性的打击活动。

在打击"伊斯兰国"的行动中，伊朗是值得一提的国家。伊朗是中东地区的大国，也是重构"中东秩序"的重要国家。伊朗是伊拉克什叶派政府的支持者，也是叙利亚巴沙尔政府的后台。伊朗是"伊斯兰国"的天敌，打击"伊斯兰国"的意愿最为强烈。在打击"伊斯兰国"的过程中，伊朗对伊拉克和叙利亚提供了强有力的支持。早在 2014 年 7 月 1 日，由伊朗革命卫队驾驶的 7 架苏-25 强击机就飞抵伊拉克，与正在这里组装测试的 5 架苏-25 强击机联合，使伊拉克空军可用的苏-25 战机达到 12 架。伊朗还派地面部队进入伊拉克，帮助伊拉克政府军打击"伊斯兰国"。伊朗少将卡西姆·苏雷曼尼率领 3 万联军在伊拉克北部打击"伊斯兰国"，还帮助伊拉克政府军收复了提克里特市。在叙利亚，也有伊朗的地面部队在与叙利亚政府军一起战斗，而且在保卫巴沙尔政权和收复失地的过程中发挥重要的作用。应该说，伊朗是最早、也是最真心实意地参与打击"伊斯兰国"的国家。

2015 年下半年以来，特别是俄罗斯参与打击"伊斯兰国"的行动以后，形势发生了新的变化。伊拉克、叙利亚、俄罗斯、美国联军和相关地区国家形成了一定的合力，使"伊斯兰国"的势力扩张得到有效遏制，打击行动取得了明显的效果。

（四）中国对"伊斯兰国"的态度

中国是恐怖主义的受害者，本身也经受着恐怖主义袭击的威胁，反恐是中国的重要任务。中国在中东的利益越来越多，对中东的石油依赖越来越大，中国的能源安全有赖于中东的和平与稳定。中国无法成为中东事务的旁观者，要在中东安全事务上有所作为，包括外交上的沟通与斡旋。中国在反恐问题上历来旗帜鲜明，始终支持联合国安理会关于打击"伊斯兰国"等恐怖组织的相关决议，并呼吁各国认真执行安理会决议，切断"伊斯兰国"从外界获得人员、武器和资金支持的渠道，遏制恐怖主义的进一步蔓延，维护中东与世界的和平与稳定。

2015年11月，中国公民樊京辉被极端组织"伊斯兰国"绑架后残忍杀害，习近平主席在第一时间回应了此事，强烈谴责"伊斯兰国"极端组织残忍杀害中国公民的暴行。习近平表示，恐怖主义是人类的公敌，中国坚决反对一切形式的恐怖主义，将继续推动加强国际合作，坚决打击任何挑战人类文明底线的暴力恐怖主义犯罪活动。

五、"伊斯兰国"的前景

在国际社会的有力打击下，"伊斯兰国"强劲的发展势头已经受到了遏制。伊拉克和叙利亚两国战场的局面已经开始朝着有利于两国政府的方向发展。那么，"伊斯兰国"能被彻底消除吗？它还能存在多久？它还能不断扩张实现它的"哈里发国"野心吗？

（一）"伊斯兰国"短期内难以彻底消除

虽然"伊斯兰国"已失去在叙利亚、伊拉克占领的大片土地，伊拉克已于2017年年底宣布取得了对极端组织"伊斯兰国"的"决定性胜利"，"伊斯兰国"最高头目巴格达迪也于 2019 年 10 月 26 日在美军的一次斩首行动中身亡。但由于参与打击"伊斯兰国"的相关国家各有自己的利益考虑，维持"伊斯兰国"存在的环境和条件依然没有大的改变，"伊斯兰国"存在的形式复杂多变等原因，"伊斯兰国"短期内难以彻底消除。全球恐怖主义的威胁仍在加剧，"伊斯兰国"将继续危害中东地区和世界。

首先，参与打击"伊斯兰国"的相关国家各有打算，打击的力度还没有达到彻底消灭"伊斯兰国"的要求。在打击"伊斯兰国"的过程中，各相关国家的利益关切显而易见：美国出于在中东地区的特殊利益，对打击"伊斯兰国"并未尽全力。中东地区分裂混乱的真正受益者或许正是美国。因此，美国既不急于彻底消灭"伊斯兰国"，又不愿让其扩张，以免危及沙特阿拉伯、以色列等盟友甚至美国本土的安全。另外，叙利亚巴沙尔政府始终是打击"伊斯兰国"问题上一个解不开的结。美国曾把"伊斯兰国"视为颠覆叙利亚政权的重要力量，或者希望"伊斯兰国"和叙利亚政府两败俱伤。因此，对美国而言，打击"伊斯兰国"并不是其在叙利亚的首要目标。

西方国家坚持要求叙利亚总统巴沙尔下台，在打击"伊斯兰国"问题上拒绝与叙利亚政府、伊朗、俄罗斯合作。另外，库尔德武装一直是叙利亚境内打击"伊斯兰国"的主要力量之一，但土耳其因排斥巴沙尔政府，担心土耳其库尔德人坐大、独立，不但不愿在打击"伊斯兰国"的行动中助库尔德人一臂之力，反而派军队在叙利亚东北部边境对其发起军事打击。这不仅大大削弱了库尔德武装打击"伊斯兰国"的整体实力，而且大大削弱了其对"伊斯兰国"在押人员的监管能力，使得部分"伊斯兰国"恐怖分子越狱潜逃，成为遗患。海湾国家，特别是沙特，则对"伊斯兰国"态度复杂，因为"伊斯兰国"的失败意味着伊朗和叙利亚的胜出。现在，部分西方国家、土耳其以及沙特等阿拉伯国家到底是更反对"伊斯兰国"，还是更反对巴沙尔政权或者伊朗；是更想打败"伊斯兰国"，还是更想让巴沙尔政府倒台，从而削弱伊朗的势力；态度还十分微妙。西方国家和中东国家出于各自的地缘政治考虑，在打击"伊斯兰国"

问题上缺乏统一的意志和凝聚力，使这一极端组织有了充分的回旋空间。

中国社科院南亚研究中心主任叶海林认为："当前国际和地区大国在'伊斯兰国'问题上态度的转变，与其说是在为建立全球反极端分子联盟做准备，还不如说是在为瓜分叙利亚做准备。大家都信誓旦旦地要铲除'伊斯兰国'，但实际上主要是在努力保护自己的盟友，打击的则是自己支持者的对手。俄罗斯、美国乃至土耳其和沙特，概莫能外。在重新划分势力范围的动机下，消灭'伊斯兰国'这一政策目标与其说是目标，还不如说是借口，用来掩饰重新划分沙姆地区乃至整个叙利亚、伊拉克地缘政治版图的借口。只要中东所有玩家的地缘政治博弈还在继续，'伊斯兰国'就不会从地图上消失。实际上，'伊斯兰国'的滋生和膨胀，本来就是中东地缘政治博弈失序的产物。"[1]

其次，"伊斯兰国"得以存在的环境和条件并没有大的改变。"阿拉伯之春""民主变革"、暴力、内战不仅没有改变阿拉伯社会的现状，反而使情况进一步恶化。阿拉伯民众依然面临贫困、失业、政府腐败、治安恶化、社会动荡、战乱等问题。叙利亚等国的许多民众甚至失去了生存的基本条件，被迫沦为难民，流落他乡。2019年新冠疫情肆虐更是导致一些国家失业率攀升，民众对政府的不满程度大幅增加。这些国家的治理能力相对较弱，且各地区的管理能力参差不齐，给"伊斯兰国"在社会中传播极端思想创造了机会。这种社会不稳定、国家治理缺失的状态为"伊斯兰国"吸纳新成员、拓展新地盘提供了空间。

另外，宗教派别之争不仅没有缓解，反而日益激烈。所谓的民主制度和选举政治使各种矛盾公开化、政治化，甚至暴力化。在伊拉克、叙利亚、也门、利比亚等国，基本的政治互信很难建立，而源自原始部落的"以牙还牙定律"则成为政治破败的主旋律。沙特和伊朗争斗的逐渐公开化更是加剧了什叶派与逊尼派之间的矛盾，使"伊斯兰国"大有空子可钻。

---

1 见《剿灭"伊斯兰国"时机成熟了吗？》，叶海林著，载于参考消息网，http://www.cankaoxiaoxi.com，2016年1月8日。

最后，"伊斯兰国"存在的形式复杂多变。"伊斯兰国"失去其在伊拉克和叙利亚的大本营后，基本上有以下三种存在形式。第一是把残余势力分散部署到叙利亚、伊拉克边境的山区、洞穴、隧道等空间，打游击战，企图凭借地理优势，保存有生力量，伺机卷土重来。"伊斯兰国"武装是一支不穿军装的队伍，他们隐匿在山区和乡村，使用民用车辆移动，熟知如何规避空袭危险，因此难以彻底剿灭。第二是不断在其他国家和地区建立、扩展"伊斯兰国"分支。"伊斯兰国"在阿富汗、也门、菲律宾、利比亚、埃及、尼日利亚、莫桑比克等地不断渗透，建立了新的分支，并不断在这些国家进行恐怖活动。第三是利用难民潮等途径，渗入欧美国家，从事"独狼"式恐怖活动。种种迹象表明，"伊斯兰国"结构依旧完整，筹融资渠道依然存在，财力支持并未中断，恐怖活动并未销声匿迹，仍然能够协调发动攻势或分散作乱。"伊斯兰国"的恐怖势力就像癌细胞，不断杀死，不断滋生，不断扩散。

（二）"伊斯兰国"难以实现其目标

由于"伊斯兰国"宣扬的是极端的意识形态，其推行的是不得人心的内外政策，其存在环境的局限性，在国际社会的一致打击下，"伊斯兰国"不可能长久维持下去。它不可能也无法实现其"哈里发国"的目标。

首先，"伊斯兰国"宣扬的复古主义价值观是不合时宜的，是违背社会发展规律的。当前社会的经济发展和生存环境，与伊斯兰教的初创期和鼎盛期都有天壤之别，"回归伊斯兰"无法解决阿拉伯世界面临的问题，无法实现"伊斯兰国"的复兴梦想。指导思想的错误也就是路线的错误。极端意识形态的宣扬，使该组织根本无法找到导致伊斯兰宗教世界陷入困顿的原因，更谈不上开出治理良方。由此看来，"伊斯兰国"既不会很快被剿灭，也不可能真正成事。

其次，"伊斯兰国"推行的残暴政策是不得人心的，是违背公理的。"伊斯兰国"的宗教信条是，必须靠屠杀宗教异端分子来净化世界。"伊斯兰国"所谓的"圣战"，针对的并不只是非穆斯林人群。"伊斯兰国"经常以宗教的名义指责别人不是穆斯林，这种指责别人"叛教"并随意予以惩罚的行为伤害了许多无辜的人，造成了极其恶劣的后果。伊拉克政府军绝大多数属于什叶派，他们一旦被抓，就会被"伊斯兰国"士兵处决。"伊斯兰国"对与自己不同教派民众的处理方式是强迫其皈依逊尼派伊斯兰教，不服从的，男人将被处死，女人则沦为奴隶。"伊斯兰国"以这样野蛮的行径夺走了一条条鲜活的生命，摧毁了一个个完整的家庭。"伊斯兰国"推行的政策和所作所为是反人类的，是不人道的，是不得人心的。

"伊斯兰国"对抗的是整个文明世界，是所有的世界大国和地区大国，是除逊尼派伊斯兰教以外的所有宗教和流派。因此，"伊斯兰国"在宗教上也缺乏包括伊斯兰世界在内的广泛认同，除去政治、军事、经济等因素，其在宗教力量对比上也处于劣势。"伊斯兰国"既与世界上所有的主权国家为敌，又与几乎所有宗教为敌，还与"基地"组织势不两立。它在文明世界里是孤立的，是没有生命力的。得民心者得天下，"伊斯兰国"因为过于极端的宗教诉求和残暴严苛的政治统治，绝不可能赢得民心，赢得天下。

最后，"伊斯兰国"受其生存环境的局限。"伊斯兰国"自称"国家"，是国家就得有领土，拥有领土是"伊斯兰国"存在的必要条件。一旦去除它对领土的控制，作为国家形式的存在就被消除，那些效忠的誓言也就不再有效，"哈里发国"的宣传价值同时消散，向其迁徙及为其效劳的宗教责任和义务也将消散。在此情况下，它周边没有战略盟友，它身后没有国家级别的支持，经济上只靠抢掠而无稳定的以实业为支撑的资金来源，不可能再有更大的扩张和发展。

极端组织"伊斯兰国"确实对国际社会，特别是伊拉克、叙利亚等中东国家造成了严重威胁。但只要国际社会团结反恐，联合反恐，不针对特定宗教，放弃双重标准，放弃干涉政策，共同致力于消除贫困，消除恐怖主义滋生的土壤和根源，这种威胁乃至"伊斯兰国"本身终会被消除。

第十章　中东乱局中的黎巴嫩真主党

中东地区是全球最动荡不定的地区之一，也是全球关注的重点。在这片地区，呈现的是大国的博弈，是各种势力的较量。这其中，黎巴嫩真主党是一股新生的、不可忽视的力量，它正在中东乱局中发挥着越来越重要的作用。

一、黎巴嫩政坛的黑马

黎巴嫩真主党在其产生到发展的 30 多年时间里，影响不断扩大，实力不断增强，作用不断凸显，已经从一个边缘性组织转变成为积极、全面参与黎巴嫩政治、经济、军事、社会活动的合法政党，已经成为黎巴嫩政坛一匹十分强劲的黑马。

（一）黎巴嫩真主党的产生

真主党成立于 1982 年，是根据《古兰经》经文之意取的名。《古兰经》第五章第五十六节："谁以真主和使者，以及信士为盟友（谁是真主的党羽）；真主的党羽，确是优胜的。"

1. 真主党的前身

真主党的前身是伊朗什叶派伊玛目穆萨·萨德尔于 1974 年秘密组建的群众性组织"被剥夺者运动"。它最初只是一个非军事性的政治组织，只是什叶派进行合法斗争的一个工具。1975 年黎巴嫩内战全面爆发后，该组织以"黎巴嫩抵抗组织"的名称公开活动，并建立武装。其名称的缩写音译"阿迈勒"，正好构成阿拉伯语"希望"一词，所以又被称为"阿迈勒运动"或"希望运动"。

"阿迈勒运动"是一个带有民族主义倾向的政治组织。其初衷是通过政治斗争和武装斗争，恢复理应属于自己的被剥夺的权益。在最初的几年中，它在黎巴嫩政治中的作用并不突出，影响也很有限。20 世纪 70 年代，黎巴嫩南部地区不断受到以色列的侵扰，特别是以色列于 1978 年对黎巴嫩的入侵，迫使不少聚居在黎巴嫩南部的什叶派穆斯林离开家园。在这种情况下，当地什叶派群众迫切需要自己的组织和武装。阿迈勒组织迎合了这一愿望，被什叶派民众视为自己的政治代表和军事力量，广大什叶派穆斯林纷纷加入该组织并支持其活动。

1978 年，穆萨·萨德尔在飞往意大利的途中因飞机失事不幸身亡（也有在利比亚失踪、主动引退等说法），但黎巴嫩什叶派认为，是卡扎菲和以色列制造了萨德尔失踪事件。此后，侯赛因·侯赛尼成为继任者。1980 年，纳比哈·贝里担任"阿迈勒运动"指挥委员会主席。此人出身于商人家庭，是一个在法国受过教育的律师。他与传统的什叶派上层家族没有什么联系，也不属于穆萨·萨德尔那样的宗教人士。他能够成为"阿迈勒运动"的领袖，除个人的才能和机遇外，主要还是靠叙利亚的支持。在他的影响下，"阿迈勒运动"的宗教色彩开始减弱，其政治态度亦更接近叙利亚，这成为日后"阿迈勒运动"发生分裂的原因之一。

"阿迈勒运动"的分支机构主要在什叶派聚居的贝卡谷地、南黎巴嫩和贝鲁特郊区等地。各地方组织名义上都受指挥委员会领导，实际上又具有一定的独立性，在一些问题的看法上也存在分歧。纳比哈·贝里的真正势力范围只在贝鲁特郊区和处于叙利亚军队控制下的贝卡谷地部分地区。

"阿迈勒运动"被外界认为是黎巴嫩什叶派穆斯林的政治代表，它自己也常以什叶派社团的代言人自居。但是在宣传中，像其他国家的什叶派伊斯兰组织一样，它尽力避免宗派主义的嫌疑，以温和的世俗民族主义形象出现。它的政治纲领明确宣称："阿迈勒运动"不是一个派别主义的运动组织，也不是慈善机构和宗教的引导者，它是被剥夺者的运动组织……站在受压迫者一方，战斗直至最后。它的具体主张包括：信仰真主与先知；致力于黎巴嫩人民的革命与自由，反对政治封建主义；建立本国的、符合伊斯兰原则的经济制度；提倡爱国主义、民族主义，反对外来干涉，维护国家主权和领土完整；反对帝国主义和犹太复国主义等。在国内政策的目标是反对国家分裂，维护黎巴嫩的独立和完整，赞同多教派参与政权。同时，它认为什叶派作为国内第一大派别，长期在政治上受歧视，经济上发展落后，民众生活困苦，这一状况必须改变。正如纳比哈·贝里所说，"什叶派不要总统，但也不要一无所有"。

2. 真主党在抵抗以色列入侵的背景中产生

1982 年的黎巴嫩正处于严重的内忧外患之中，内战进入第 7 个年头，以色列大举入侵黎巴嫩，占领了黎巴嫩半壁河山，近 60 万名什叶派难民涌入首都贝鲁特南郊。这些难民没有住房，没有工作，也没有人关心，他们渴望返回自己的家园。在这种情况下，在当时伊朗精神领袖霍梅尼的一手支持下，"阿迈勒运动"内部不满该组织世俗化的部分成员联合其他什叶派伊斯兰主义者建立了真主党。真主党是一个什叶派穆斯林政党，打出的旗号是开展武装斗争，将以色列占领军赶出黎巴嫩南部，帮助难民早日返回家园。

3. 真主党是保密性极强的组织

真主党成立初期一直处于秘密状态，1984 年开始使用"真主党"的名称，1985 年发表声明宣告正式成立。真主党要求其成员严守秘密，上不告父母，下不传兄弟姐妹，甚至对妻子儿女都严守秘密。真主党对它的军事实力甚至党员人数守口如瓶，从不向外界透露。当时人们估计，真主党人数超过 5000 人，真主党游击队人数应该还要多于这个数字，但真实的数据谁也难以知晓。真主党游击队的装备，外界了解不多。真主党认为，以色列已经拥有核武器，为什么真主党不能拥有用以自卫的常规武器，真主党有权拥有任何武器和各种类型的导弹。

（二）黎巴嫩真主党的发展

建党之初，真主党只是一个由诸多什叶派伊斯兰组织构成的松散联合体。但各组织成员不仅将霍梅尼视为其宗教和政治领袖，以在黎巴嫩建立伊朗式的伊斯兰共和国为奋斗目标，而且坚持反抗以色列等国家，从而为真主党成为一个坚强有力的政党奠定了基础。

1. 真主党的领导机构

建党初期，真主党内实行的是集体领导制，党的活动主要由领导机构、政治委员会、计划委员会、协商委员会、执行机构来组织和实施。机构内以投票的方式进行决定。在这些机构中，由7人组成的协商委员会是最高领导机构。

1983 年，真主党的势力迅速由贝卡谷地向大贝鲁特和黎巴嫩南部地区扩展。1984 年，真主党多次公开发表政治宣言，并创办了官方周刊《时代》，"真主党"之名开始为外界所知。1985 年 2 月 16 日，易卜拉欣·阿明·赛义德作为真主党的官方发言人，对外宣读公开信，阐述了该党对主要问题的看法与主张。真主党开始逐步告别秘密活动，公开与外界联系。1989 年 11 月，协商委员会选举苏布赫·图法利为第一任总书记，真主党领导人第一次为外界所知。

1991 年，苏布赫·图法利因为单方面公开宣布与黎巴嫩政府对抗而被迫辞职，阿拔斯·穆萨维继任总书记。1992 年 2 月 16 日，穆萨维在以色列的空袭中被炸身亡。哈桑·纳斯鲁拉当选总书记。

哈桑·纳斯鲁拉 1960 年 8 月 30 日出生于黎巴嫩首都贝鲁特郊区的一个什叶派穆斯林家庭。16 岁时，纳斯鲁拉到中东著名的伊斯兰教什叶派圣城、伊拉克南部城市纳杰夫学习宗教。在纳杰夫，纳斯鲁拉结识了穆萨维。1978 年夏天，纳斯鲁拉回到黎巴嫩。次年，他加入了"阿迈勒运动"，担任贝卡地区的领导人。1982 年，以色列军队入侵黎巴嫩，大量什叶派穆斯林难民涌入贝鲁特南郊。难民们希望拥有自己的组织，以维护自己的权益，为自己代言。于是纳斯鲁拉脱离了"阿迈勒运动"，并和穆萨维等人一起创建了真主党。1992 年 2 月 16 日，穆萨维在黎巴嫩南部被以色列战斗机炸死。因为纳斯鲁拉与穆萨维的特殊关系，他最终成了真主党的总书记。

2. 真主党政治主张的改变

1990 年年底黎巴嫩内战结束后，局势趋于稳定。国内各种力量都面临政治重建，以恢复正常的政治生活。自 1972 年以来的首次议会大选也定于 1992 年举行。黎巴嫩各政党和教派为避免自身被边缘化，都在竭力扩大自己的影响和势力。全新的政治形势使因抵抗以色列军队而存在的真主党面临巨大挑战，似乎已无法置身于政府的权力分配之外。

1992 年，为适应形势的变化，真主党决定对原来建立伊斯兰共和国的奋斗目标进行调整，支持参加议会选举并以渐进的现实主义策略实现自身目标。2009 年 11 月，真主党宣布放弃建立伊朗式的伊斯兰国家，不再谈论真主党是伊朗势力的延伸，突出该党的黎巴嫩和阿拉伯属性，强调该党将逐步转变为防卫力量和建设国家的支柱。

内战的惨痛经历表明，任何政党都不可能把自己的政治主张强加于其他教派。而且，真主党也不能不考虑黎巴嫩教派众多的现实和民众的意愿。真主党认为，伊斯兰国家本身不是目的，只是实现正义的手段，抵抗以色列才是至上的任务和最大的正义。如果违背多数人的意志建立伊斯兰国家，不仅违背了伊斯兰教义，也破坏了正义原则。鉴于此，真主党指出，当前的任务不是建立伊斯兰国家，而是自下而上地实现社会的伊斯兰化，即伊斯兰社会优先于伊斯兰国家。这一思想转变和宗教论证理顺了理想和现实的关系，使得真主党的参政行为具有了宗教的合法性。

除此以外，真主党还明确表示，反对以暴力手段强加伊斯兰理念，尽力淡化自身的"泛伊斯兰"色彩，把自身明确定义为黎巴嫩的民族主义爱国政党，以此强调对黎巴嫩国家的认同。

3. 真主党参政

1992 年，黎巴嫩真主党参加了黎巴嫩议会选举，共获得 128 个席位中的 12 个。在 1996 年的选举中，再次获得 9 个席位。

在 2005 年 5 月底的国民议会选举中，真主党首次提出"投票是宗教义务"的口号，呼吁什叶派民众积极参与投票。最终，真主党史无前例地获得了 14 个议席。真主党的一位重要成员被任命为能源部长，真主党第一次在政府中有了发言权。

在 2009 年的议会选举中，真主党又获得 12 个席位。在随后建立的萨阿德·哈里里政府中，在总数为 30 个的内阁部长职位中，真主党获得了 3 个。

2011 年 1 月，真主党支持的纳吉布·米卡提击败萨阿德·哈里里，获得多数议员支持成为总理。在当年 6 月组建的新政府中，真主党及其联盟在内阁的职位达到 16 个，超过内阁半数，标志着真主党在政府中的权势进一步扩大。

4. 真主党关注社会福利

真主党在黎巴嫩有着深厚的群众基础，它一直以什叶派劳苦群众代言人的面貌出现，建立了一整套济贫救苦的机构和渠道。例如，协助孤儿和烈士家属的"烈士协会"，帮助受伤战士就业和养老的"受伤者协会"，以及"建筑协会""伊斯兰健康机构""无息贷款协会""伊斯兰慈善援助协会""伊斯兰教育协会"等。他们对民众生活的关心并不亚于黎巴嫩政府。真主党积极创办慈善事业、发展教育、进行医疗和文化宣传，兴办了医院、诊所和学校。位于贝鲁特国际机场附近的"烈士学校"，是黎巴嫩全国最好的学校之一。该校拥有约 1000 名学生，其中 1/4 的学生是真主党牺牲者的孩子。

此外，真主党还拥有自己的《时代》报，建有自己的"光明"广播电台和"灯塔"电视台。这家电视台在黎巴嫩全国电视收视率排名中跃升至第 3 位。真主党的势力不断壮大，它不仅是一个军事组织，而且逐渐成为黎巴嫩政坛上一支不可忽视的重要力量，是黎巴嫩政坛的一匹黑马。

二、抗击以色列的斗士

黎巴嫩真主党是在反对以色列的斗争中建立和壮大起来的，对抗以色列是黎巴嫩真主党产生的重要原因。自建党以来，真主党一直坚持武装抵抗以色列对黎巴嫩的侵略和占领，支持巴勒斯坦人民，特别是哈马斯的武装斗争。1990 年黎巴嫩内战结束后，真主党是黎巴嫩唯一仍保留武装力量的政治组织，已成为阿拉伯民众心目中抗击以色列的英勇斗士。

（一）黎巴嫩真主党的抗以立场

真主党是作为反对以色列的抵抗组织出现的，是以打击以色列为核心任务的武装组织。1982 年，在以色列大规模入侵陷入内战的黎巴嫩的背景下，真主党在叙利亚的协助和伊朗的直接支持下秘密成立。可以说，以色列对黎巴嫩采取的军事行动是促使真主党诞生和发展壮大的最重要的外部因素。

1. 以抗击以色列为使命

长期以来，真主党自视为"伊斯兰抵抗组织"，把解放被以色列占领的土地作为自己的首要任务，把抗击以色列作为高于一切的使命。真主党认为，以色列占领巴勒斯坦土地是不合法的，只有通过圣战才能解决这一问题。甚至认为"以色列对包括黎巴嫩在内的整个地区的人们构成危险，消灭以色列符合所有阿拉伯国家的利益"。[1] 1990 年黎巴嫩内战结束后，各派别根据政府的决定，解除了各自的武装，但真主党以抗击以色列为由，没有上缴武器。

2. 主张通过武装斗争收复被占领土

在中东和谈问题上，真主党持坚决反对的立场，认为解决阿以冲突的唯

1　见《试析哈马斯、真主党、"基地"组织的异同》，陈天社、彭超著，载于《西亚非洲》，2015 年第 1 期。

一出路就是消灭以色列。因此，真主党的宗旨是通过武装斗争收复被以色列占领的土地。纳斯鲁拉认为，反抗敌人的手段和方式可以多种多样，但在以色列占领伊斯兰土地和美国袒护以色列的情况下，暴力反抗具有首要和不可替代的意义。他声称，即使圣战的壮举是以卵击石，也要毅然决然地与敌人同归于尽。

鉴于真主党强硬的反以立场，以色列也把真主党看作是眼中钉。对当了许多年真主党总书记的纳斯鲁拉，以色列一直想早日除而后快。在以色列军队的一次军事演习中，有 5 名特工因事故丧生，演习流产。美国媒体透露，这是一次以纳斯鲁拉为假想目标的行刺演习，如果成功，就要付诸实施。计划的具体内容就是根据事先取得的情报，出动由精干特工组成的特遣队对纳斯鲁拉进行"定点清除"。

2003 年 8 月 22 日，以色列一家报纸刊登了一则"扑克牌通缉令"。在这则"扑克牌通缉令"中，阿拉法特是"大王"，纳斯鲁拉则是"小王"。纳斯鲁拉的排名如此靠前，足见以色列对他是恨之入骨。

3. 支持巴勒斯坦人民反抗以色列的斗争

真主党自建立以来，始终支持巴勒斯坦人民反抗以色列的斗争，明确表示真主党将永远站在巴勒斯坦人民和抵抗运动一边，将毫不吝啬地向巴勒斯坦抵抗组织提供一切力所能及的支持。真主党多次呼吁阿拉伯国家采取行动，打破以色列对巴勒斯坦人民，特别是对加沙地区的封锁，向加沙的巴勒斯坦抵抗组织提供资金、政治、道义甚至是军事上的支持。

由于共同的反以、抗以立场，真主党和哈马斯关系十分密切，真主党与哈马斯有着共同的命运。他们的战斗是为了同一目标：通过武装斗争，解放阿拉伯世界被占领土，帮助难民早日返回家园。哈马斯和黎巴嫩真主党武装互为盟友，在许多反对和抗击以色列的活动中相互支援，密切配合，共同对敌。

在黎巴嫩，真主党是什叶派穆斯林的利益代表，受到绝大多数什叶派穆斯林民众的支持，特别是在贝鲁特南郊和南黎巴嫩地区，真主党有着深厚的民众基础。真主党在以色列入侵的十多年中，坚持抗战，流血牺牲，赢得了大多数阿拉伯民众的称赞和敬佩。在整个阿拉伯世界，真主党是少有的、高举伊斯兰旗帜的、敢于同受美国支持的以色列军队进行对抗的地方武装。真主党反抗以色列侵略和保护民众的政治纲领，代表了阿拉伯世界的普遍民意，赢得了广泛的理解、同情和支持。

（二）黎巴嫩真主党的抗以行动

黎巴嫩南部与以色列北部接壤。1978 年 3 月，以色列入侵黎巴嫩南部打击巴勒斯坦解放组织武装。1982 年 6 月，以色列再次以打击巴勒斯坦解放组织为由大规模入侵黎巴嫩。真主党在抗击以色列的战斗中发挥了无可替代的作用。

1. 从不放弃对以色列的抗击

真主党一诞生就投身到抗击以色列的战斗中，并且取得了很大的成果。鉴于双方力量的悬殊，在武装对抗以色列的战争中，真主党大量使用自杀性袭击手法，给以军带来巨大的压力，最终迫使以色列于 1983 年 11 月 23 日释放了囚禁在安萨尔拘留营的 4500 多名黎巴嫩人和巴勒斯坦人，并加快了以军从所占黎巴嫩领土撤退的步伐。同时，真主党还借此赢得了黎巴嫩民众的支持，尤其是什叶派穆斯林对其抵抗方式的认同，进而扩大了自己的影响。

1985 年，以色列以保卫北部加利利地区为由在黎巴嫩南部建立了 850 平方公里的"安全区"，驻扎了千余人的部队，并扶植 3000 名黎巴嫩基督徒组成亲以色列的"南黎巴嫩军"。以色列在黎巴嫩南部建立所谓的"安全区"，派驻军队、并扶植"南黎巴嫩军"，原指望借此保障其北部边境的安全。但"安全区"设立之后，真主党武装与以色列的冲突一直没有停止。1991 年马德里中东和会后，真主党没有放弃武装斗争，而是继续袭击以色列扶植的"南黎巴嫩军"和以色列境内目标。

因此，以色列一直视黎巴嫩真主党为"恐怖组织"，并将其作为重点打击对象，多次袭击真主党基地。1992 年 2 月，真主党总书记穆萨维就是在以色列的空袭中被炸身亡的。

2. 在以色列面前从不示弱

1996 年 3 月 30 日，两名在黎巴嫩雅法尔水站工作的工人被以军发射的导弹炸死，真主党闻讯立即向以色列北部发射了 20 枚火箭弹。同年 4 月 9 日，以军埋在路边的一枚炸弹炸死了一个 14 岁的黎巴嫩男孩，炸伤另外 3 人，真主党再次向以色列北部发射了 30 枚火箭弹。

以色列总理西蒙·佩雷斯下令在 1996 年 4 月 11 日发起代号为"愤怒葡萄战役"的军事行动，这次行动持续 16 天，以军发动了 1100 次空袭，投下了 25,132 枚炸弹，造成至少 150 多名黎巴嫩平民死亡，30 万至 50 万黎巴嫩平民被迫逃离家园。真主党也向以色列发射了大约 639 枚火箭弹，造成 62 名以色列平民受伤。4 月 18 日以军炮击一个名叫加纳的黎巴嫩村庄，造成 106 名黎巴嫩平民丧生，4 名联合国临时部队成员受伤。在美国和有关国家的调解下，真主党与以色列于 4 月 26 日达成停火协议，结束了这场伤亡惨重的冲突。

3. 为收复黎巴嫩南部做出了贡献

真主党对以色列的顽强抵抗，确实让以色列付出了沉重的代价。以色列政界和民众越来越认识到，占领黎巴嫩南部不仅没有给以色列带来安全，反而让以色列承担了许多额外负担。2000 年 5 月，面对来自黎巴嫩真主党日益频繁的袭击，以及国内民众和国际社会的压力，以色列巴拉克政府不得不从黎巴嫩南部撤军。几乎是在一夜之间，以军全部撤出"安全区"，退回到公认的两国边界线之外。真主党则乘胜前进，抢占了以军和"南黎巴嫩军"留下的地盘，直接在黎巴嫩边界与以军对垒。真主党由此被黎巴嫩民众视为民族解放的中流砥柱，而纳斯鲁拉理所当然地被冠以"民族英雄"的称号。

对于真主党以游击战为主的抵抗手段，以军始终找不出应对的有效措施。1993 年和 1996 年，以军先后发动大规模空袭，企图促使黎巴嫩人民放弃对真主党的支持，但结果是，各教派民众在反对以色列这一问题上更加紧密地团结在了真主党周围。以色列最终被迫从黎巴嫩南部撤军，这意味着真主党打破了以军不可战胜的神话。

真主党虽属什叶派组织，但其解放领土的任务却超越了教派界限，触动了民族情感，是绝大多数黎巴嫩民众关注和支持的对象。正是靠着反以抵抗活动，靠着游击战、伏击战、心理战和自杀式袭击等多种方式的综合运用，真主党不仅给以军造成了巨大的压力，而且让其遭受了惨重的损失。真主党成为20世纪90年代阿拉伯世界抗击以色列的绝对主力。

以色列2000年5月撤出黎巴嫩南部后，真主党游击队迅速填补了以军留下的真空，在以色列的北部边境附近做了部署，并不时对以色列仍占领的萨巴阿农场的以军阵地发动袭击。纳斯鲁拉说："到目前为止，真主党的袭击行动仍局限于萨巴阿农场，这是为了收复我们的失地，而且我们的袭击行动也是有限的，在黎以边界的其他地段还是相对平静的，但我们不会对以色列边界安全做出任何承诺。如果以色列继续入侵黎巴嫩，真主党将奋起抵抗，保卫自己的国家；如果巴以战火扩大到整个地区，真主党决不袖手旁观，而是同巴勒斯坦人民一道反抗以色列的侵略。"[1] 他暗示："到时候真主党的袭击行动就不会停留在萨巴阿农场。"[2]

4. 配合巴勒斯坦人民的反以斗争

2006年7月12日，正当以军飞机、坦克大举开进加沙，继续实施"夏雨行动"，营救被绑士兵沙利特时，为了转移以军的注意力，真主党向以色列边境城镇发射了火箭弹，然后对在以色列边境巡逻的两辆悍马装甲车发射了反坦克导弹。两辆悍马装甲车中共有7名以色列士兵，其中2人受伤，3人死亡，

1　见《威震中东的神秘之旅——黎巴嫩真主党》，载于搜狐网，http://news.sohu.com，2002年8月13日。

2　同上。

另外 2 人被绑架到黎巴嫩。在以军以失败告终的一次营救行动中，另有 5 名以色列士兵死亡。在黎巴嫩遭受以色列的空袭和地面部队的进攻后，真主党向以色列北部发射了 3970 枚火箭弹，大部分都是向城区发射的，致使近 160 名以色列人丧生。被绑架的 2 名以色列士兵（戈德瓦瑟和雷格夫）被关押了 2 年，期间没有任何关于他们的消息。直到 2008 年 7 月 16 日，真主党归还了他们的遗体以换取活着的真主党战俘。

2016 年 2 月 16 日，真主党领袖哈桑·纳斯鲁拉表示，真主党有能力阻止以色列发动第三次黎巴嫩战争。他说："我们不会退却、投降或者削弱自己的力量。我们会继续拥有质量、数量和物质上的能力。"[1]真主党的言论和行动证明，这个靠抗击以色列起家的组织，一定会将反以抗以这面大旗高举下去，真主党将依然是阿拉伯世界抵抗以色列的不可替代的坚强斗士。

三、什叶派联盟的重要成员

早在 2004 年年末，约旦国王阿卜杜拉曾有一个著名的表述，将伊朗、叙利亚和真主党未来可能建立的联盟称为"什叶派新月"。而后，这个趋势逐渐明朗：伊朗、叙利亚、真主党、伊拉克的一些什叶派派别已经组成了一个反以色列、反西方的联盟，"什叶派新月"正在升起。

（一）黎巴嫩真主党与叙利亚政府的关系

叙利亚一贯强调它与黎巴嫩的特殊关系，一直介入黎巴嫩事务，欲置其于自己的影响之下。黎巴嫩真主党与叙利亚政府的紧密联系正是这种特殊关系的具体体现。

---

1 见《黎巴嫩真主党称能打败以色列 可致数万人丧生》，王宾著，载于中国新闻网，http://www.chinanews.com，2016 年 2 月 26 日。

1. 历史渊源下的一体情节

叙利亚是黎巴嫩东部邻国，两国关系渊源已久。在奥斯曼帝国统治中东的 400 多年里，黎巴嫩多数地区归属叙利亚大马士革省管辖。第一次世界大战结束后，法国获得了对叙利亚（包括黎巴嫩）的委任统治权。法国人对叙利亚实行"分而治之"的统治策略，将原本属于叙利亚的的黎波里、贝卡谷地、赛达、苏尔等地并入黎巴嫩。正是在法国人的支持下，黎巴嫩在政治上与叙利亚越离越远，最终在 1943 年宣布独立。随后，叙利亚在 1944 年宣布独立。

但在许多叙利亚人的心目中，黎巴嫩曾经隶属于叙利亚，两国拥有许多共同的政治经济和社会文化利益，在黎巴嫩内政外交问题上叙利亚应当拥有发言权。也许正是这种思想的作用，1976 年 6 月当黎巴嫩总统呼吁叙利亚出兵制止黎巴嫩内战时，阿萨德总统迅速派出叙利亚军队占领了黎巴嫩的的黎波里、贝卡谷地等战略要地。在当年 10 月召开的阿拉伯国家首脑会议上，阿拉伯领袖们不仅没有批评叙利亚的干涉行动，而且授权叙利亚在黎巴嫩保持一支 3.5 万人的驻军，作为"阿拉伯威慑部队"的主干部分。叙利亚军队确实阻止了黎巴嫩战火的蔓延，摆平了黎巴嫩各派之间的复杂关系，但同时也加深了黎巴嫩对叙利亚的依赖感。

2. 宗教背景下的利益关系

叙利亚阿萨德政权与黎巴嫩真主党同属伊斯兰教什叶派，有意识形态和利益联系。叙利亚长期在黎巴嫩驻扎着大量军队，在很大程度上控制着其内政外交，追求自身的利益。为了收回被以色列占领的戈兰高地，一方面，叙利亚迫使黎巴嫩政府同意真主党继续持有武器，打击以军；另一方面，叙利亚又促使真主党放弃反对黎巴嫩政府，成为"忠诚的反对派"。这意味着双方都承认了对方的合法性，真主党不再试图推翻政府，而黎巴嫩政府也不反对真主党成为内战结束后国内唯一的武装组织。

3. 挺身而出捍卫巴沙尔政权

2013 年 5 月 25 日晚，黎巴嫩真主党总书记纳斯鲁拉在东部贝卡谷地真主党举行的纪念"抵抗和解放日"的群众集会上，通过大屏幕发表讲话。他指出，当前黎巴嫩面临诸多挑战和危险，而主要的危险有两个：一是以色列及其侵略野心和计划，二是叙利亚发生的暴力冲突。"叙利亚发生的一切对黎巴嫩的现在和未来至关重要。"[1] 纳斯鲁拉发出警告称，倘若叙利亚政府倒台，将会给极端分子可乘之机，整个中东地区也会因此陷入可怕的"黑暗时期"。他还表示，真主党绝对不会袖手旁观，其成员已经在叙利亚境内协助叙利亚政府军打击那些对黎巴嫩构成威胁的伊斯兰极端分子。他保证，真主党绝对不会允许叙黎边境地区落入叙利亚极端分子的掌控之中。

这是纳斯鲁拉首次公开证实真主党派兵前往叙利亚参战。一直以来，一些西方国家宣称，伊朗和黎巴嫩真主党秘密派兵进驻叙利亚，帮助政府军打击反对派武装，而真主党为此饱受指责。

在当天的讲话中，纳斯鲁拉将派兵前往叙利亚的行为称为"一场更广泛的反以战争的组成部分"，"假如叙利亚政府被推翻，叙利亚就会落入美国和以色列的手中，那时，我们的国家、我们的人民都会面临灾难。"[2]

2015 年 5 月 5 日，黎巴嫩《消息报》援引纳斯鲁拉在与当时的黎巴嫩基督教变化与改革集团领导人米歇尔·奥恩将军会晤时的话指出，叙利亚总统巴沙尔倒台就意味着真主党倒台。纳斯鲁拉对奥恩说，真主党已意识到所面临的威胁，真主党的"头颅"已处于风口浪尖上，叙利亚总统巴沙尔及其政权决不能倒台，因为巴沙尔倒台就意味着真主党倒台和抵抗轴心垮台。纳斯鲁拉说，叙利亚政权和反对派之间的战事就像来回摆动的钟摆，输赢轮流转，但巴沙尔决不能倒台。

1　见《真主党称已派兵参加叙内战 力挺叙利亚政府》，载于网易军事网，http://war.163.com，2013 年 5 月 27 日。

2　同上。

纳斯鲁拉指出，收复对整个叙利亚的控制权是不可能的，但最严重的后果是，叙利亚的区域划分成为另一个伊拉克。在叙利亚战争中，真主党别无选择，也决不退却，战斗将是长期的，决不会结束。

黎巴嫩真主党派武装人员到叙利亚与政府军一道打击叙利亚反政府武装，充分显示出黎巴嫩真主党与巴沙尔政府的特殊关系。

2015年5月26日，据参考消息网报道，黎巴嫩什叶派真主党领导人哈桑·纳斯鲁拉24日首次承认，真主党在叙利亚各地与叛军和逊尼派圣战组织"伊斯兰国"作战。他认为，"伊斯兰国"代表着一种"存在的威胁"，需要各方神圣的团结。

纳斯鲁拉在黎巴嫩南部城市纳巴提亚举行的纪念以色列撤出黎巴嫩的集会上，通过大屏幕发表讲话说："我们在叙利亚的战斗经过了好几个阶段。现如今，我们与我们的叙利亚兄弟、政府军、叙利亚人民以及人民抵抗运动一起，在大马士革、阿勒颇、代尔祖尔、古赛尔、哈萨卡和伊德利布等地并肩作战。"[1]

4. 既投桃报李又展示自己

真主党领导人纳斯鲁拉公开承认，真主党参加叙利亚战斗，就是向外界传递这样一个信息：真主党不可能在叙利亚问题上坐视不管，他们不是什么"恐怖组织"，而是一个有正义感、负责任的组织。真主党派兵到叙利亚，不但能提升真主党在国际上的声望，展示实力，而且有利于真主党成员紧紧地团结在一起，坚决抵抗外来侵略。

真主党能派兵到叙利亚与政府军共同作战，不仅"很讲义气"，而且也是出于自身建设的考虑。真主党能够立足并壮大到如此程度，与叙利亚巴沙尔政府的"付出"密切相关。有分析指出，如果巴沙尔政府在西方各国的干预下被反对派赶下台，那么同样属于什叶派的真主党也会遭到"灭顶之灾"，很快

1　见《外媒称真主党首次承认：其军队在叙利亚全境作战》，载于参考消息网，http://www.cankaoxiaoxi.com，2015年5月26日。

就会被以色列等国消灭掉。真主党与巴沙尔政府在某种程度上就是"唇齿关系"。对真主党而言，帮助巴沙尔政府抵抗反政府武装就是在帮助自己，巩固自己的地位。对巴沙尔政府军来说，真主党派兵到叙利亚帮助政府军作战，虽然不能在决胜方面起到多大作用，但却是心理上的莫大鼓舞和振奋，能进一步激发和调动官兵的士气，提升战斗力。

黎巴嫩真主党到叙利亚帮助巴沙尔政府抵抗反政府武装，打击"伊斯兰国"，招致这些组织的不满和报复。2015年11月12日，黎巴嫩首都贝鲁特一个真主党控制区遭炸弹袭击，200多人伤亡，为近两年来黎巴嫩最严重的暴力袭击事件。极端组织"伊斯兰国"宣布对该事件负责。

2013年和2014年，黎巴嫩也曾多次发生暴力袭击事件，多数为报复真主党支持巴沙尔政府。最血腥的一次袭击发生在2013年，导致27人死亡。

（二）黎巴嫩真主党与伊朗的关系

真主党的建立与崛起有其深刻复杂的背景，其中，非阿拉伯的伊斯兰国家——伊朗的作用举足轻重。伊朗和黎巴嫩什叶派有很深的历史渊源。黎巴嫩是除伊朗、伊拉克之外什叶派穆斯林人口最多的国家，其信徒常去伊朗的什叶派圣地朝觐。黎巴嫩虽然是个小国，却是各种宗教、文化、政治斗争的汇合点，其国内的政治纷争，为外部势力的干预创造了条件。

1. 伊朗输出伊斯兰革命的直接结果

真主党与伊朗的关系十分密切。真主党的诞生就是20世纪80年代初期伊朗输出伊斯兰革命的直接结果。真主党的发展壮大，一直得到伊朗的全面支持。在黎巴嫩南部真主党的主要活动地区，霍梅尼的画像和伊朗国旗随处可见，展示着伊朗对真主党的影响力。

伊朗与黎巴嫩并不接壤，伊朗人也不属于阿拉伯民族，但自伊朗伊斯兰革命成功以后，黎巴嫩与伊朗关系便非同一般。1979年成功的伊朗伊斯兰革命，推翻了巴列维王朝的统治，建立了伊朗伊斯兰共和国，确立了什叶派神职人员在伊朗的统治地位。这对于黎巴嫩什叶派是一种莫大的鼓励。一些亲伊朗的黎巴嫩什叶派激进组织相继出现，如"伊斯兰圣战""被剥夺者运动""革命正义组织"等。1982年以色列入侵黎巴嫩后，这些组织在伊朗的支持下逐渐联合起来，1985年正式以"真主党"的名称亮相。

2. 在伊朗的指导帮助下发展壮大

真主党毫不讳言服从伊朗革命领袖霍梅尼的领导与指令，霍梅尼的宗教思想和政治理念对真主党影响极大，真主党的宣传材料尽是霍梅尼语录。伊朗与真主党有意识形态和利益上的联系。伊朗是以什叶派为主的国家，真主党为什叶派武装政党，由于这种渊源，真主党成立以来就受到伊朗的大力援助。伊朗为真主党训练士兵，提供政治、军事和财政支持。真主党甚至把伊朗作为"伊斯兰运动"的根据地。正是在伊朗的鼎力扶植下，真主党才得以从黎巴嫩众多派别中迅速脱颖而出，成为黎巴嫩国内令人生畏的一支后起力量。

1988年，两伊战争结束。次年，霍梅尼逝世，哈梅内伊继任领袖职位，务实派代表拉夫桑贾尼当选总统。随之，伊朗外交的意识形态色彩大幅度淡化，利益成为外交政策形成的基准。为了实现在黎巴嫩对外交往的多元化，伊朗力促真主党参加议会选举，改善与其他政治派别的关系。从而使黎巴嫩真主党的政治地位得到了进一步提升。

3. 真主党是伊朗对抗以色列的第一道防线

如果真主党仅仅满足于黎巴嫩国内事务，那么它是不可能得到伊朗大力支持的。事实上，真主党之所以能够生存并不断发展壮大，秘诀就在于：高举反对和抵抗以色列占领的旗帜。以色列与许多中东国家关系紧张，尤其是与伊朗和叙利亚。伊朗自霍梅尼时代就一直不承认以色列在中东存在的合法性。伊朗前总统艾哈迈德·内贾德曾多次扬言，要将以色列从中东地图上抹掉。以色列担心伊朗核技术的发展，害怕伊朗拥有核武器，多次呼吁美国从军事上打击伊朗。在这种情况下，伊朗多年来一直支持真主党，自然有其战略上的考虑，伊朗革命卫队前司令公开说过："真主党是伊朗的第一道防线"。[1]

真主党对伊朗的支持"感恩图报"，经常在边界地区与以色列军队相对抗。2006 年 7 月 12 日，真主党与以色列的冲突就是典型的例子。真主党之所以选择在 7 月 12 日向以色列发动袭击，就是因为这一天，预定在巴黎召开联合国安理会五个常任理事国加德国的外长会议，商量是否将伊朗核问题重新提交给联合国讨论，以便决定是否对伊朗实施国际制裁。阿拉伯媒体认为，真主党是在为伊朗而战，目的在于通过制造中东危机，警告欧美不要在核问题上抓住伊朗不放。正是考虑到真主党挑衅以色列的动机不纯，沙特、埃及和约旦等阿拉伯国家指责真主党的行为是"不计后果的冒险"，强调真主党"应该为这种不负责任的行为承担全部责任"。

长期以来，伊朗一直把黎巴嫩真主党看作是伊朗战略安全的基础，是伊朗抵御以色列的第一道防线，因此，伊朗不可能同意解除真主党的武装，而是要加强它的实力和地位。

4. 伊朗是真主党的坚强后盾

参考消息网站于 2016 年 12 月 5 日报道，伊朗正使用商用飞机向黎巴嫩真主党武装运输武器。据以色列发现并紧急告知联合国安理会成员国的情报显示，伊朗一直在利用马汉航空公司的飞机将大量武器运输到黎巴嫩，然后交给真主党并用于对抗以色列。伊朗飞机输送给真主党的装备包括武器、弹药和导弹技术。由以色列提供的情报同时显示，真主党目前在黎巴嫩藏匿约 1.2 万枚导弹。该数字超过真主党 10 年前拥有导弹数量的 17 倍。

另外，以色列情报部门也不排除伊朗革命卫队直接派专家帮助真主党组建兵工厂的可能性。毕竟随着国际社会日益关注黎巴嫩局势，外界向真主党提

1　见《黎巴嫩政局动荡不安　主权国家难主宰命运》，载于国际在线网，http://news.cri.cn，2006 年 8 月 18 日。

供武器的渠道将变得狭窄。伊朗正在试图让真主党有能力自己生产一些所需要的武器。

四、沙特和美国认定的恐怖组织

由于黎巴嫩真主党有明显的"伊朗背景"，沙特与伊朗之间复杂的地缘和宗教矛盾，美国和伊朗存在多年的敌对关系，真主党在叙利亚内战中的深度介入等，沙特等海湾国家和美国等西方国家都把黎巴嫩真主党认定为恐怖组织。

（一）沙特等国家眼中的黎巴嫩真主党

鉴于宗教和历史的原因，中东地区的逊尼派领导人不愿意看到什叶派势力的崛起，尤其是在什叶派政治力量掌握伊拉克政局以后。由于受到伊朗因素的影响，以沙特为首的一些阿拉伯国家对真主党心存戒备。1979年伊朗伊斯兰革命后，伊朗大力输出伊斯兰革命，鼓励阿拉伯国家的什叶派参与权力分配，矛头直指海湾国家的王室统治，造成了海湾君主制国家统治阶层的恐慌。同时，阿拉伯国家与伊朗在领土、地区主导权上的争端也常令双方关系陷入冷淡。沙特、约旦曾多次表示，无法容忍在中东地区出现一个什叶派新月地带。

1. 认为真主党袭击以色列是不负责任

真主党袭击以色列的一系列行动在沙特招来了猛烈的批评。沙特媒体对真主党贬多褒少，认为真主党袭击以色列的行动是"不负责任的"，是在进行不计后果的冒险行动，真主党应该对地区局势恶化负责。沙特外交大臣费萨尔直言不讳地说："这些不吸取教训的单方面行动已经危害了整个中东局势，导致阿拉伯民族发生又一个悲剧，也导致阿拉伯世界不断丧权失地。"[1]

1　见《阿拉伯人怎么看真主党》，载于《环球时报》，2006年7月27日。

沙特王室一直对什叶派的真主党持谨慎态度，这不仅是因为沙特是逊尼派国家，更是因为沙特是美国在中东的温和盟友。沙特既不希望看到在黎巴嫩出现一个伊朗式的政权，也不希望失去对黎巴嫩事务的影响力。一位沙特银行家谈道："真主党毫无疑问犯了错误，把全体黎巴嫩人都拖入了一场巨大的灾难。这完全是为了一党私利而牺牲全体民众的利益。"[1]

2. 认为真主党支持叙利亚政府会对海湾国家构成威胁

黎巴嫩真主党高调介入叙利亚战事，为叙利亚政府军提供武装支持，让公开支持叙利亚反对派的海湾国家感到巨大的威胁，正是在这样的背景下，海湾国家开始考虑对其采取措施，试图通过抑制真主党武装的扩张，为叙反对派武装提供支持。

事实上，海湾国家准备对黎巴嫩真主党"下重手"的背后，还存在更深层次的原因，那就是这些逊尼派势力占统治地位的国家不希望看到什叶派势力在地区做强做大。它们原本对伊朗在核开发计划上的决心以及在扶植地区什叶派势力、干预地区事务等方面所表现出的强硬就一直心存顾忌，对作为伊朗在中东地区盟友的叙利亚巴沙尔政权也缺乏信任，这也是以沙特、卡塔尔为首的海湾国家在叙利亚危机中公开支持叙利亚反对派，极力主张推翻巴沙尔政权的重要原因。真主党为叙利亚政府提供军事援助，与巴沙尔政权并肩作战，打击叙利亚反政府武装，深深地激怒了这些海湾国家。

3. 将真主党定性为恐怖组织

2016年3月2日，由沙特、阿联酋、科威特、卡塔尔、阿曼、巴林六国组成的海合会将黎巴嫩真主党定性为恐怖组织。海合会秘书长扎耶尼指控这一什叶派组织从事针对成员国的"敌对行为"。扎耶尼对真主党的指控包括：在海湾国家招募年轻人，从事"恐怖袭击、贩卖军火、煽动叛乱并鼓动混乱和暴

---

1 见《阿拉伯人怎么看真主党》，载于《环球时报》，2006年7月27日。

力"活动。

他说，海合会由此做出决定："将真主党武装、其所有领导人、下属团体及关联团体列为恐怖组织。"[1]

海合会做出的决定是沙特及其盟友为对抗真主党在黎巴嫩的影响力而实施的措施。沙特、巴林和阿联酋都已先后警告各自国民，不要前往黎巴嫩旅行。

2016 年 2 月，沙特终止了对黎巴嫩政府 30 亿美元的军事援助项目，理由是该国政府未能对沙特驻伊朗外交设施遇袭一事进行谴责。当时，抗议沙特处决知名什叶派教士尼米尔的伊朗民众冲击了沙特使馆并纵火。

阿盟也明确反对真主党参加叙利亚内战。阿盟前任秘书长纳比勒·阿拉比也曾敦促真主党停止参与在叙利亚的内战，敦促真主党领导人重新考虑他们的立场，切勿卷入叙利亚的杀戮，强调保护黎巴嫩唯一的办法就是保护黎巴嫩内部的团结。

（二）美国等西方国家眼中的黎巴嫩真主党

西方国家对真主党的发展势头似乎更为担忧。他们认为，真主党已经成功地提升了它在这一地区的地位，与伊朗、叙利亚、哈马斯一道成为以色列所说的"恐怖主义轴心"；真主党的挑衅既让以色列感到惊恐，也让逊尼派阿拉伯国家感到不安；从中东的冲突中可以看出，什叶派占主导的伊朗一心要把自己的影响投射到阿拉伯世界的核心地带。

1. 美国、以色列等视真主党为恐怖组织

美国和以色列早已把真主党列为恐怖主义组织，并一直向欧盟施压，希望欧盟效法。2013 年 5 月，英国也以真主党卷入叙利亚冲突为由，要求欧盟把真主党列入恐怖主义组织黑名单。

---

1 见《黎巴嫩真主党被海合会国家贴上"恐怖"标签》，载于界面网，http://www.jiemian.com，2016 年 3 月 4 日。

真主党的合法存在不仅被本国政府认可,还被很多阿拉伯国家承认。然而,西方国家包括美国、加拿大、澳大利亚、英国、法国、荷兰等认为,真主党是一个恐怖组织。

2. 欧盟视真主党军事组织为恐怖组织

在美国和以色列的游说下,一向被前两者视为眼中钉的黎巴嫩真主党,终于登上了欧盟的"黑名单"。2013 年 7 月 22 日,代表 28 个成员国的欧盟外长在欧盟总部布鲁塞尔举行会议,正式决定将真主党军事组织列为恐怖主义组织。这意味着欧盟将对某些真主党成员实施旅行禁令并冻结真主党相关资产。欧盟对外宣称,把真主党军事组织列为恐怖组织的原因是:2012 年 7 月,保加利亚发生汽车炸弹袭击事件,造成 5 名以色列人丧生,真主党武装人员涉嫌卷入这一恐怖袭击事件。实际上,此时此刻欧盟做出这样的决定,就是为了逼迫真主党在叙利亚问题上收手。

但是,欧盟对待真主党的态度与美国还是有细微差别的。欧盟只是将"真主党军事组织"列入恐怖组织的黑名单。美国、以色列等国家则认为整个"真主党"就是一个恐怖组织。从这种差异中可以看出,欧盟对真主党及黎巴嫩政府的态度并非完全追随美国。欧盟把真主党武装力量列为恐怖组织后,黎巴嫩政府的反应也并不是特别强烈。这在一定程度上说明,黎巴嫩政府和欧盟均不希望此事使双方关系恶化。

欧盟与地中海文明有很深的渊源。时至今日,欧盟依然重视像黎巴嫩这样的地中海沿岸国家,尤其是法国极力主张欧盟向南边的地中海扩展,以巩固其"后院"。在法国有很多黎巴嫩的后裔,一旦欧盟视真主党为恐怖组织,可能会引起法国黎巴嫩后裔的反感,甚至是抗议。欧盟需要黎巴嫩的稳定,否则冲突会导致难民、恐怖主义、非法移民等问题的进一步加剧,进而影响到欧盟自身的安全和利益。

3. 西方对真主党帮助叙利亚政府强烈不满

西方国家陆续对黎巴嫩政府及真主党施压，目的是想切断叙利亚巴沙尔政府的外援渠道。同属阿拉伯世界的黎巴嫩与叙利亚在历史上曾为一个国家，相同的历史和文化背景使两国关系十分密切。20 世纪 40 年代，叙利亚和黎巴嫩先后独立，叙利亚仍然视黎巴嫩为自己的属地，不承认其独立，以至于两国直到 2008 年才建立正常的外交关系。叙利亚局势动荡以来，真主党公开宣布支持叙利亚政府军，纳斯鲁拉多次发誓将做出一切牺牲，帮助叙利亚政府军取得胜利。欧盟认为黎巴嫩真主党武装的行为支持了叙利亚政府军，间接地导致了叙利亚冲突局势的紧张状态。这是欧盟痛下决心将真主党武装组织列为恐怖组织的主要外部考虑。

叙利亚危机爆发以后，反对派力量不断壮大，占领了不少战略要地。"伊斯兰国"更是将叙利亚的拉卡作为大本营，在叙利亚占领了不少地盘。叙利亚政府军则一度处于劣势。但自 2013 年开始，真主党打着"保护叙利亚什叶派宗教圣地"和"保护在叙利亚的黎巴嫩什叶派穆斯林"的旗号，公开派出武装人员参与叙利亚内战。

真主党武装训练有素，战斗力不亚于正规部队。在真主党的鼎力协助下，叙利亚政府军在战场上不断取得胜利，相继收复了一些战略要地，战场力量对比正朝着有利于叙利亚政府军的方向变化。这是美国等西方国家不愿看到的。虽然已有西方国家公开宣布向叙利亚反对派提供武器和军事装备，但收效甚微。欧盟企图通过把真主党军事组织列入恐怖主义组织迫使真主党从叙利亚撤出武装人员，削弱叙利亚政府军整体实力，以改变叙利亚战场的力量对比情况。同时欧盟希望，把真主党武装列为恐怖组织后，也能将真主党排除在黎巴嫩新政府之外。

随着美国、以色列和欧盟先后把真主党列入恐怖主义组织名单，真主党在国内面临的压力会越来越大，在国际上的活动空间会越来越小。尽管如此，一直以坚定反美、反以著称的真主党有伊朗和叙利亚的大力支持，有众多国内外支持者撑腰，就不会因为被列为恐怖主义组织而屈从于西方世界的压力，改变对叙利亚问题的立场。

五、黎巴嫩真主党面临的挑战与发展前景

在错综复杂的中东乱局中产生和发展起来的黎巴嫩真主党，必将面临各种各样的压力和挑战，其发展前景一时还难以预料，但黎巴嫩真主党将会存在下去，将会继续发挥它的独特作用。

（一）黎巴嫩真主党面临的挑战

首先，真主党是黎巴嫩唯一仍保留武装力量的政治组织，拿着枪杆子参政毕竟不符合现代国家的模式，被认为是黎巴嫩政府在全国范围内有效行使权力的一个掣肘因素。黎巴嫩政府一方面认为，政府军完全不可能独自抵挡以色列的进攻，为抵抗以色列，保卫黎巴嫩，真主党武装有存在的必要。另一方面它又反复强调，一个国家只能有一个政府、一支军队，以及军令政令统一的重要性。为此，黎巴嫩政府希望美、英等国向以色列施压，促其撤离萨巴阿农场，以便黎巴嫩政府能说服真主党解除武装。从长远看，黎巴嫩政府迟早要在国际社会的帮助下解决"国中之国"的问题，真主党的生存空间将会受到一定程度的影响，真主党武装能存在到何时，还难以预料。

其次，真主党由于坚持反以斗争的强硬立场和具有强烈的宗教背景，被美国等西方国家列入了恐怖组织的黑名单。美国等西方国家以"打击恐怖主义"为名，不断逼迫真主党放弃武装，甚至欲消灭真主党。这对真主党而言，不仅是一种很大的压力和挑战，更是一种生存威胁。

另外，由于与叙利亚政府的密切关系，特别是真主党帮助叙利亚政府打击反政府武装和"伊斯兰国"，真主党不仅会遭受叙利亚反政府武装和"伊斯

兰国"的袭击和报复，而且也将继续受到一些阿拉伯国家政府和民众的指责。

最后，由于真主党与伊朗的密切关系，真主党不仅不再可能得到沙特等海湾国家的帮助和支持，反而会不断受到这些国家的反对、指责和打击。

（二）黎巴嫩真主党的发展前景

黎巴嫩真主党是在反对以色列的斗争中建立和壮大起来的，它拥有自己的武装力量，坚持武装抵抗以色列对黎巴嫩的侵略。1990年黎巴嫩内战结束后，真主党是黎巴嫩唯一仍保留武装力量的政治组织。除了坚持抵抗路线以外，真主党还广泛设立基层组织，建立遍布各地的宗教和社会福利机构，兴办电台，因而在黎巴嫩东部贝卡谷地和黎巴嫩南部拥有广泛的群众基础。真主党及其同盟力量在实行议会民主制的黎巴嫩议会拥有四分之一强的议席数，在黎巴嫩南部，该党更是拥有当地的所有议席，凸显其在与以色列毗邻的黎巴嫩南部地区的巨大影响力。在这样的情况下，黎巴嫩各党派一致认为，以色列仍然占领着黎巴嫩领土萨巴阿农场，不断威胁着黎巴嫩的国家安全，真主党武装有存在的必要。这为以抵抗侵略、保家卫国为己任的真主党武装的继续存在提供了依据。

在中东和谈问题上，真主党坚决反对与以色列和谈，认为解决阿以问题，特别是巴勒斯坦问题的唯一出路就是消灭以色列。真主党的宗旨是通过武装斗争，收复被以色列占领的土地。因此，只要阿以和谈还没有得到让各方满意的结果，巴勒斯坦问题还没有得到公正解决，真主党就有继续存在的理由。

黎巴嫩真主党和伊朗、叙利亚等结成的什叶派联盟关系到真主党的生存和发展。真主党肯定会继续在其中发挥作用。同时，它将继续在黎巴嫩政府中发挥作用，以进一步提高它的实力、地位和影响力。

美国等西方国家已把黎巴嫩真主党列入恐怖组织名单，真主党的所作所为，特别是它对叙利亚巴沙尔政府的支持，更是令美国等西方国家大为不快。因此，真主党迟早会同美国狭路相逢，美国等西方国家迟早会把真主党作为重点打击的对象，这使得黎巴嫩真主党的前景难以预料。

　　中东的各种问题都十分复杂，真主党则增加了这些问题的复杂程度，这种复杂性决定了中东问题解决过程的长期性。人们只有冷静、客观地对待真主党问题，才能有利于中东各种复杂问题的解决，才能有利于整个中东地区，乃至整个世界的和平与稳定。

第十一章 错综复杂的库尔德问题

中东是目前世界上最动荡不定的地区之一，巴勒斯坦和以色列之间的冲突长期得不到解决，大国围绕各种利益长期在该地区博弈，宗教分歧、极端主义思想滋生蔓延、民族矛盾不断。而库尔德问题就是该地区民族矛盾的具体体现。

一、库尔德问题的由来

库尔德问题是一个错综复杂的历史问题，是帝国主义和殖民主义掠夺和瓜分中东地区的产物。要研究库尔德问题，必须先对库尔德问题的由来有一个基本的了解。

（一）库尔德人的历史

库尔德人是西亚库尔德斯坦地区的游牧民族，主要分布在扎格罗斯山脉和托罗斯山脉，活动区域约40万平方公里。该地区东起伊朗的克尔曼沙汉，西抵土耳其境内的幼发拉底河，南达伊拉克的基尔库克，西南及叙利亚的阿勒颇，北至亚美尼亚的埃里温。他们分属土耳其、伊朗、伊拉克和叙利亚等国，另有少数库尔德人居住在黎巴嫩、阿富汗、约旦等国。库尔德族是中东仅次于阿拉伯人、土耳其人和波斯人的第四大民族。

库尔德族是中东地区最古老的民族之一，至今已有4000多年的历史，相传他们是古代亚述人的后代。公元前553年，波斯人与米底人的混血儿居鲁士率波斯人反抗米底人，并用了 3 年时间攻克了米底都城，建立了波斯帝国。库尔德人随之与波斯人融为一体。

公元前 331 年，马其顿王国国王亚历山大大帝在库尔德人聚居地——高嘎美拉平原（今埃尔比勒）战胜大流士三世，致使波斯帝国灭亡。

之后，该地区被希腊塞琉古帝国统治。直至公元前 2 世纪中叶，该地区被安息帝国的米特里达梯一世攻占，其间改名为叙利亚。后来，该地区成了罗马帝国的亚述行省，但不久又被波斯萨珊王朝夺回，建立了亚述斯坦总督辖区。在萨珊王朝的统治下，该地区成为东方亚述教会的中心，库尔德人一直在这一带过着游牧生活。

也有学者认为：库尔德人的祖先是中亚里海以东地区讲高加索语的游牧部族与征服他们的波斯人的融合，融合年代在公元 3 世纪初期至 7 世纪中期。

公元 7 世纪晚期，库尔德人被阿拉伯人征服，该地区成为阿拉伯帝国的领地。阿拉伯帝国后期，库尔德人曾建立几个封建王朝。其后，突厥人、蒙古人几次入侵该地区，库尔德人聚居地被称为"库尔德斯坦"。

12 世纪时，塞尔柱苏丹桑贾尔首建库尔德斯坦省。13 世纪至 14 世纪初期，库尔德人又处于蒙古人的统治之下。成吉思汗的后裔合赞看到库尔德山民骁勇善战，曾利用他们去攻打不服从蒙古人统治的基督教异端聂斯托里派教徒（即中国史书上的"景教教徒"）。库尔德人为蒙古人打过仗，中国的《元史》上也就有了他们的第一个中文译名——"曲儿忒人"。

在险恶的自然环境下，在生存空间的争夺中，库尔德人养成了不屈不挠的民族特性。他们是西亚地区各个朝代和国家最受欢迎的雇佣军将士，也是东方民族首次击败西方入侵的领头人。阿拉伯历史上地位最高的大英雄萨拉丁·阿尤布就是一位纯粹的库尔德人。

出身于库尔德望族的萨拉丁于 1171 年推翻了埃及法蒂玛王朝（中国史书上称之为"绿衣大食"），建立了以自己名字命名的阿尤布王朝。在控制了今天的埃及、叙利亚和伊拉克等地区之后，萨拉丁于 1187 年向"十字军"建立的耶路撒冷王国发起进攻，在巴勒斯坦北部太巴列的决战中全歼 2 万精疲力竭的"十字军"将士，生擒耶路撒冷国王，结束了"十字军"对耶路撒冷长达 88 年的占领。随后，他又领兵挫败了由英王查理一世率领的第三次"十字军"东征。萨拉丁的业绩被全世界穆斯林世代歌颂，也成为继往开来的阿拉伯各路英雄效仿的榜样。

蒙古人退出后，库尔德人居住的地区又被划入波斯萨法维王朝的版图。16 世纪初，奥斯曼帝国的大军逼近该地区。库尔德人积极内应，帮助土耳其人赶跑了波斯人，成为奥斯曼帝国的臣民。直至 19 世纪，库尔德人在奥斯曼帝国境内一直保持半自治状态，其聚居区成为土耳其和伊朗两国之间的缓冲地带。此后，由于奥斯曼帝国崩溃，库尔德人分属于多个国家。

库尔德人大多数是伊斯兰教徒，属于逊尼派，讲库尔德语。库尔德语使用 3 种不同的书写体系。在伊朗和伊拉克，库尔德人借用阿拉伯字母作为书写体系；在土耳其和叙利亚，库尔德人借用拉丁字母作为书写体系；在苏联，库尔德人借用斯拉夫字母作为书写体系。库尔德人的总人口约 3500 万，其中包括聚居在亚美尼亚、格鲁吉亚、土库曼斯坦、黎巴嫩等地的库尔德人。居住在山区的库尔德人以游牧为主，饲养绵羊、山羊、黄牛和马，织地毯、伐木材、制皮革。平原的库尔德人以农业为主，种植大麦、小麦、玉米、烟草和棉花，并经营果园。

第一次世界大战后，严格划分的国家边界阻碍了牧群的季节性迁移，迫使库尔德人定居耕种，另一些人则从事其他非传统性职业。由于有关国家政府迫使库尔德牧民定居，弃牧就农者日益增加。自伊朗、伊拉克石油工业兴起，库尔德人中又出现了石油工人。但无论游牧或定居，库尔德人始终保留着许多部落制残余：他们由酋长统率，土地为贵族所有，向佃户收租。多数酋长系牧民出身，少数受过教育。库尔德妇女不戴面纱，可以与外人自由交谈，能参加各种社会活动乃至管理工作。由于库尔德族民风强悍，虽屡被强邻占领和欺压，仍能保持本民族特性而未被同化。

（二）库尔德人居住区的分解

1639 年，奥斯曼帝国与波斯萨法维王朝签订了《席林堡条约》，确定了两国对库尔德斯坦的瓜分。库尔德斯坦大部分归属奥斯曼帝国，另外一部分归属萨法维王朝。从此，库尔德斯坦被一分为二，库尔德人开始有了不同的政治归属，这为日后库尔德问题的产生埋下了祸根。

1914 年，第一次世界大战爆发，奥斯曼帝国战败，沦为英、法等国的半殖民地。战后，英、法等协约国乘机扩大它们在中东的影响，大肆瓜分奥斯曼帝国领土，强迫奥斯曼帝国将其在中东的大部分领地割让给英、法等国进行委任统治。

1920 年 8 月，协约国强迫奥斯曼苏丹政府签订了含有库尔德人实行自治或独立条款的《色佛尔条约》。根据条约，苏丹政府允许幼发拉底河以东、亚美尼亚边界以南、叙利亚和伊拉克边界以北的库尔德人占多数的地区建立自治政府，并允诺：如该地区大多数居民要求独立，则将允许他们建立国家。苏丹政府的软弱无能和丧权辱国的行为激发了土耳其民族主义的兴起。1919 年，土耳其民族资产阶级代表人物穆斯塔法·凯末尔发动革命，建立土耳其临时政府，取代了奥斯曼苏丹政府，并于 1922 年战胜了协约国军队。1923 年 7 月，土耳其共和国成立前三个月，凯末尔与协约国在瑞士签订了《洛桑条约》。由于凯末尔的反对，条约中未再提及库尔德人自治或独立问题。根据《洛桑条约》，要把苏丹统治下的库尔德斯坦分割给土耳其、英属伊拉克和法属叙利亚。该条约是历史上对库尔德斯坦的第二次分割。至此，原奥斯曼帝国统治下的库尔德斯坦被一分为三：西库尔德斯坦划归叙利亚；摩苏尔等南库尔德斯坦成为伊拉克领土的一部分；其他划归土耳其。这样，连同 17 世纪划归萨法维王朝（今伊朗）的一部分土地，库尔德斯坦一共被分成四块，库尔德问题由此而生。

（三）库尔德人的建国愿望与行动

历史上，库尔德人从未建立过独立的库尔德民族国家，但由于遭受分割，他们在所属国均属于少数民族，经济文化落后，政治地位不高，甚至受到不同形式的同化和欺压，因此谋求统一并建立"库尔德斯坦国"一直是分居各国的库尔德人的愿望。

1914 年第一次世界大战爆发后，库尔德人参加了反对奥斯曼帝国的战争。奥斯曼帝国在战争中的惨败为库尔德人实现自治提供了机会。美国威尔逊总统提出的关于民族自决的十四点原则，给世界被压迫人民带来了一丝希望。俄国"十月革命"的胜利则坚定了被压迫人民寻求解放的信心。这些变化为库尔德人实现民族愿望创造了条件。库尔德人要求民族自治、独立的运动应运而生。有阿拉伯学者认为，居住在土耳其库尔德地区的库尔德长老奥贝德拉是呼吁库尔德人统一、独立的第一人。

1919 年，库尔德人派代表团出席了巴黎和会并要求独立。协约国曾策划在原奥斯曼帝国的本土安纳托利亚地区分别成立亚美尼亚国和库尔德国，旨在分割奥斯曼帝国，实现库尔德人自治。巴黎和会曾就如何处置战败国奥斯曼帝国达成《色佛尔条约》，规定建立"自治的库尔德斯坦"，奥斯曼苏丹政府接受了这一条约。不过，"现代土耳其之父"穆斯塔法·凯末尔改变了这一历史进程，凯末尔站在土耳其的立场上否定了《色佛尔条约》。根据 1923 年 7 月 24 日协约国与土耳其签署的《洛桑条约》，确定了延续至今的土耳其、伊朗和伊拉克的三国边界。这样，库尔德民族的利益让位于帝国主义的殖民利益和地区大国的利益，库尔德人自治和独立的条款未能得到执行和落实。

《色佛尔条约》是有关"库尔德斯坦自治（独立）"唯一的国际文件，但它的意义不应被夸大，条约的有关规定包含了许多不确定因素。首先，自治的库尔德斯坦没有明确的地理范围。但可以肯定，小亚细亚东部的相当一部分土地将划归拟议中的亚美尼亚国家。其次，自治计划有待英、法、意协商决定。在协约国内部钩心斗角，尤其是英、法争夺对"库尔德斯坦"控制权的情况下，三国很难达成协议。最后，英国未将它占领下的库尔德地区列入自治范围，仅空许诺言，如许诺摩苏尔省的库尔德人要求加入库尔德国家时将不予反对。实际上在条约签订之前，英国人就残酷镇压了摩苏尔库尔德酋长马赫穆德要求独立的行动。条约墨迹未干，英国人又宣布将它占领下的库尔德地区并入伊拉克。因此，《色佛尔条约》的有关规定在当时条件下实现的可能性极小。即使它能实现，那也是帝国主义列强的解决方案，不是库尔德人民期望的解决办法。因为它的土地将被众多国家分割，所谓的"自治的库尔德斯坦"只能是帝国主义统治下的殖民地，相当一部分库尔德人将受亚美尼亚国统治，这恰恰是库尔德人最不愿意看到的。

19 世纪末，库尔德人开始兴起民族独立运动，此后不断扩大，第二次世界大战后更加激烈。土耳其、伊朗、伊拉克境内的库尔德人分别建立起反政府武装，不断发动旨在获得独立、自治的起义。为此，库尔德问题引起了国际社会的广泛关注。

二、库尔德问题的现状

库尔德斯坦分属土耳其、伊拉克、叙利亚、伊朗等国，这些国家的库尔德人均处于"既相同，又有别"的生存状态中。

（一）土耳其库尔德人的状况

土耳其是库尔德问题最突出的国家，这是因为土耳其是库尔德人口最多的国家，2015 年就有 1800 多万人。土耳其对库尔德人长期实行偏激的民族主义政策，一直将库尔德分离主义视为国家安全的主要威胁。

早在 19 世纪末的奥斯曼帝国时期，库尔德人便开始以伊斯坦布尔为中心，组织库尔德政治社团，提出建立"库尔德人的家园"、实现民族独立等主张。

但是这些主张与土耳其政府的政策严重相悖，因此双方的对立和冲突就没停过。

1923 年 10 月，土耳其共和国成立，强调民族单一性的"凯末尔主义"成为土耳其国家建设的指导思想。在该思想指导下，土耳其政府对库尔德人采取了民族同化政策。

首先，在法律上不承认库尔德人的民族属性和民族地位。1924 年通过的《土耳其共和国宪法》，否认库尔德人拥有独立合法的民族地位，将其称为"山地土耳其人"。

其次，对库尔德人采取强制的同化政策。1925 年，土耳其政府制订了《东部改革计划》，规定在马拉提亚、埃拉泽等省份使用土耳其语以外的语言会受到惩处。自 20 世纪 60 年代起，土耳其政府推行更名措施，将一直使用的库尔德地名和人名都强制用土耳其语代替，新生儿则一律用土耳其语取名。此外，土耳其政府还采取了其他同化措施，如向库尔德人聚居区移民，禁止组建少数民族的政党等，土耳其政府的同化政策引发了库尔德人的强烈反抗。

此后，库尔德人举行了三次武装起义，试图实践自己的主张，但都以失败告终。之后，库尔德人转入地下活动。20 世纪 50 年代，受国内民主运动和邻国库尔德人斗争的影响，土耳其库尔德知识分子纷纷参加全国性的非库尔德族组织团体，并开展活动，且在 1965 年建立了库尔德民主党，宣称库尔德族人有权决定自己的命运，要求享有与土耳其族人平等的政治、经济和文化等方面的权利，要求政府改变同化政策，优先发展库尔德地区经济。但这些要求遭到土耳其政府的拒绝，库尔德民主党也被取缔。

1978 年奥贾兰成立库尔德工人党，目标是争取建立一个独立的"库尔德斯坦国"，并从 1984 年起开始游击战争，其势力在土耳其东部和东南部各省迅速发展。土耳其政府则对其进行严厉的军事打击，频繁发兵围剿，迫使游击队向外转移。在此期间，游击队和政府军之间的战斗造成 3 万多人死亡，上百万人背井离乡。奥贾兰也被土耳其政府称为"头号恐怖分子"，于 1999 年在肯尼亚被土耳其特工拘捕并押送回国坐牢，后以叛国罪、分裂国家罪和谋杀罪等罪名被判处死刑。奥贾兰不服判决，将土耳其政府上诉到欧洲人权法庭，土耳其政府因此将其从死刑减至无期徒刑。

叙利亚乱局开始以后，土耳其境外的库尔德工人党武装分子对土耳其的袭击行动越来越多，土耳其国内的库尔德反政府势力与政府的矛盾也进一步激化。2012 年 10 月中旬以来，土耳其安全部队在其东南部的哈卡里省进行军事行动，清剿库尔德工人党武装人员。

土耳其不承认库尔德民族的少数民族地位。土耳其政府在经济、文化、民主、人权等方面实施的歧视政策激发了库尔德人的民族主义情绪，加之库尔德人历史上就有独立建国的倾向，因而他们不断以暴力的方式反抗政府。这种主流民族压制少数民族，少数民族反抗压迫进而希望建立独立国家的对立关系，构成了土耳其库尔德问题难解的悖论。"以暴制暴、以暴反暴"成为库尔德问题的主要表现形式，同时反映了库尔德问题的基本现实。

（二）伊拉克库尔德人的状况

伊拉克境内的库尔德民族是伊拉克人口最多的少数民族。库尔德人主要分布在伊拉克北部地区，包括杜胡克、苏莱曼尼亚和埃尔比勒省以及基尔库克、摩苏尔和迪亚拉省，面积约 8 万平方公里。这里地势险要，石油产量占伊拉克全国产量的一半以上，而且农牧产品丰富，有"谷仓"之称。

伊拉克境内的库尔德人有着强烈的民族独立愿望，一直在谋求建立自己的独立国家。在土耳其的库尔德人武装斗争的影响下，伊拉克的库尔德人也开始进行争取独立的斗争。他们分别于 1922 年、1927 年、1935 年和 1943 年举行了四次武装抗争，为建立自己的国家而战，但全都失败了。巴尔扎尼于 1946 年 8 月成立的伊拉克库尔德民主党，成为领导伊拉克库尔德人斗争的主要力量。1958 年 7 月，卡塞姆领导"自由军官组织"发动政变，建立了伊拉克共和国，承认库尔德民主党的合法地位，允许出版库尔德语报刊书籍，承认库尔德人的一些合法权利，并允许巴尔扎尼回国。其后，伊拉克库尔德民族运动在巴尔扎尼的领导下重新兴起。巴尔扎尼乘机向伊拉克政府提出一系列给予库尔德人广泛权利的民族自治计划，但遭到拒绝。

1961 年至 1970 年，库尔德人和伊拉克政府之间进行了近十年之久的武装内战。阿拉伯复兴党 1968 年政变上台之后，与库尔德人进行了一系列的谈判，在纸面上肯定了库尔德人的自治权利。双方虽然达成了停火协议，但是冲突依然时断时续。

到 1974 年，两方谈判破裂，伊拉克政府再次进攻库尔德地区。此时，伊拉克政府已经获得了苏联提供的大量武器援助，实力大增，并与伊朗签订和平协定，伊朗和美国不再支持库尔德人，库尔德人因而在与伊拉克政府军的对抗中惨遭失败。库尔德人的武装力量基本被消灭，以凯末尔为首的库尔德领袖被迫流亡国外。

1980 年开始的两伊战争给了库尔德人新的机会。当时伊朗和伊拉克各自支持对方境内的库尔德武装活动，以破坏对方的后方。以萨达姆为首的伊拉克复兴党政府对伊拉克境内的库尔德人进行了残酷镇压，甚至使用了毒气弹。

1988 年两伊实现停火，形势发生逆转。海湾战争结束后，伊拉克的库尔德人于 1991 年 3 月乘机再次起事，但遭到镇压，上百万难民背井离乡。库尔德人在美国为首的西方国家支持下，于 1992 年 4 月在库尔德安全区建立了自治政府。西方国家为了遏制萨达姆，于 1992 年 8 月又在伊拉克北部设立了禁飞区。2003 年第二次伊拉克战争之后，伊拉克库尔德人的自治得以维持。从当时情况看，库尔德人的自治是有成效的。当地居民基本以库尔德人自居，没有伊拉克国家意识。该地区基本避开了伊拉克战争之后的各种宗教冲突和恐怖袭击，经济上也取得了较好的发展。

2017 年 4 月 1 日，伊拉克议会通过决议，反对在伊拉克基尔库克省库尔德族地区的政府大楼悬挂库尔德旗，只允许挂伊拉克国旗。库尔德人则坚决反对这一决定，坚持继续在库尔德族区悬挂库尔德旗。

（三）叙利亚库尔德人的状况

叙利亚的库尔德人有 200 多万，大多聚居在"叙利亚库尔德斯坦"或者"西库尔德斯坦"，这是叙利亚北部和东北部的库尔德人居住地区的非正式地名，面积大约有 2 万平方公里，涵盖了扎格罗斯山脉的一部分。"伊斯兰国"武装曾经疯狂进攻的科巴尼（艾因阿拉伯）就位于"叙利亚库尔德斯坦"，它是叙利亚的第三大库尔德人聚居地。

与土耳其和伊拉克的库尔德人相比，叙利亚的库尔德人人数要少得多，其民族主义活动的声势也就远不如土耳其和伊拉克的库尔德人那样浩大。第一次世界大战结束后，叙利亚被划入法国的势力范围。法国对叙利亚的统治政策相对宽松，库尔德人有一定的政治活动空间，成立了一些库尔德政治组织，因此有许多遭受土耳其迫害的库尔德人逃到此地。

1946 年，法国撤离叙利亚。之后，独立的叙利亚政府逐渐偏向"大阿拉伯主义"。阿拉伯复兴党执政之后，采取了类似于土耳其的政策，否定库尔德民族的存在，全面打压库尔德人的生存空间。叙利亚政府禁止叙利亚的库尔德民主党四处活动，并在库尔德聚居区建立阿拉伯人聚居区，或将库尔德人外迁，并抑制库尔德语言和文化的发展，淡化库尔德人的民族色彩。但由于叙利亚的库尔德人势力较弱，巴沙尔政府又忙于应对国内各种矛盾，放松了对库尔德人的压制，因此叙利亚没有出现如土耳其库尔德工人党那样的武装反抗。但叙利亚库尔德人的政治活动始终存在，叙利亚的库尔德人一直在呼吁国际社会对他们进行关注。

在"阿拉伯之春"的浪潮波及叙利亚之初，叙利亚的库尔德人起先也是走上街头，通过游行示威的方式表达自己的利益诉求。但是随着叙利亚内战的爆发，叙利亚的库尔德人开始建立自己的政治团体，并拥有武装力量，逐渐成为叙利亚内战中一支不可忽视的政治力量。他们在维护叙利亚库尔德地区安全的同时，希望通过这场内战来实现库尔德地区自治甚至独立。

2012 年下半年，叙利亚的库尔德人开始有了公开寻求独立自主的政治倾向。特别是在 2012 年 8 月，叙利亚政府军将东北部的兵力收缩到大马士革以及西北部地区之后，东北部地区出现了权力真空。叙利亚的库尔德人乘机建立了自己的独立武装，并不断巩固、扩大自己的地盘。叙利亚库尔德民主联盟党领袖萨利赫·穆罕默德凭借自己的政治威望，被推选为叙利亚库尔德人的领袖，他组建了民主联盟党的武装团体——库尔德人民保卫军。

在随后的一年多时间内，库尔德人在叙利亚东北部许多城市站稳了脚跟。除了与叙利亚反库尔德武装对抗之外，库尔德人民保卫军已成为打击"伊斯兰国"等极端组织的重要力量。在美国的大力支持下，叙利亚库尔德武装在反恐行动中发挥了十分积极的作用，同时也使自己的力量不断壮大，地位得到巩固。

2016 年 3 月 17 日，叙利亚库尔德民主联盟党宣布，叙利亚北部地区不同民族的代表经讨论决定在叙利亚北部建立"罗贾瓦-北叙利亚民主联邦"（位于叙利亚境内的库尔德地区被称作"罗贾瓦"，即"西库尔德斯坦"），实现自治。联邦区域内的国防、经济、内政及安保等将完全独立；联邦将不只由库尔德人组成，也希望包容土库曼人和阿拉伯人。叙利亚库尔德民主联盟党主席萨利赫·穆罕默德表示："我们希望库尔德人的联邦区能够成为一个样本，让叙利亚从中央集权转向联邦制。"[1]他同时强调，建立"库尔德联邦区"并不是想寻求独立、脱离叙利亚，而是想给当地民众争取更多的自治权。

但是叙利亚库尔德人的这一决定遭到了叙利亚和土耳其政府的强烈反对。当日，叙利亚外交部即发表声明表示，在叙利亚成立"联邦区"将影响叙利亚国家领土完整，违反叙利亚宪法，任何关于设立"联邦区"的声明在法律、政治、社会和经济层面均不具效力。叙利亚主要反对派"全国联盟"表示，反对库尔德人单方面"建立联邦"。土耳其外交部也明确表态："叙利亚的国家统一与领土完整对土耳其来说非常重要，任何单方面的决定没有法律效力。"[2]

1　见《库尔德人问题加剧中东乱局》，载于《人民日报》，2016 年 3 月 25 日。

2　同上。

（四）伊朗库尔德人的状况

伊朗的库尔德人有 700 多万，是伊朗继波斯人和阿塞拜疆人之后的第三大民族。伊朗的库尔德人面临的政治形势相对于土耳其、伊拉克、叙利亚来说要稍微好一些，因为伊朗在历史上就是一个多民族国家，没有特别强烈的"大民族主义"之风。但是，对于库尔德人要求自治的政治要求，伊朗政府是断然拒绝的。对于库尔德人为寻求独立而进行的种种行动，伊朗政府也会进行武装镇压。

在第一次世界大战后期，伊朗库尔德地区成为沙皇俄国和奥斯曼帝国交战的战场，当时英国也入侵了伊朗的部分地区。伊朗中央政府对各地的控制力减弱，各地民族势力纷纷起来，库尔德地区的酋长们也开展了争取独立的行动。但这些行动均被当时的伊朗大将礼萨汗击败，礼萨汗在扫平了各地的叛乱势力之后自立为王，建立了巴列维王朝。

第二次世界大战期间，伊朗被英、苏两国占领，库尔德民族运动的中心转移到了伊朗的马哈巴德。1945 年 10 月，伊朗库尔德民主党成立，主张实现库尔德地区自治。1946 年 1 月，在库尔德民主党领导下，伊朗库尔德人宣告成立"马哈巴德库尔德斯坦共和国"，由库尔德宗教领袖亚齐·穆罕默德出任总统，"马哈巴德库尔德斯坦共和国"在国际上得到了苏联的支持。1946 年 4 月，苏联与伊朗政府签订共同开发伊朗北部油田的协议后，不再支持库尔德民主党。随后伊朗政府军向库尔德人发动进攻，库尔德人惨遭失败，"共和国"不复存在，亚齐也被处死。60 年代后期，伊朗的库尔德人再次兴起民族运动，并与政府军发生激烈冲突。

1979 年，伊朗的库尔德人积极投身伊朗伊斯兰革命。在伊朗伊斯兰共和国建立后，他们希望能获得更多的自治权利，但这一愿望与霍梅尼为首的伊朗政府的理念相冲突。库尔德民主党被政府视为非法组织，其势力受到伊朗政府的镇压和打击，伊朗库尔德地区处于政府军的控制之下。此后，伊朗的库尔德人一方面仍然坚持和平争取政治权利，并积极争取国际支持。另一方面，一些库尔德人走向激进，成立了库尔德斯坦自由生活党，与政府抗争。

伊朗库尔德斯坦自由生活党是伊朗库尔德人建立的一个政治和军事组织。该党为争取伊朗库尔德人的政治、经济、文化权利以及民族自决权，已经与伊朗政府发生过多次武装冲突。目前，库尔德斯坦自由生活党是领导伊朗库尔德人进行民族主义抗争的主要力量。

2011 年 8 月初，库尔德斯坦自由生活党领导人宣布，他们准备与伊朗政府谈判，愿意通过和平手段来解决库尔德问题。他们承认，武装冲突并不能帮助库尔德人在伊朗政权下获得政治和文化权利。

但是，伊朗政府拒绝了库尔德斯坦自由生活党武装的停火要求，并于 9 月袭击了伊朗边境的库尔德斯坦自由生活党武装，打死 30 名库尔德斯坦自由生活党的武装人员，另有 40 名武装人员受伤。

2013 年年底至 2014 年年初"伊斯兰国"的出现严重威胁到库尔德人和什叶派居民的安全，这才使库尔德斯坦自由生活党武装和伊朗军队的冲突得以缓解。随着"伊斯兰国"攻击范围的不断扩大，伊朗政府决定向伊拉克的库尔德武装提供军事援助，以阻止"伊斯兰国"的进攻。伊朗政府这一支持伊拉克库尔德人打击"伊斯兰国"的行动，让伊朗国内的库尔德人看到了一线改善民族地位的希望。

三、库尔德问题的复杂性

库尔德问题以其复杂性、尖锐性和国际性特点，长期以来一直是中东地区仅次于阿拉伯国家与以色列之间冲突的第二大热点问题。

（一）跨国界的库尔德问题

库尔德问题是一个跨国界的问题。由于历史原因，库尔德斯坦被分属土耳其、伊拉克、叙利亚、伊朗四个国家，这大大增加了库尔德问题的复杂性和解决的难度。四个国家国情不同、政治制度不同，对待库尔德人的政策也不尽相同，任何关于库尔德问题的解决方案都难以得到四国一致的意见。

库尔德人更是难以实现团结与统一。各国库尔德人的政治运动很少联系，组织之间缺乏沟通、协调和合作，却往往能与邻国政府结成同盟，这是库尔德人斗争史上经常出现的一种奇怪现象。伊拉克库尔德运动寻求伊朗政府的支持，而伊朗的库尔德运动却与伊拉克政府合作。土耳其政府就是充分利用这一特点，巧妙地推行"爱邻国库尔德人，打本国库尔德人"的政策。在叙利亚的所有邻国中，土耳其是支持叙利亚反对派最积极的国家，土耳其支持推翻巴沙尔政府的一大理由就是巴沙尔支持土耳其库尔德工人党。

（二）领土完整与民族自决的矛盾

第二次世界大战后，世界范围内的民族解放运动风起云涌。但根据各国的实践和国际文件的规定，民族自决原则的含义应表述为：处于帝国主义、殖民主义奴役和压迫下的民族，可以拥有采取国际法公认的一切合法手段，摆脱帝国主义和殖民主义的奴役和压迫，建立自己的主权独立国家，建立适合自身国情的社会制度并努力发展民族经济、社会及文化的权利。因此，"民族解放""民族独立"是相对于殖民主义而言的。库尔德问题则早已成为各国的少数民族问题，民族自决原则尽管存在，但分裂国家却是不被允许的，是违法的。这就使得库尔德人要求民族独立的愿望难以成为现实。

在一个统一的多民族国家中，在一个统一的国际法主体内，以行使民族自决权为名义去煽动民族矛盾，制造民族分裂，对抗中央政权，这是对民族自决原则的完全曲解和滥用，是对国家主权原则的严重破坏，它损害了国家的统一和领土完整。这种所谓的"民族自决权"绝不是现代国际法意义上科学的、进步的民族自决权。对国际社会而言，这种自决权的行使，破坏了国际和平与安全的良好秩序，给一些别有用心的国家侵犯别国主权，干涉别国内政带来可乘之机；对国家而言，安定团结的局面被破坏，影响了国家的政治稳定，削弱了国家经济发展实力；对某一民族而言，其发展速度就会受到极大制约。

在库尔德问题上，有人提出库尔德人是"无国家民族"。什么是"无国家民族"？这是一个充满争论的概念。当今世界上，人们不管属于哪个民族，都分属于某个国家。从国籍的角度讲，世界上不存在没有国家的民族。但是，从政治认同或者民族主义的角度讲，有些民族认为他们没有以自己民族为基础的国家。也就是说，一些来自这些民族的政治力量不认同自己所在的国家，而寻求建立所谓"自己的民族国家"。

库尔德人是有国家的。只不过他们分属不同的国家，是这些国家中的少数民族，这不能成为库尔德人是"无国家民族"的理由。"无国家民族"的民族主义是当代世界政治中一个复杂的问题。

库尔德人和世界上大多数所谓"无国家民族"的人一样，不可能变成"有国家民族"。在全球化和民主化的情况下，这样的传统目标甚至是不合时宜的追求。否则，各国将相继解体，世界秩序将会大乱。

（三）库尔德人的内部矛盾与冲突

库尔德人的内部矛盾和冲突是导致库尔德问题错综复杂的另一个重要因素。库尔德民族的部落封建意识和传统习俗，特别是血亲复仇观念，严重影响到队伍的团结和斗争的规模。"彼此分离但不隔绝，能走到一起却不团结"是库尔德人社会政治生活的生动写照。在历次斗争中，起义领导层均无法精诚团结、坦率合作。1925年2月至3月，赛义德教长领导的旨在建立"独立的库尔德伊斯兰国家"的起义失败的原因之一，就是由于土耳其的库尔德逊尼派部落和什叶派部落之间在历史上形成的宗教、部落矛盾等原因，有些部落根本未参加起义；有的虽曾许诺支持，却临阵变卦；有的甚至站在政府军一边与起义者作战。

伊拉克库尔德地区主要有库尔德民主党和库尔德斯坦爱国联盟两大政治

军事组织，两者原先同属一个组织，斗争目标和策略也无太大差别。两派领导人却钩心斗角，互相拆台，不容许对方进入自己的势力范围，甚至不惜动武，为控制地区势力范围争斗了 20 多年。各个组织无法团结一致是库尔德民族斗争的致命弱点。

1968 年年初，土耳其警方逮捕库尔德民主党领导人，逃到伊拉克库尔德地区的一些民主党人开始奉行更"左"的路线。党内"左""右"两派之间的相互残杀使库尔德民主党的领导力量遭受很大损耗。20 世纪 70 年代中期以后，库尔德民主党中"左"派观点占优势。1977 年"左"派建立"库尔德斯坦民族解放者"联盟，以马克思列宁主义工人阶级政党自居，主张建立"完全独立的库尔德斯坦"。"右"派则开始用独立观念取代自治观念，建立"库尔德斯坦工人党"。奥贾兰的库尔德斯坦工人党出名以后，它被迫改用"库尔德斯坦工人先锋党"的名称。库尔德民主党内部两派的不和，使该党一直未能成为有影响力的政治组织。

（四）国际干预

长期以来，库尔德问题一直受到国际干预。库尔德人在不同时期先后依靠过沙俄、英国、协约国、苏联、美国等。第一次世界大战后英国对库尔德自治事业表现出某种程度的热情，主要是因为英国想独占库尔德地区丰富的资源。

1999 年以来，土耳其在解决库尔德问题上的一些尝试证明，欧盟已经成为推动库尔德问题解决的重要因素。

美国等西方国家并不希望改变中东的政治版图，他们玩弄库尔德这张牌，不过是为了对中东有关国家施加压力，以维护和巩固自己在中东的政治和经济利益。

美国深度介入库尔德问题，进一步突显了库尔德问题的国际性和复杂性，库尔德问题的国际性是库尔德民族跨界而居造成的。长期以来，美国很少插手库尔德问题。但是自 2003 年伊拉克战争以后，美国逐渐成为库尔德问题的重要一方。美国发动伊拉克战争，为伊拉克库尔德人的崛起提供了契机。库尔德人一直在寻求国际社会的关注，美国的介入使库尔德人的利益第一次与国际社会的主要参与者的地区设计相一致。伊拉克的库尔德民族在三方面为美国所用：一是帮助美军推翻萨达姆政权；二是在伊拉克战争后形成亲美的库尔德势力，以维护伊拉克的稳定和统一；三是库尔德人在美国的大力支持下，成为打击极端组织"伊斯兰国"的重要力量。因此，美国在土耳其越境打击库尔德工人党时进行了多次干涉，以防止已经相当混乱的伊拉克局势进一步恶化。美国这一外来力量的介入，使得本已复杂的库尔德问题变得更加复杂。

四、库尔德问题的解决之道

库尔德问题是一个历史遗留问题，在解决的理念、思路、方法、途径等诸多方面，库尔德人一直在与所在国政府进行博弈和抗争。库尔德人总想建立属于本民族的独立国家，但鉴于历史和现实的原因，建立"库尔德斯坦国"只是个梦。

（一）建立统一的"库尔德斯坦国"

建立统一的"库尔德斯坦国"是库尔德人最美好的愿望，但鉴于种种历史和现实的原因，库尔德人追求民族独立、建立"库尔德斯坦国"的目标很难实现。

历史上的多种因素造成了库尔德斯坦分属四国的现实。各国政治边界一经形成就难以改变，要建立独立统一的库尔德民族国家，势必要彻底改变中东现存的政治格局，这显然是不现实的。

库尔德人所属国过去没有、将来也不会答应库尔德人建立民族独立国家的要求。土耳其、伊朗、伊拉克、叙利亚四国间尽管有各种各样的矛盾，但在对库尔德民族运动这一点上却有共同语言。为了维护本国的国家统一和领土完整，它们谁也不会许可建立统一的"库尔德斯坦国"。土耳其反对美国发动伊拉克战争的原因之一就是害怕战争激活库尔德民族分离主义，造成伊拉克的分崩离析，从而使库尔德人有机可乘，进而建立库尔德人的国家。

库尔德民族运动自身存在很大局限性。主要表现在：首先，库尔德民族派系林立，内部纷争不断，不仅在各国的库尔德人之间有分歧，就连一个国家内部的库尔德人之间也是矛盾极深，争斗不休。其次，各国库尔德人斗争目标不一致，无法形成整个民族的合力。建立独立的"库尔德斯坦国"也并未成为所有库尔德人的一致目标，有些库尔德人只希望获得一定程度的自治，而且各国库尔德人的奋斗目标还时有变化。

西方国家不支持库尔德人建立一个独立的"库尔德斯坦国"。库尔德问题曾引起西方社会的广泛关注，并得到一些人士和机构的支持。但从中东社会的现实考虑，西方社会只是希望有关国家能善待库尔德人，能让库尔德人的经济、文化条件有所改善。它们不愿改变中东政治现状，对库尔德人独立建国的要求持否定态度。如美国在库尔德问题上，以牺牲土耳其的一些利益来换取伊拉克库尔德人对美国的支持。但是，美国作为土耳其的传统盟友，不可能完全无视土耳其的核心利益。因此，美国在约束土耳其政府对库尔德武装分子进行越境打击的同时，绝不会允许在中东地区建立独立的库尔德国家。

（二）建立区域性的库尔德国家

试图在一个国家内建立独立的库尔德国家也是一些库尔德人的心愿，但这样的心愿也是难以实现的。

1. 本国不会允许

无论是哪个国家的库尔德人要独立建国，都会遭到本国政府的坚决反对。理由很简单，谁也不会承担分裂国家的罪名。土耳其政府始终把库尔德人的抗争定性为"受外部唆使的、反对世俗化改革、破坏国家领土完整的反动运动"，并残酷镇压库尔德人的一切反抗。为了维护领土完整，土耳其政府坚决反对库尔德人建国。在这一问题上，其他相关国家与土耳其政府立场完全一致。

2. 邻国不会允许

在一个国家内建立独立的库尔德国家的设想，不仅会遭到本国政府的断然拒绝，还会遭到相邻国家政府的强烈反对。理由同样很简单，谁也不会答应出现一个对己极为不利的样板。

2017 年 6 月 7 日晚，伊拉克库尔德自治区发表声明，将于 9 月 25 日在伊拉克库尔德自治区以及辖区外的库尔德地区举行独立公投。

除了伊拉克政府反对举行这样的公投外，土耳其政府也对此表达了强烈的反对意见。土耳其总理表示：土耳其反对伊拉克库尔德自治区举行独立公投，希望伊拉克保持领土完整。土耳其外交部也明确表示：伊拉克库尔德自治区计划举行独立公投是严重错误的，会对伊拉克的局势稳定产生消极影响。土耳其政府一直担心在伊拉克北部出现一个独立的库尔德国家，从而威胁到土耳其的国家安全。

伊拉克库尔德人独立的想法，历来遭到伊拉克邻国伊朗、土耳其、叙利亚的反对，因为它们害怕这种分离主义思想扩散到自己国家的库尔德人之间。在伊拉克战争期间，土耳其、伊朗和叙利亚三国是反对美国支持伊拉克库尔德人趁机独立的重要国际力量。伊拉克战争前，土耳其一再要求美国提供书面保证，不允许库尔德人独立，限制库尔德人在"倒萨"战争及"后萨达姆时代"的作用与地位。土耳其、伊朗和叙利亚三国之所以如此，是惧怕伊拉克库尔德人趁机独立后，产生多米诺骨牌效应，即导致土耳其、伊朗和叙利亚境内的库尔德人也纷纷效仿。这样一来，将危及自己国家的安全和统一，也将改写中东的政治格局。

3. 美国不会允许

伊拉克库尔德人独立与美国中东战略不符。伊拉克在中东政治版图中的地位特殊且极具战略价值，伊拉克库尔德人、逊尼派穆斯林、什叶派穆斯林三分天下的局面，不仅是伊拉克国内政治格局的体现，更是整个中东政治格局的缩影。对美国来说，维持伊拉克这三方势力的脆弱平衡是其战略的最佳选择。

（三）维持现状

维持各国库尔德人继续作为一个民族生活在不同的国家这种现状，也是解决库尔德问题的一种方案。

1. 这是相关国家希望的状态

这种解决方案相对来说比较现实，因为它有利于维护相关国家的领土完整，符合这些国家发展社会经济的战略目标，有利于维持中东地区政治力量的稳定与平衡。这些国家都希望通过承认库尔德人的民族地位、尊重库尔德人的生存权利，改善库尔德人的生存状态，并发展地区经济逐步实现各民族的经济、政治、文化权利的平等，使库尔德问题得到妥善解决。

2. 这是库尔德人不满意的状态

库尔德人几乎从来没有放弃过自己的民族独立运动，也从来没有放弃过建立所谓的库尔德斯坦独立国家的梦想。因此，库尔德人尤其是库尔德分离主义者对维持库尔德人现状的解决方案是不会认同的。库尔德人认为：从作为公民的角度来说，库尔德民族没有得到应有的尊重；在民主和民生问题上，库尔德民族往往是本国最后一个被考虑的族群；从民族主义的角度看，库尔德民族作为中东地区的第四大民族，理应建立独立的民族国家。

（四）实现民族自治

在库尔德人目前生存的国家内实行库尔德民族自治是解决库尔德问题的方案之一，应该说这是大家相对容易接受的方案，也是最受推崇的一种方案。

1. 这是最现实的方案

实际上，大多数处于中东社会转型过程中的库尔德人，已经不再想着脱离自己所在的国家，实现独立或是联合起来建立库尔德政权，而是更加确切地要求在所在国家的库尔德地区实行自治。这种政治目标显然比较符合实际情况。

2. 伊拉克库尔德自治区的成功案例

1991 年 4 月，在英、法、美等国的倡导下，由联合国授权，在伊拉克境内北纬 36 度以北的地区建立了受多国部队保护的库尔德人安全区。在此基础上，库尔德人于 1992 年以民选方式成立了"库尔德联邦地区"，成为事实上的库尔德自治区。因此，实行库尔德民族区域自治，这在伊拉克已是一个较为成功的案例。

3. 相关国家比较容易接受

库尔德问题长期未得到解决，不仅对库尔德民族是一种不幸，对相关国家同样是一个严重的社会问题。它不但影响这些国家的社会稳定和安宁，也严重影响它们的社会进步和发展。因此，对于相关国家来说，如能在保证国家统一和领土完整的前提下，妥善解决库尔德问题，应该是值得认真考虑的。

4. 对库尔德人也是较现实的选择

库尔德人要建立独立的民族国家的愿望虽然美好，却难以实现。在这种情况下，如果能在所在国家内实现库尔德民族自治，应该是一个明智和现实的选择。民族自治能使库尔德人的民族特性得到承认，能使库尔德人的基本权利得到尊重，能使库尔德人的生存状态得到改善，能使库尔德人的社会地位得到提高。这样的解决方案基本上满足了库尔德人长期为之奋斗的目标。事实上，多数库尔德人并不积极支持分离活动，相当一部分库尔德人的真实愿望是稳定的生活以及平等、公正。叙利亚库尔德民主联盟党总书记萨拉哈·巴德尔丁在讲到库尔德人的民族自决时就明确表示："民族自决，在我看来，并不意味着分离和独立，并不意味着要建立独立的国家。联邦是民族自决，自治也是民族自决。"[1]

库尔德问题是一个历史遗留的问题，是一个极其复杂的问题。在伊拉克、土耳其、伊朗和叙利亚，库尔德问题从这些国家建立伊始就已存在。尽管经过漫长的抗争，库尔德人在个别国家实现了自治，在个别国家获得了作为少数民族的基本权利，但一些库尔德政党和人士仍在为实现更大的目标而抗争。相关国家也在维护国家统一和领土完整与给予库尔德人更多的权利之间权衡斟酌。库尔德问题的真正解决还需要更多的理性与智慧，还需要多方共同努力。

但必须指出的是，无论现在或将来，多民族国家都是国家形式的主流。维护国家稳定与统一，维护世界的和平与发展，是人心所向，大势所趋。各相关国家和库尔德民族只有相互尊重、相互理解、平等相待、和睦相处，才能看到解决库尔德问题的光明前景。

---

1 见《库尔德民族解放运动往何处去？》，萨拉哈·巴德尔丁著，该文章发表于2007年2月10日召开的伊拉克埃尔比勒市萨拉丁大学"库尔德民族运动问题"研讨会上。

第十二章 全球化浪潮对阿拉伯世界的冲击

"全球化"这个概念是 20 世纪 80 年代中期出现的，它形象地概括了世界经济所发生的巨大变化，即"商品、服务、资本和技术在国际生产、消费和投资领域中大规模地扩散"。[1] 最初人们在理解"全球化"时，常以为此概念只指经济活动的现象，但实际上"全球化"已成为一个可以从多角度辨识、探讨和认识的概念。它不仅是经济的，也是政治的、文化的。

在全球化已成为国际热门话题的今天，人们越来越清楚地认识到，经济全球化既给各国的发展提供了新的条件，也带来了不同程度的风险。发达国家在经济全球化过程中因处于主导地位而成为最大的受益者。但广大发展中国家由于经济发展水平较低，利用机遇和防范风险的能力较弱，处于相对不利的地位，阿拉伯世界尤其如此。由于种种原因，阿拉伯世界在政治、经济、文化诸方面正面临着全球化浪潮巨大的冲击。

一、全球化浪潮对阿拉伯世界的政治冲击

20 世纪 80 年代以来，全球化浪潮席卷世界，不管人们如何确定全球化的概念或者主观上是否愿意加入全球化大潮，事实上都无法拒绝它。在纷繁复杂、形形色色的议论中，各个国家如何应对全球化的挑战是最大的话题之一。有学者认为，资本主义经济全球化是一把双刃剑，它既反映了社会生产力发展的状

---

1 见《试论穆斯林与全球化的关系》，哈桑著，载于《上海穆斯林》，2000 年第 4 期。

况，又是资本主义生产关系向全球扩张的集中表现。从本质上说，是对 20 世纪五六十年代世界社会主义运动和民族民主运动的反向清算，是对广大第三世界国家的"和平"戕伐。

对于阿拉伯世界来说，全球化浪潮的政治冲击是巨大的、明显的。从历史角度来看，全球化过程是与"大国政治"这个因素紧密地结合在一起的。所谓大国政治，是由大国起决定性作用或关键性作用的一种国际关系秩序和规则。广大阿拉伯国家则都不在大国之列，无论是从地域的角度，还是从政治、经济的层面，它们均属于第三世界。所以在全球化浪潮的冲击下，阿拉伯人首先感到的是自我的缺失。在他们看来，全球化最深层的内涵是它具有一种将人类从土壤中连根拔起的离心力。他们不断地提问：在全球化过程中，阿拉伯世界的地位在何处？难道全球化果真造就了一个没有归属感的世界？或者是一个无身份世界？埃及女作家法利黛·尼格希认为："不管多么乐观的人，都不能说目前阿拉伯世界所面临的危机是一场发展中的危机。阿拉伯世界已经从第三世界下滑到被边缘化的'第四世界'。阿拉伯世界中的穷国或富国、穷人或富人都已听不到自己在世界重大事件中的声音，都已被排挤在制定国际政治游戏规则的圈子之外。"[1] 所以全球化浪潮对阿拉伯世界最大的政治冲击，是使阿拉伯国家的国际地位弱化，国家职能退化，民族凝聚力淡化。

在全球化浪潮的冲击下，阿拉伯世界深深地感觉到，全球化意味着非民族化，意味着民族国家及其政府日益失去行动能力和塑造力量。因此，阿拉伯人越来越为这危险的趋向担忧：民族国家作用被削弱；有效主权空间被逐渐剥夺；边界、国籍、民族认同、民族统一、民族文化等国家基本要素受到侵蚀；外来的干涉与控制越来越强烈。

阿拉伯人普遍认为，全球化就是"西方化""殖民化""美国化"，全球化是美国和它的西方盟友在冷战结束后发起的又一场不流血的、旨在控制全世界的战争。阿拉伯世界则已经成为或者说正在成为这场战争中最大的牺牲者。

---

1 见《阿拉伯人及关于身份的提问》，法利黛·尼格希著，载于《阿拉伯人》，2001 年第 10 期。

事实确实如此。无论是哪一天，无论是从什么媒体，人们都能看到或听到关于阿拉伯世界的消息，目前，无阿拉伯世界事件报道的新闻好像已不成为新闻。然而这些新闻报道的不是阿拉伯世界的振兴与发展，不是阿拉伯国家的和平与繁荣，不是阿拉伯人民的幸福与安宁，而是阿拉伯世界的分裂与争斗，是大国的控制与干预，是接连不断的战争与暴力，是关于恐怖主义活动的议论与传说，是阿拉伯人民所遭受的种种不幸与苦难……

阿拉伯世界到底怎么了？对于这个问题的答案也许会有很多，但有一点是可以肯定的，即与美英等少数发达国家从政治、经济、意识形态和文化上制造的新一轮全球化冲击波不无关系。阿拉伯世界的有识之士并不否认全球化是一个客观发展趋势，但是他们更清醒地意识到，西方宣扬全球化带有明确的政治意图。美国和某些西方国家正在千方百计地利用全球化推行其战略目标。

美国前总统小布什曾提出过一项旨在促进中东地区实现更高民主化的"大中东计划"。美国的"大中东计划"酝酿已久，早在20世纪90年代初，美国政府的智囊库就提出以伊拉克为试点，在中东地区进行为期10年的政治、经济和社会的全方位变革，在传统保守的中东地区推行西方式民主，按照西方国家的模式来管理这些国家的经济和社会。这项计划所套用的正是导致苏联解体和东欧国家发生剧烈社会动荡的那种模式。此外，美国的"大中东计划"还改变了对中东地区阿拉伯国家的传统定义，除了阿盟22个成员国外，首次将以色列、土耳其、伊朗、巴基斯坦和阿富汗也纳入大中东地区的范围，这与以色列曾经提出的"大中东"构想如出一辙。

从表面上看，美国抛出"大中东计划"是在给本来就动荡不定的阿拉伯世界火上浇油，实际上阿拉伯世界所面临的这种局面本身就是由美国利用全球化浪潮推行其改变中东的战略目标造成的，是其长期在中东地区推行"大中东"构想的必然结果。因此，对"大中东计划"，阿拉伯人并不领情，他们清醒地意识到它意味着什么，会给他们带来什么。埃及前总统穆巴拉克就明确地指出："没有人会幻想按一下按钮，自由就会来临。那样的话，这个国家就会大乱。

如果毫无控制地广开大门，就会出现无政府状态。"[1]

阿拉伯学者认为：所谓的全球化，实际上是以美国为首的西方资本势力的运动。目前，中东不是生活在全球化阴影下，而是生活在"美国化"的阴影下。美国前总统克林顿曾声称："我们的父辈和祖辈所经历的那个世界的壁垒、障碍和边界正在被打破。"[2] 在某些美国人眼里，哪个国家不向美国和西方开放市场，不接纳美国的信息、思想、文化、观念、生活方式，哪个国家就会被时代所抛弃。

在美国看来，萨达姆领导下的伊拉克是一个强硬的反以色列国家，是对周边国家有领土野心的国家，是喜欢在中东地区闹事的国家，是一个不听话的国家。所以它被列为美国实行"大中东计划"的试点国，接受了美国发动的海湾战争和伊拉克战争两次"外科手术"式的武力改造，直至萨达姆政权被推翻。作为主权国家的伊拉克，实际上已完全在美国的掌控之中。

在美国看来，利比亚也是这样的国家，是反美、反西方的"旗手"。1986年，里根政府曾对利比亚领导人卡扎菲实行定点清除。卡扎菲虽幸免于难，但他的养女和40多个利比亚人却惨死在美军的导弹之下。1992年3月，美英等国力促联合国安理会对利比亚进行航空、军事和外交制裁。1996年美国国会通过制裁利比亚的法案。长期的制裁使利比亚在国际社会中处于孤立的困境，经济遭受严重打击，国内政局出现动荡。这一切迫使利比亚不得不宣布对洛克比空难事件负责，并予以巨额赔偿；宣布放弃研制大规模杀伤性武器；签署《不扩散核武器条约》附加协议书；加入《禁止化学武器公约》等。利比亚的目的在于打破多年封锁造成的孤立局面，加快实现重返国际社会的目标，改善与美国、英国等西方国家的关系。2011年，美国趁利比亚革命爆发之际，联合英法多国，

---

[1] 见《美要求埃及带头实行"大中东计划"》，载于参考消息网，http://www.cankaoxiaoxi.com，2004年3月10日。

[2] 见《全球化是不是西方化？》，王缉思著，载于爱思想网，http://www.aisixiang.com，2003年8月4日。

以空袭政府军的方式支持反对派，强行推翻了卡扎菲政权。

在美国看来，叙利亚同样是长期坚持强硬立场的阿拉伯国家。为此，美国威胁要对大马士革实施制裁，指责叙利亚窝藏恐怖分子，并持有大规模杀伤性武器，暗示其将成为美国反恐战争的下一个目标。美国的高压和邻国伊拉克的惨痛教训迫使叙利亚软化立场，采取务实态度。在叙利亚的激烈内战中，美国和西方国家自然是千方百计地支持反政府力量，甚至不惜派人员参与其中。

在美国看来，位于非洲北部地区贫穷落后的苏丹并不是一只"温顺的羔羊"，而是该地区一个不稳定因素。长期以来，美国一直想将苏丹控制在自己的手中，一直在打压苏丹。它声称苏丹与"基地"组织有染，苏丹有"基地"组织的训练营地等。2004年7月22日，美国向联合国安理会提交了一项有关苏丹达尔富尔问题的新决议草案，扬言如果苏丹30天内不审判达尔富尔地区的武装民兵组织领导人，就将推动安理会对苏丹实施制裁。7月30日联合国安理会通过了这一决议。苏丹对该决议虽然很不满意，但也不得不服从。在美国等西方势力的操纵支持下，苏丹已一分为二，成了西方"分而治之"政策的又一个成功案例。

事实证明，经济全球化或"美国化"，对阿拉伯世界而言，是指以资本主义为主导的，少数大国征服弱国、小国乃至整个世界的现象和过程。它正在对国际政治关系的内涵与结构产生重要的辐射作用，正在对传统主权观念、国家安全理念、国家利益的内涵产生强烈的冲击，正在对阿拉伯世界原有的意识形态、宗教及政治制度产生严重的影响。2010年"阿拉伯之春"的爆发与经济全球化无疑有着密切的联系。

二、全球化浪潮对阿拉伯世界的经济冲击

"经济全球化"虽已成为人们耳熟能详的词语，但是目前的全球化却并

不是在全球意义上均衡推进的，而是一种选择性的现象。在经济全球化的过程中，发达国家因处于主导地位而成为最大的受益者。广大发展中国家，特别是非洲国家则面临着巨大的风险和挑战。相当一部分位于非洲的第三世界阿拉伯国家也面临着全球化浪潮在经济方面的巨大冲击。

根据世界银行的统计，全球范围内主要有 24 个国家和地区、覆盖 30 亿左右人口的区域在全球化中获益。1990 年以来，这些国家的人均 GDP 增长达到 5%，而同期发达国家的增长率为 2%。与此相对，还有接近 20 亿人口不分享全球化的好处，相关国家被称为"非全球化国家"，2004 年以来，人均 GDP 平均每年下降 1% 左右。因此，全球化的进程实际上并不是在全球意义上推进的，世界范围内有大约 1/3 的人口被抛弃在全球化的进程之外，2001 年的恐怖主义事件和金融危机更恶化了这些"非全球化国家"的处境。阿拉伯国家就是没有在全球化进程中受益的"非全球化国家"，而全球化带来的负面影响，全球化浪潮带来的冲击，对它们来说却是实实在在，不能幸免的。这种负面影响和冲击，主要体现为其综合国力的衰化、贫富两极的分化、生存环境的恶化以及由此而产生的贫困、失业、外债、人才外流等严重的社会问题。

阿拉伯世界以及其他第三世界国家由于历史原因，经济基础薄弱，资金匮乏，技术落后，人才短缺，市场体系不完善，投资和储蓄率低，外债负担沉重，劳动生产率低下。在全球化过程中，它们与发达国家之间的发展差距从总体上说不是缩小了，而是加大了。据有关资料统计，占世界人口 15% 的富国拥有全球总收入的近 80%。20 世纪 70 年代，全世界最富的人和最穷的人的人均收入比是 30∶1，而 2001 年已上升到 74∶1。据联合国 2002 年提供的资料，发展中国家 46 亿人口中有 8.26 亿人没有足够的食品，有 8.5 亿文盲，有 10 亿人得不到洁净的饮用水，有 24 亿人没有基本的生活保障和医疗费用，有 3.25 亿儿童上不起学，有 13 亿人生活在绝对贫困线以下，日平均生活费不足 1 美元。仅仅在非洲，就有 1600 万人在挨饿。对大多数阿拉伯人来说，全球化许诺的是繁荣，带来的却是贫困、饥饿、失业、战争、环境破坏、民族分裂、种族歧视等等人们天天都能从媒体了解到的存在于阿拉伯世界的不稳定现象。埃及艾因夏姆斯大学教授穆哈辛·哈达尔博士认为：存在于阿拉伯世界的这种现象看起来是内部问题，实际上却是世界经济体制不规范的产物，是西方长期削弱阿拉伯世界的综合能力、掠夺阿拉伯世界的财富的结果。[1] 几乎所有的经济学家都承认，全球化进程中的国际金融体系是不对称的，是倾向于发达国家而不利于发展中国家的。或者说，是以发达国家的利益为基础形成的，本身既没有反映发展中国家的经济现实，又不利于发展中国家的发展和金融风险防范。因此，有阿拉伯学者认为，全球化是资本主义的一个新阶段。它对工人阶级和弱小民族来说是一场灾难，是资本主义的新一轮进攻。它所造成的不良后果是：失业比例的增加，劳动收入的降低，外债压力的增加，教育、卫生体系的恶化，国内生产体系的瓦解，生存环境的恶化等。

阿拉伯劳工组织的一份统计报告显示，阿拉伯世界的失业率已超过 8%。伊拉克战争后，一些阿拉伯国家的失业率已经达到 25%，巴勒斯坦的失业率是 75%，伊拉克的失业率是 80%，叙利亚的失业率也超过 50%。埃及《亲人报》曾刊登过一幅漫画：一位贫困的青年，站在劳务部长的家门口，背上背着一件写有"失业"字样的武器。他对劳务部长家门口的警卫说："请告诉部长，一位找工作的人要见他。"这幅漫画真实地反映了许多埃及青年的不幸状况。他们每天都在为填饱肚子而奔波，梦想着衣食、住房和结婚。一个总人口 6700 多万的国家竟有 400 多万大龄女青年、700 多万大龄男青年未能结婚，有 400 多万年轻人找不到工作。试想，一个年过 40 的人，如果还没有住所，还不能结婚，还没有一份像样的工作，将会是一种什么处境。即使有幸找到工作，他的工资收入也很难与不断上涨的物价相适应。2002 年 10 月，笔者在离开埃及 10 多年后重返开罗时发现，当地人的工资收入几乎没有增加多少，而美元的兑换率却已从以前的 3.4 埃镑换 1 美元涨到了 7 埃镑以上换 1 美元。

外债是阿拉伯世界在全球化浪潮下面临的又一个严重的问题。当阿拉伯

1　见《世界的贫困状况》，穆哈辛·哈达尔著，http://www.alwatan.com，2001 年 9 月 27 日。

国家行走在崎岖不平的借贷之路上时，它们原以为有能力利用借贷实现各项发展计划，同时偿还债务和利息。然而几年以后，它们尴尬地发现，它们既没有实现原定的发展目标，又无力偿还债务和利息。为了应对世界银行和国际货币基金组织等国际金融机构的压力，它们不得不借贷更多的款项，采用以新债还旧债的办法，继而使自己深深地陷入债务的恶性循环之中。早在 2000 年，埃及的外债已达 271 亿美元，苏丹的外债是 159.4 亿美元，摩洛哥的外债是 163.7 亿美元，也门的外债是 49.3 亿美元，黎巴嫩的外债是 68.7 亿美元，叙利亚的外债是 212.7 亿美元，约旦的外债是 67.5 亿美元。这些外债就像套在阿拉伯国家脖子上的锁链，一方面使其听命于西方大国和财团，一方面死死地限制着它们自身的发展，影响着它们的综合国力和人民生活水平的提升。

与全球化有关的导致第三世界（包括阿拉伯世界）贫困落后的主要原因有两个，一是大量资金从穷国流入富国，用于支付沉重的债务利息；二是富国对全球化保护主义的反应。它们在市场上排斥穷国的产品，只要求穷国对它们开放市场，而它们的市场却对穷国设置种种贸易壁垒。本来，第三世界国家的经济结构就仍未摆脱依赖自然资源和人力的状况，科技基础薄弱，在国际市场上的竞争力和获利能力很低。阿拉伯国家中仅有的几个富国依靠的完全是总有一天要开采完的石油资源。大多数阿拉伯国家的工业都是相当落后的，处于所谓的"半现代化"状态，且大多是以满足内需为主的行业和企业。外资投入大都集中在经济相对发达、基础设施较好、进出方便、局势稳定的地方。所以对阿拉伯世界来说，除自然资源的开采项目外，其他项目外资是不肯光顾的。2001 年阿拉伯国家吸引外国直接投资的金额还不到全球外国直接投资金额的1%。就连阿联酋这样的国家也属于外国投资流入最少的国家之一，在 140 个国家中，处于 136 位（2010 年统计）。因此，阿拉伯国家大批无法面向出口或者竞争力不强的中小企业普遍萧条甚至破产，倒在西方跨国公司的挤压之下。

面对失业、萧条、动荡和生活水平低下，阿拉伯世界的大批人才就像阿拉伯世界的石油一样流向西方。人才的外流将使阿拉伯世界失去其发展的最大希望。因为，没有发展所需的投资和人力资源，没有基于人民的文化需要和社会价值观念的发展，阿拉伯国家就必然继续陷入更加严重的贫困和不稳定之中。

巴以问题使除巴勒斯坦以外的埃及、叙利亚、黎巴嫩、约旦等国家也处在前线国的位置；两伊战争、海湾战争、伊拉克战争则使伊拉克成为阿拉伯世界的主战场；叙利亚、也门、利比亚的内战，"伊斯兰国"的猖獗，民族矛盾、恐怖主义等等不仅严重制约阿拉伯世界经济的发展，影响外国公司在该地区的投资，而且使阿拉伯国家面临另一巨大的经济压力——军费开支。在世界新秩序中，战争已具有特殊的地位。如果说武力在冷战时期仅仅是一种威慑，那么在今天，它已经是真正的威胁，这已经在海湾战争、阿富汗战争、伊拉克战争、叙利亚战争、也门战争、利比亚战争中得到了体现。面对这样严峻的局面，阿拉伯国家必须把安全放在第一位，加大军费开支，提高防卫能力。2003 年，阿拉伯世界用于国防的开支是人均 141 美元，科威特的国防开支达人均 2019 美元，阿曼的国防开支达人均 1149 美元。而到 2013 年，沙特的国防开支已达 670 亿美元。全球化及世界新秩序给阿拉伯世界带来的不是繁荣和安宁，而是新的挑战和威胁，是金融、经济、就业、收入、环境等方面的更不确定与不安全。

三、全球化浪潮对阿拉伯世界的文化冲击

以经济全球化推动政治全球化和资本主义意识形态全球化，又以政治全球化和资本主义意识形态全球化来保障经济全球化，就是国际资本主义主导经济全球化的全部战略。以资本输出附带并推动意识形态渗透，兜售西方的"民主"政治模式、私有化的发展道路和个人主义、自由主义的价值观，是全球化战略的重要部分。所谓全球化，本来就是全球经济、政治、文化（意识形态）的一体化。在当今世界，以美国为首的西方发达国家凭借其强大的经济、政治、

科技和军事实力，不仅从整体上统治着全球的经济政治"新秩序"，而且企图在思想文化上统治全球。因此，在全球化浪潮席卷社会生活各个领域之时，阿拉伯世界也在承受着全球化浪潮巨大的文化冲击。

全球化浪潮对阿拉伯世界的文化冲击是全方位、多层次的。它渗透到阿拉伯社会的各个领域，其中包括意识形态、文化传统、生活习惯、语言文字及媒体娱乐等层面。

伊斯兰大学联盟秘书长贾法尔·阿卜杜·萨拉姆教授认为："美国领导的全球化是伊斯兰世界面临的最严重的挑战。它形成了对长期以来人们所公认的一些诸如国家主权、不干涉内政、国家与个人的关系、文化、教育、文明等理念的真正威胁。在文化层面，全球化企图根除来自其他文明的对西方思想、文化的抵抗，特别是被许多西方思想家视为新的敌人的伊斯兰文明、文化的抵抗。"[1]在现代以西方文化阵营为主体的文化格局中，阿拉伯文化和其他第三世界民族文化都被视为"非主流文化"或"弱势文化"。广大阿拉伯学者已经深深地感受到了全球化风暴对阿拉伯民族、阿拉伯文化的威胁。种种迹象表明，全球化浪潮冲击下的不同民族、不同文化、不同信仰之间的碰撞、摩擦乃至对立、冲突，已成为影响世界稳定的重要因素。与冷战时期的意识形态对立不同，全球化背景下的文化冲突体现着世界观、人生观、价值观等精神层面的差异，与意识形态对立相比有着更深刻、更重要的内涵。它直接植根于人的内心精神世界，故能更直接地对人们的思维方式和行为方式产生影响。

阿拉伯学者福阿德·哈吉指出："全球化正在以它所推行和宣扬的理念和价值观威胁着阿拉伯伊斯兰文化。"[2]全球化浪潮对文化冲击的明显表现就是西方中心主义主张的强势文化支配、吞噬其他弱势文化，建立文化霸权以推行文化殖民。在全球化过程中，以美国为首的西方发达国家总是利用科技优势，

---

1 见《美国式教育》，贾法尔·阿卜杜·萨拉姆著，http://www.ikhwanouliue.com，2004 年 1 月 19 日。
2 见《全球化和"大中东"：新殖民主义》，福阿德·哈吉著，http://www.alnedal.net，2004 年 3 月 7 日。

凭借因特网、大众传媒和各种舆论工具，不遗余力地宣扬西方文化，以单一的视角告诉人们应该如何生活，强调西方主流文化的一元性，预言未来全球文化的同质化；与此同时又以贬损和牺牲其他多元文化视角为代价，严重地损害其他非西方的区域性文化传统和价值观。在西方，特别是"9·11"事件和"伊斯兰国"出现以后，被妖魔化了的阿拉伯人所受到的敌视、歧视和冷遇是前所未有的。这也是迫使阿拉伯国家采取"向东看"策略的原因之一。

在伊拉克战争期间，美国大兵已临巴格达城下，而城内的许多伊拉克青年仍在租借美国大片光碟，购买美国歌曲光盘。我们无权干涉伊拉克青年的选择，但这种现象足以说明文化冲击和文化渗透的程度之深。埃及艾斯尤特大学新闻系教授哈娜·萨里姆在她的博士论文中呼吁，阿拉伯家庭应注意阿拉伯儿童人格的形成，注意卫星电视节目给儿童带来的消极影响。她认为今天的阿拉伯人已有别于以前的阿拉伯人。以前的阿拉伯人是那么的美好，充满了爱，这种爱把家庭成员凝聚在一起，把工作中的同事们凝聚在一起……不久以前，这种爱还是人际关系中的主导者，那时人们讲诚信，因为它是爱的基础。而今天，这一切都不存在了，取而代之的是利益。传统的社会特性在全球化浪潮冲击下崩溃。儿子变得不孝，女儿变得很开放，阿拉伯儿童的行为方式就像一个西方儿童一样，家庭失去了控制，社会失去了秩序。[1] 阿拉伯学者普遍认为，阿拉伯青少年正在经受来自卫星电视和计算机网络的西方文化的强烈冲击。这种冲击正在使他们的集体主义价值观改变成为个人主义价值观，使他们的精神至上价值观改变成为物质至上价值观。速度、力量、利益至上的价值观正在取代奉献、互助、同情的价值观。有学者甚至认为，全球化是反道德的。它正在吞食人类历史上长期积累的价值观和道德标准。[2]

1　见《卫星电视扼杀了阿拉伯儿童的天真》，哈娜·萨里姆著，载于《阿拉伯妇女》，2002 年 10 月 6 日。

2　见《道德的全球化和全球化的道德》，穆哈默德·尤努斯著，http://www.albayan.co.ae，2002 年 11 月 9 日。

在全球化进程中，单一话语霸权是又一种形式的文化冲击。这种现象的涉及范围已远远超出学术领域，影响到大众的生活。它不仅以语言（英语）的优势主导着人们的交流，而且还以主流的姿态挤压着人们的心灵。这种话语霸权的强大惯性力量，会继续在全球化过程中所向披靡，无情地挑战人们的精神自由。这种冲击对阿拉伯世界的影响是十分明显的。它使阿拉伯人与本土文化之间的距离加大，使阿拉伯人在生活中渐渐脱离标准的阿拉伯语。许多阿拉伯媒体都曾批评一些人喜欢炫耀自己能讲英文，医院里的某些医生甚至在给来自农村的病人看病时，在阿拉伯语中掺杂一些英语单词，闹得病人"丈二和尚摸不着头脑"。

语言问题关乎民族尊严，我们曾在阅读都德的《最后一课》中有深切的体会。一个民族首先要学会自尊，然后才能得到其他民族的尊重，这也包括对自己语言的热爱和尊重。面对全球化和英语扩张的强势，阿拉伯世界应积极采取相应的对策，大力保护本土语言和文化，推动阿拉伯语的传播，拓展其生存空间，以抵御单一的话语霸权。

全球化浪潮对阿拉伯世界的文化冲击还包括对阿拉伯文化的蔑视。美国虐囚丑闻就突出地表明了这一点。俄新社军事评论家维·利托夫斯金在《巴格达监狱的教训》一文中指出："任何受过教育、来自文明社会的看守都不会公然承认虐待囚犯，更不会将虐囚过程拍摄下来向亲朋好友乃至全世界展示，而为什么'个别'美军士兵胆敢如此？答案再简单不过。因为他们认为，自己可以凌驾于一切原则之上，是人上人。"

叙利亚移民部长布赛纳·沙班也认为：侵犯人权，蔑视其他国家的文化、宗教和文明，违反国际法，支持外国军事占领巴勒斯坦及伊拉克，这些都助长了弱肉强食的丛林法则的传播和伦理法律标准的沦丧。西方新保守派蔑视阿拉伯人的种族歧视态度因而流行。[1]

---

1 见《伊拉克和巴勒斯坦监狱中还隐藏着什么秘密？》，布赛纳·沙班著，载于《明星日报》，2004 年 5 月 11 日。

　　"9·11"事件以后，某些西方势力把阿拉伯世界看作国际恐怖主义的根源，甚至认为"9·11"事件的罪魁祸首是伊斯兰教、阿拉伯人和穆斯林。实际上，全球化导致了贫富差距扩大、穷国向富国的移民潮、分离主义；在单极世界秩序背景下，美国奉行武力至上，激发弱国的反抗；西方文明导致的金钱至上、文化道德堕落等危机引发"反西化"浪潮等才是国际恐怖主义的真正根源。阿拉伯学者法塔赫·塔里凯博士认为：现在的时代是力量的理智控制理智的力量的时代。暴力是全球新秩序赖以建立的基础。事实上以色列政府伤害巴勒斯坦人民的行为，美国对伊动武等才是真正的恐怖主义。暴力是因暴力而产生的。长期的欺压必然导致绝望，绝望的民族只有奋起反抗，用鲜血和生命去换取民族的生存权。[1]"伊斯兰"在阿拉伯语中的意思是"和平""安宁""顺服"。伊斯兰教倡导人与人之间、民族与民族之间的平等与共处。阿拉伯世界不是恐怖主义的根源，阿拉伯人也不想成为"文明冲突"中的一方。

　　由西向东、由北向南而来的全球化浪潮席卷了整个世界，阿拉伯各国更是在政治、经济、文化等方面受到了这股浪潮的巨大冲击。面对这一局面，阿拉伯民族深刻地认识到，经济全球化是世界经济发展的客观趋势，任何人都无法摆脱这种趋势的影响；抵制全球化，只会将自己封闭起来，游离于世界中心之外，使自己被边缘化，是没有出路和希望的。唯有以积极的姿态思考阿拉伯世界应对全球化的策略，勇敢面对全球化的挑战，重新恢复阿拉伯的传统，从阿拉伯民族的历史文化遗产中寻求灵感，接受、适应并参与全球化的进程，才能最大限度地缩小全球化的负面影响，找到自己在全球化中的位置，确保自己的份额；只有加强阿拉伯各国之间的团结、协调和合作，患难与共，走共同发展的道路，促进经济区域化，才能在全球化过程中规避风险，击退挑战，求得生存和发展。

1　见《全球化和暴力》，法塔赫·塔里凯著，http://www.azzaman.com，2002 年 1 月 1 日。

第十三章 阿拉伯世界的民主进程

阿拉伯世界是全球关注的焦点，除了错综复杂的巴以冲突、接连不断的局部战争、因由纷杂的恐怖活动以外，民主化进程也是热点之一。出于自身的各种利益，美国竭力在阿拉伯世界推行其所谓的自由民主；阿拉伯世界则对民主有着不同的认知和解读。随着时代的发展，迫于来自内部和外部的种种压力，阿拉伯国家正在做出艰难的民主改革努力和尝试。

一、阿拉伯人对民主的解读

小布什总统在他刚就任美国总统时曾经表示，不会把美国的意志强加于其他国家。但是"9·11"事件改变了这项政策。当时的小布什政府认为，"9·11"事件的根源是阿拉伯世界不民主。他们认为世界各国都在向民主发展，唯独阿拉伯世界例外，这一例外是一个历史性的错误，而这个错误不但影响阿拉伯国家自身，也影响到了美国。经过认真的反思，美国政府得出的一个重要结论就是，必须对阿拉伯世界进行民主改造。

美国政府对阿拉伯世界输出民主是着眼于美国的霸权利益。约旦哈希姆大学政治学教授阿德南·哈雅吉纳在《阿美关系——利益与原则》一文中明确指出，美国在阿拉伯世界的根本利益是：第一，保证不让任何国家和任何外来霸权势力控制石油资源，保证阿拉伯世界的石油以合理的价格源源不断地流向西方世界。第二，保持阿拉伯世界目前这种政治上不稳定的局面，禁止任何可能导致亲美政权政治、经济变化的行动。第三，保护其在中东地区的战略盟友以色列免受来自阿拉伯世界或外部的生存威胁。

在这样的意识形态的指导下，在这样的国家利益的驱动下，美国一直在阿拉伯伊斯兰世界进行各种形式的民主输出，并在此基础上，于 2004 年年初提出了旨在对以色列、土耳其、伊朗、阿富汗、巴基斯坦和其他 22 个阿拉伯国家实施政治、经济、社会、文化，特别是民主改革的所谓"大中东计划"。此后，美国政府和小布什总统在阿拉伯世界推广"美式民主"的呼声越来越高，行动越来越具体。

2005 年 4 月 12 日，美国总统布什在得克萨斯州胡德堡军事基地向美国士兵发表讲话时宣称："美国军人从基地去伊拉克、美国军事力量在伊拉克的存在，总体而言，推进了民主的传播、促成了巴勒斯坦和伊拉克的大选，并对在埃及实行变革造成压力。"布什说："在中东心脏地带建立起一个自由的伊拉克，将大大挫败专制和恐怖势力，成为全球民主革命的分水岭。"[1] 2005 年 3 月 1 日，白宫发言人麦克莱伦在回答中东民主变革是否起因于美国政策的激励这个问题时，也直言不讳地表示：伊拉克选举是催化剂，这得益于布什政府发动的进攻。[2]

布什总统和时任国务卿赖斯在 2005 年 1 月首次明确提出"新布什主义"的轮廓。所谓"新布什主义"就是布什政府的"全球民主化"战略，即美国通过进攻性的外交、军事、经济等手段向全球推广"民主""自由"，以此来保卫、促进美国的利益。2005 年 1 月 20 日，布什在第二任期就职演说中宣布："我们获得和平的最佳途径就是把自由扩散到全世界的每个角落。"[3] 在 2005 年 2 月的国情咨文中，布什公开敦促时任埃及总统穆巴拉克在中东地区率先传播民主。

在纪念第二次世界大战结束六十周年的庆典活动期间，美国总统布什表

1　见《华盛顿在中东地区传播民主的矛盾立场》，艾哈迈德·卡米尔著，载于《联合报》。

2　见《布什"民主攻势"将加剧中东动荡》，载于参考消息网，http://www.cankaoxiaoxi.com，2005 年 3 月 4 日。

3　见《从"颜色革命"看"新布什主义"》，牛新春著，载于爱思想网，http://www.aisixiang.com，2005 年 4 月 14 日。

示，"自由国家"有从伊拉克开始帮助中东地区推广民主的义务。2005 年 5 月 7 日晚，布什总统在拉脱维亚首都里加发表的讲话中指出："美国致力于在中东地区确立民主的价值观，因为自由是实现和平唯一正确的途径。"[1] 他还表示，民主将增强国家内部的和平，因此，有必要在埃及举行总统选举期间向其派出国际观察员。2005 年 4 月 8 日，布什在参加罗马教皇保罗二世的葬礼后，在从罗马返回美国的飞机上，再次向在场的记者们表示，美国在中东的长远战略就是传播自由和民主。

民主是人类社会的基本价值观念之一，民主的概念是政治学的核心概念。民主理论是当今世界争论最为激烈的话题，人们对民主的理解千差万别。阿拉伯人也有他们自己的对民主的不同解读。在阿拉伯世界，怎样看待民主？怎样看待"美式民主"？伊斯兰教与民主是什么关系？民主能否解决阿拉伯社会面临的种种问题？这些皆是人们长期争论不休的复杂问题。

对于伊斯兰教与民主的关系，一种观点认为：伊斯兰教与民主在根本上是对立的，民主是对伊斯兰教的背叛。另一种观点认为：民主就是"伊斯兰政治学"中的协商。第三种观点认为，民主既然只是一种机制，而不是一种哲学，那么它与伊斯兰教并不对立。总体而言，大多数阿拉伯人认为，伊斯兰教不是反民主的，但伊斯兰教主张的民主与西方所宣扬的民主之间是有区别的，不同之处体现在人类的自由、个人和集体的关系及立法等方面。

伊斯兰教认为自由是人类的自然权利，自由权如同生存权，自由的人可以选择自己的信仰和生活方式。但这种自由是在一定的框架内行使的。每个人都可以有自己的自由，但是这种自由不能伤害他人或剥夺他人的自由。"伊斯兰政治学"中民主协商的意识体现了对人的尊重和权利的平等。伊斯兰教尊重多数人在一个问题上达成的共识。但在接受时，首先要证实公议是否符合理性，而且必须符合个人和社会的道德及精神健康。因此，阿拉伯人认为，伊斯兰教中的"公议"是选举民主的一种完美的证明或惯例，伊斯兰教是倡导平等、正

---

1 见《布什呼吁同盟国在中东地区传播民主》，载于《联合报》，2005 年 5 月 9 日。

义、公平的，伊斯兰教与民主没有真正的矛盾。

伊斯兰教不排斥民主，阿拉伯人也向往民主。然而，对于西方民主，对于美国欲强加给阿拉伯世界的民主，对于西方世界要按西方模式对阿拉伯世界实行的民主改造，阿拉伯人是有着强烈的抵触心理的。

针对美国提出的"大中东计划"，阿拉伯思想基金会主席阿卜杜勒·阿齐兹 2004 年 12 月 1 日在第三届阿拉伯思想大会上指出：在当今充满变革的世界中，阿拉伯民族可以接受"变革文化"，但拒绝"文化变革"，因为"变革文化"是一种乐于被接受和顺应变革的文化，也是阿拉伯民族固有的，而"文化变革"则是外部力量试图强加给阿拉伯民族的，其目的在于改造阿拉伯文化。许多阿拉伯人认为，伊斯兰民主是体现真主意志的真正民主，西方民主根本不适合阿拉伯世界，因为美国推行民主化战略不是为了维护阿拉伯人的福祉，而是为了更好地实现美国在中东的利益。在许多阿拉伯人看来，美国其实根本容不得中东真正实现民主自由，它关闭伊拉克的反美报纸，要求卡塔尔政府关闭半岛电视台，虐待伊拉克囚犯……这一切都说明它在阿拉伯世界推行民主是一种伪善。

由于美国以暴力手段强行在伊拉克推行"美式民主"，由于美国长期以来在巴以问题上采取偏袒以色列的做法，由于美国在阿拉伯世界种种作为，已经有越来越多的阿拉伯民众把美国主导的民主化与美国霸权扩张等同视之，从而加深了他们对"民主改造"的抵触情绪，甚至激发起他们更加强烈的民族主义情绪，从而产生各类形式不同的对立、冲突与反抗。在许多阿拉伯人看来，民族分裂和冲突几乎成了民主的伴侣，二者形影相随，民主在很大程度上正是民族问题爆发的催化剂。美国给阿拉伯世界带来的并不是民主、自由、人权，而是灾难。2005 年 4 月 18 日，一位叫哈米德·纳吉布的阿拉伯漫画家在阿布扎比《联合报》上发表了两幅关于民主的漫画，一幅的内容是：一位貌似小布什的美国人手中举着一块写有"民主"字样的牌子，站在他旁边的一名阿拉伯人对他说："坦率地讲，你们所说的一切意味着你们要用尽手段将我们灭掉。"

另一幅漫画的内容是，在一个关于人权的记者招待会上，一位衣不遮体、手脚有伤的阿拉伯人在向记者们倾诉，他说："他们把我关入'民主'的牢笼，用'民主'的锁链捆绑我，用'民主'的棍棒拷打我，用'民主'的刑具折磨我……"

叙利亚前总统阿萨德的顾问利亚德·纳阿萨博士认为，现在瞄准各阿拉伯国家首都的最危险的导弹就是"民主"。因为这种民主是一种伪善，它本质上是要彻底摧毁真正的民主，摧毁阿拉伯伊斯兰的思想体系、道德标准和价值观念。许多阿拉伯有识志士认为，阿拉伯世界有其自身错综复杂的文化、宗教、民族和历史因素；阿拉伯国家需要建立适合本地区文化特性和情况的民主；每一个阿拉伯国家都需要按照自己的步调和进度迈向民主。此外，阿拉伯民族有责任和义务首先解决巴以冲突问题。所有理性的阿拉伯学者和政治家们都认为，民主应是渐进的。这实际上是大多数阿拉伯人的共识。因为美国在阿拉伯世界推广民主的"善行"，非但没有减少冲突，反使贫富差距拉大，民族矛盾加剧，社会更加动荡不安。以追求民主为首要目的的"阿拉伯之春"，带给阿拉伯民众的不是民主，而是战乱、残杀、恐怖、贫困和无奈无助。

事实上，许多东西不是发展中国家想学就马上能学到的，更不是能随意强加的。民主化有一个相当长的渐进过程，而且民主有很多模式，西方国家的民主也各不相同。事实表明，快速的民主化可能会破坏社会的平衡，助长极端主义的政治思潮，使激进分子和他们的组织靠着对西方和以色列的仇恨情绪而抱团，不断坐大，甚至通过"大选"这一民主手段获得国家的最高领导权。"基地"组织的发展、"伊斯兰国"的猖獗、埃及穆兄会的上台与下台都是对此最好的例证。这些不仅是令许多阿拉伯执政者和广大民众担忧的事，也是令美国和西方深感不安的事情。

阿拉伯人是非常现实的。他们在对待民主的态度上，非常赞同俄罗斯总统普京的观点：我们支持民主，但我们不支持让我们的人民挨饿的民主；我们支持民主，但我们有我们自己的文明，有我们自己的特性，有我们自己的习惯。

二、阿拉伯国家的民主改革尝试

由于阿拉伯和穆斯林内部世界要求进行民主改革的渴望和呼声越来越高，西方世界尤其是美国政府施加的种种外部压力，阿拉伯国家正在进行着艰难的民主改革尝试。各种来自政府的、团体的、民间的民主改革努力已经取得了一定的成果。有些西方记者甚至乐观地用"风起云涌"来形容发生在中东的民主运动。

2004 年 5 月 22 日，第十六次阿拉伯国家首脑会议在突尼斯召开。会议通过了题为"改革、发展、现代化进程"的文件。这份文件明确指出：要加强民主的基础，加快民主的进程；要保护人权，充分发挥妇女的作用，提高妇女的社会地位；要扩大民众在政治、公共事务中的参与；要加倍努力，继续在政治、经济、社会、教育等领域的改革、发展进程。这份文件表明了在阿拉伯国家首脑们中间有着实施改革、发展经济和实现现代化的意愿与决心。

2005 年 3 月 13 日，当时的埃及总统穆巴拉克在"阿拉伯世界改革"年会的开幕词中指出：在阿拉伯地区加强民主、协商、合作的基础，是阿拉伯政府和人民坚信不疑的一种战略选择。因此，改革的纲领必须来自内部的意志，而不能由外部强加，同时还必须充分考虑阿拉伯社会的特性和不同的条件。政治改革是加强民主基础的关键。他坚信言论自由是社会复兴、民主振兴的基础，是执政的基础，也是广大人民群众参与决策的途径。在这样的思想指导下，更是在埃及社会的压力之下，穆巴拉克总统要求埃及人民议会和协商会议修改埃及选举法的第 76 条，允许通过公民直接投票的方式在多名候选人中选出总统，从而为埃及在直选问题上放松了闸门。尽管穆巴拉克仍在大选中获胜，但这次选举在埃及的近代历史中确实是前所未有的，起码在形式上有了改变和突破，应该是在阿拉伯世界民主进程中迈出的重要一步。

与此同时，叙利亚总统巴沙尔·阿萨德在接受西班牙一家报社的记者采访时表示：叙利亚很快就会见证多党制阶段的来临，见证新的选举法，见证民间的报纸、电台和电视等一系列的政治、媒体、经济开放举措。他表示：要对自1947年4月7日复兴党成立58年以来未做任何改动的党章进行修改。不仅要重新审视党在行动中的一些错误，更要审视使党处于思想僵化状态的党的指导思想和理论基础。除了2005年3月6日叙利亚从黎巴嫩撤军外，叙利亚还采取了另外两个特别令人关注的举措。一是叙利亚外交部向驻外使馆发出通知，允许向所有在国外的叙利亚公民发放或更新护照，从而允许包括持不同政见者在内的所有人员回国。这一举措在叙利亚的海外反对党中获得了积极的反响。二是释放了312位因在足球比赛期间闹事而被拘禁的库尔德人，并允许库尔德人在贾拉尔·塔尔班尼被推举为伊拉克总统时在大马士革集会。这一切无疑是叙利亚在民主改革中的积极举动和大胆尝试。

2005年4月19日，科威特议会通过了一项法律，破天荒地允许妇女参加这个海湾阿拉伯国家的市政厅选举。这是阿拉伯国家在民主化进程中迈出的又一可喜的步伐。科威特妇女认为，这一天是历史性的时刻，它是科威特妇女经过长期斗争后取得的胜利果实，也反映出科威特人民对民主的深刻理解和渴望。经过努力，科威特领导机构中已有11%的职位由妇女担任，其中包括副部长、大使、大公司经理、大学校长等。科威特妇女同时表示，她们不会满足于已取得的一切，她们将要求更高的社会地位，更多的参政议政的权利和机会，要求妇女的权利能够得到真正的尊重。

在尊重妇女、尊重妇女的权利这一问题上，摩洛哥是阿拉伯国家中表现较为出色的国家。国王穆罕默德六世自1999年登基以来，一直关注妇女的生存状况，关注妇女的权利和地位。在他的授意下，摩洛哥对《家庭法》做了修订。新的《家庭法》规定，男人只有在第一位妻子不能生育并征得她的同意后，才能娶第二位妻子。这等于取消了一夫多妻制。新的《家庭法》还规定：夫妻离婚要由法庭决定，丈夫不能随意休妻。在离婚时，女方有权要求得到夫妻共有财产的一半，有权要求做子女的监护人。这一规定使男人不得不认真对待离婚问题，从而使离婚率大大下降。据官方统计，2003年，摩洛哥的离婚总数为 37,500 例，2004 年实施新的《家庭法》后，下降为 10,500 例。新《家庭法》还将妇女结婚的年龄从 15 岁提高到 18 岁，同时规定，女性可以在不征得监护人同意的情况下结婚。在摩洛哥，女议员已占 10%，担任法官、军官、部长等要职的妇女也不在少数。

此外，2005 年 1 月 30 日成功举行的伊拉克民主选举，则是对整个阿拉伯世界的触动。此后，巴勒斯坦举行了选举；沙特举行了建国以来的首次地方选举；黎巴嫩爆发了争取民主和摆脱外国势力影响的街头抗议……这一切都表明阿拉伯国家的民主改革虽然艰难，却在进行着种种尝试和探索。

三、阿拉伯世界民主进程的瞻望

民主政治是人类追求的共同价值。阿拉伯世界的民主变革之风已经刮起就不可能停止。随着时代的发展，随着全球化浪潮的不断推进，由于各种外部力量和内部力量的推动，阿拉伯世界的民主进程将会一步一步地向前迈进。但由于阿拉伯世界的复杂局面，阿拉伯世界的民主变革之路将是漫长的、曲折的、荆棘丛生的。

首先，曾经令阿拉伯民众和西方世界，特别是美国欣喜的"阿拉伯之春"现象，更多的是"美式民主"在阿拉伯世界的尝试，是美国用各种手段干预的结果。它给阿拉伯世界，给阿拉伯人带来的是福是祸还难以评说；阿拉伯民众和官方对它的评价也并非正面。美国试图用"大中东计划"来实施其对阿拉伯世界的民主化改造，但阿拉伯人对此却并不买账。一些人甚至表示，宁可被萨达姆这样的独裁者统治，也不愿接受"美式民主"。前阿盟秘书长穆萨曾公开表示，除非美国致力于解决中东地区的冲突、恢复伊拉克稳定，否则阿拉伯国家不会支持"大中东计划"。阿拉伯人认为，民主制度不能靠枪杆子在一夜之间建立；西方民主也远非治疗中东地区种种顽疾的灵丹妙药，反而有可能使这一地区变得更加危险。这种心态将使"美式民主"的推广受到更大的阻力和更顽强的抵抗。

其次，从政府到民间、从阿拉伯世界到西方世界都存在一种普遍的担心，即以选举为标志的民主很有可能导致宗教势力的壮大，世俗力量的削弱，甚至导致极端势力上台，重演阿富汗塔利班政权时期的悲剧。英国《金融时报》驻耶路撒冷分社社长哈维·莫里斯指出，如果这个地区的事态发展预示着走向更加民主的中东，那么美国或许就不得不承认，它将包括"伊斯兰民主"的存在。因为民主中的麻烦是：由于选择是自由的，选民们往往会做出"错误"的选择，无论他们做出的最好选择是什么，都将会对现状提出挑战。在中东许多地方，这就意味着选择"伊斯兰民主"。莫里斯的结论是，如果美国试图将自由的推广仅限于输出没有伊斯兰民主的"美式民主"，其结果是注定要失败的。[1]埃及穆兄会在埃及大选中的胜出正好佐证了这种预测；穆兄会被军方赶下台，则完全是阿拉伯世界和西方世界担心极端势力上台的反映。

许多阿拉伯有识志士认为，如果你不考虑政权的正当性，不坚守程序的正义，奢谈民主，就正好助长了恶棍的气焰。对民主政治认识的过分天真，盲目冲动地追求所谓的"民主"，导致的将是更严重的"不民主"。事实上，人们已经清楚地认识到，被美国"解放"的伊拉克要比过去更受宗教和保守势力的影响。在巴勒斯坦，逊尼派激进组织哈马斯有雄厚的底层群众基础；在黎巴嫩，什叶派真主党也在显示出越来越重的分量；在埃及，长期受到压制的穆兄会有可能会重新赢得大选。事实证明，有些民主的种子一旦种下，就很难预料它将会结出什么果实。种种迹象表明，这样的民主变革似乎正在使阿拉伯世界陷入新的更激烈的动荡。

再次，现代化要先于民主化。民主的发展如果超越了社会和经济的发展，因而产生了过高的期望值，那么这种期望值就很可能引发社会爆炸。西方的民主是经历了几个世纪才逐步发展起来的。民主制度的形成不是通过人们的意愿

---

1 见《美国可以从播种民主中收获什么》，哈维·莫里斯著，载于《金融时报》，2005 年 3 月 5 日。

来实现的，而必须经过锲而不舍的追求，使思想、观念、行为、经济、社会等方面都为民主准备好松软的土壤，民主才能水到渠成。目前的阿拉伯世界却面临社会动荡、政局不稳，局部战争和冲突不断，经济发展严重滞后，以及由此而导致的失业、人才外流、贫富差距拉大等一时难以解决的重大问题。阿拉伯学者阿卜杜拉·艾哈迈德博士直言不讳地指出："阿拉伯人民生活在危机、窒息和政治、文化、社会、宗教冲突的旋涡之中，生活在贫困、恐怖主义、落后、文盲的旋涡之中。今天的阿拉伯人面临着世界观、价值观的不和谐，面临着传统与变革的生活的双重性，面临着科学与愚昧、面包与民主、信仰与自由、失望与希望的矛盾与冲突。"[1]

19 世纪初，阿拉伯世界 22% 的人生活在每天仅 1 美元的消费标准以内，有 52% 的人每天的收入只有 2 美元～5 美元。大多数阿拉伯国家都负有沉重的债务。阿拉伯世界的失业率超过 20%，文盲人数达 7200 万。到 2003 年，阿拉伯国家的总人口达 3 亿，其中年轻人占 53%，每年需要提供 3100 万个就业机会。此外，这个地区的不稳定导致阿拉伯国家资金严重外流、外来投资大幅度减少，从而导致更严重的失业。这反过来又造成社会、政治、经济动荡的加剧。接连不断的局部战争更使这种恶性循环雪上加霜。战争已使埃及、叙利亚、也门、伊拉克等阿拉伯国家的经济严重恶化。这种局面不仅导致阿拉伯世界的大量资金外流，而且导致大量的人才外流。据阿盟和阿拉伯劳工组织的统计，阿拉伯国家的高校毕业生中，有 50% 的医科毕业生，23% 的工科毕业生，15% 的理科毕业生流向欧洲、美国和加拿大。有 54% 的阿拉伯留学生不回国工作。事实上，大多数阿拉伯国家都没能在建设真正的民主中获得成功，也没能在实现经济、社会、文化的发展中获得成功。

曾有美国学者指出，现在阿拉伯国家严重的社会及经济问题，在很多年后仍然会影响该地区内的稳定，这会扼杀短期和中期民主改革的机会。不论外

---

1 见《真主啊，保佑我们的民族吧！》，阿卜杜拉·艾哈迈德著，http://www.alwahdawi，2005 年 3 月 10 日。

部的作用如何，阿拉伯世界都将深受社会及经济问题的困扰。事实上，否认民主的不同形式或所需要的文明的土壤是滑稽可笑的。世界历史和文明发展的事实告诉人们，是经济的高度发展促进民主的实现，而不是民主的实现促进社会的进步。因此，阿拉伯世界的民主进程将受到其面临的各种复杂问题的严重困扰。

此外，巴以争斗、阿拉伯国家内部的民族矛盾和宗教冲突，阿盟的作用大大削弱等因素也从不同的层面影响着阿拉伯世界的民主进程。

综上所述，阿拉伯国家的民主进程不会停止，这是民心所向，也是时代发展的要求。阿拉伯世界民主化问题的复杂性也并不等于这里的民主化进程会裹足不前。只是其前景并不乐观，道路并不平坦。阿拉伯社会有着延续千年的独特宗教文化和价值观念，也有着不同于其他文明体系的政治游戏规则。阿拉伯国家只有走自己的路，通过弘扬本土文化来增强民族自豪感，实现政治制度的本土化，努力发展经济，跟上全球化的步伐，真正实现地区的和平与稳定，才能逐步实现符合阿拉伯文化、宗教和社会传统，能够被广大阿拉伯民众所接受的民主。天下没有最好的制度，只有最合适的制度。

第十四章　阿拉伯世界的和谐与发展

人类社会发展到 21 世纪，已经在很多方面取得了惊人的进步和举世瞩目的成就，和平、发展、合作已成为时代的潮流。阿拉伯各国自独立以来，也一直在探索符合本国国情的发展道路。就整体而言，阿拉伯国家正从传统的、落后的不发达社会向现代化的、先进的社会过渡。但是，由于错综复杂的巴以问题，接连不断的战火，根深蒂固的宗教冲突，形式各异的外来干涉，五花八门的内部矛盾以及全球化浪潮的巨大冲击，阿拉伯世界仍不和谐，其发展依然迟缓落后。该地区仍是乱象纷呈，种种弊端积重难返。阿拉伯世界如何实现和谐，怎样才能更快更好地发展，是值得人们关注和探讨的问题。

一、阿拉伯世界与外部世界的和谐问题

不可否认，中东地区是当今世界上最复杂、最不稳定的地区之一。从古埃及时代开始，这片土地便仿佛受到命运之神的作弄，一直在各种问题间来回激荡：宗教问题、民族问题的困扰；大国的你来我往、尔虞我诈，剧烈争夺石油资源和战略要地；殖民主义者"分而治之"的战略……这都给这个地区留下了无穷无尽的纠葛和纷争。20 世纪以来中东地区战争次数之多、规模之大、持续之久、破坏之重、影响之远，堪称世界之最。近年来阿拉伯世界热点、难点、焦点问题多，大国干涉、插手多，形势变化中不确定因素多，这些已成为不争的事实。

这种状况存在的重要原因就是，阿拉伯世界与外部世界不和谐。这种不

和谐状态不仅导致了阿拉伯世界长期面临艰难复杂的局面，而且严重阻碍了阿拉伯世界正常的进步与发展。造成这种不和谐状态的原因则是复杂的、多方面的。美国的霸权主义和强权政治是当今世界动荡不安的主要根源之一，也是阿拉伯世界不稳定、不和谐的主要因素之一。

长期以来，美国一直在中东，特别是阿拉伯世界这个远离其本土的地方动作不断。它不但与老牌帝国主义国家——英国一起操纵了以色列国的建立，而且一直奉行偏袒以色列的政策，致使最影响阿拉伯世界发展的、形成全球焦点的巴以冲突长期得不到解决。因为美国在中东问题上的政策核心是：维护以美国为主导的、确保海湾对西方国家的能源供应的、保障以色列安全的政治秩序，其具体策略是：不断加强同以色列的战略盟友关系，同时分化瓦解阿拉伯世界。在这样的政策和策略指导下，才有美国"邪恶轴心"理论的提出，才有对伊拉克的入侵，才有"大中东计划"的出台，才有不断发生的巴以冲突、黎以冲突，才有叙利亚、利比亚等阿拉伯国家持续不断的内乱。伦敦大学国王学院副院长劳伦斯·弗里德曼 2006 年 8 月 2 日在《金融时报》上发表过一篇题为《一个受失败政策摆布的地区》的文章，其中心内容是：错误政策导致中东极度混乱。上海外国语大学中东研究所智库主任朱威烈教授认为，发生在 2006 年 6 月和 7 月的巴以冲突和黎以冲突，是半个多世纪来处于阿以冲突核心地位的巴勒斯坦问题被美国、以色列故意漠视和处置不当造成的。美、以若不正视巴勒斯坦问题的重要性、敏感性，继续将中东和平"路线图"束之高阁，那么，这样的突发事件今后仍会不时出现。[1]

在阿拉伯世界与外部世界的不和谐局面中，以色列负有不可推卸的责任。长期以来，在美国的支持下，以色列始终坚持强硬的立场。不仅以较强的军事优势保持对巴勒斯坦和其他前线国的高压态势，而且竭力奉行领土和人口的扩张政策，拒不执行联合国安理会的相关决议。像以色列前总理拉宾这样主张用和谈的方式解决巴以冲突的温和派领导人竟遭到暗杀。内塔尼亚胡在刚刚结束

---

1 见《中东局势与阿拉伯世界改革》，朱威烈著，载于《第一财经日报》，2006 年 7 月 28 日。

的选举中获胜后，竟然要放弃经过多少次艰难谈判才达成的在这块土地上建立两个国家的共识。尽管他后来收回了他的这一说法，但这充分反映了他在巴以问题上的强硬立场。以色列这种强硬的不妥协立场不仅是巴勒斯坦问题长期得不到解决的重要原因，无疑也是造成中东乱局的重要因素之一。

另外，西方社会的冷漠，联合国的无所作为，阿拉伯世界自身的软弱无能和重重矛盾，也是阿拉伯世界与外部世界不和谐的不可忽视的因素。

阿拉伯世界要发展，必须有稳定的局面。而这种局面的创造，有赖于有关各方建立和谐世界的新思维和新理念，处理、解决该地区所面临的种种问题。首先，美国应从整个中东地区人民福祉的角度去考虑、解决问题。美国须知，美国的安宁离不开世界的安宁。"9·11"事件和美国国内强烈的反伊战呼声就是最好的例证。

对于以色列来说，自己既然存在于阿拉伯世界之中，就必须与邻国和相邻地区和睦相处，不能以敌对的心态来对待阿拉伯民族。和平不能由单方面强制取得，战争和暴力留下的只有仇恨。敌对不但不利于问题的解决，而且只会使问题复杂化。

对于巴勒斯坦和阿拉伯各国来说，以色列的存在，已经是一个历时 70 多年的事实。既然历史已经将它定格在中东，恐以承认现实更为理智。对于与以色列的种种矛盾和冲突，则应采取缓和对抗、促进和平与发展的解决办法。因为无论是从力量对比还是从各国及整个地区利益考虑，对抗只会两败俱伤，加剧本地区的暴力冲突，从而断送整个中东和平进程。

国际社会应充分关注阿拉伯世界的和谐与发展，充分认识到阿拉伯世界的改革必须以解决阿以冲突、实现中东和平为先决条件，尊重有关各方的意愿和选择，以实际行动促进中东地区的和谐与稳定。

二、阿拉伯世界内部的和谐问题

阿拉伯世界内部的和谐与人们的希望之间还存在着很大的距离。在政治和安全方面，阿拉伯世界由于难以形成合力，在全球无法构成一极，在与世界其他地区组织的对话中不具备足够的分量。在经济和社会发展方面，阿拉伯世界至少面临四大挑战。一是贫富差距拉大，不产石油的国家贫穷，盛产石油的国家富庶，但大多经济单一化，阿拉伯共同市场的建立还有很大难度。二是没有为吸引投资创造必要条件，金融业仍然依赖传统的银行模式，没有形成新型的资本运作市场。三是失业率不断攀升。四是缺乏原油加工工业，石油出口单一化。总之，内部不团结、经济欠发达、发展迟缓、社会不公、保守封闭等已成为阿拉伯世界不争的事实。

阿拉伯世界内部不和谐的原因是错综复杂的。历史的原因和殖民主义的作用，造成了今天阿拉伯世界这种横跨亚非两大洲，分为22个国家的地理布局。一些阿拉伯国家之间还存有领土争端、历史宿怨。殖民者实行"分而治之"策略不仅使阿拉伯世界成为一盘散沙，而且在该地区埋下了形形色色的冲突和争斗的祸根。

阿拉伯各国不仅是各自完全独立的，而且政治体制也不一样。海湾国家、约旦、摩洛哥等国家实行的是君主制；埃及、叙利亚、伊拉克、利比亚、阿尔及利亚、突尼斯、苏丹等国家实行的是共和制；黎巴嫩实行的是多党政治的自由主义共和制；也门内战前实行的是保守主义共和制。

这样的一种地理布局和政治体制差异，决定了阿拉伯国家间难以形成统一意见，难以团结一致地维护整个阿拉伯民族的立场。

阿拉伯国家在与整个阿拉伯民族利益攸关的重大问题上存在巨大分歧，例如，对巴以和谈的方针；支持还是反对美国发动伊拉克战争；应不应该进行改革，如何进行改革；是否接受美国提出的"大中东计划"；如何对待叙利亚内战和利比亚的动荡；如何对待"伊斯兰国"等。在阿拉伯民族利益与自身国家利益产生冲突的情况下，各国更多的是考虑自身的利益。

在巴勒斯坦问题上，阿拉伯国家内部对以色列的态度也并非完全一致。埃及早在 1978 年就与以色列达成了《戴维营协议》，基本上解决了其与以色列之间存在的全部问题，并于 1980 年与以色列建立了外交关系。1994 年 7 月 25 日上午，约旦国王侯赛因和以色列总理拉宾在美国总统克林顿的见证下，在美国白宫南草坪签署了和平宣言——《华盛顿宣言》。1994 年 11 月 27 日，约旦和以色列宣布建交，结束了长达 46 年的战争和敌对状态。阿曼、卡塔尔、突尼斯、摩洛哥等国也都与以色列建立了商贸关系，并在特拉维夫设立了商务小事处。叙利亚和黎巴嫩则是前线国，叙利亚部分上地还被以色列占领着，因此对以色列持的是强硬的敌对立场。

对于伊拉克战争，阿拉伯各国的态度也十分矛盾。海湾六国一方面不忍看到兄弟国家被侵略，另一方面又希望借美国之手除掉萨达姆政权。它们公开反对美国入侵伊拉克，却又在一定程度上为美国提供方便。

由于考虑到国内的稳定、经济发展，特别是旅游业受到影响等因素，埃及在美国对伊拉克动武的问题上秉持的是反对的立场。其余非洲阿拉伯国家由于与伊拉克相距遥远，战争对它们的直接影响很小，同时它们与美国又有不同程度的利益关系，所以大多保持低调。对绝大多数阿拉伯国家而言，与美国作对不仅意味着可能失去美国的重要支持和援助，而且也关系到政权的稳固与否。就像卡扎菲这样长期以"反美英雄"自居的人物，最终也不得不在美国的压力下服软。因为他不想成为第二个萨达姆，也不想让利比亚成为第二个伊拉克，尽管他最终还是没能避免这样的结局：死于同胞的枪下，利比亚则深陷内乱之中。

到 2015 年，阿盟已走过了整整 70 年的历程。作为成立最早的地区组织之一，阿盟曾为协调阿拉伯国家立场、解决地区争端发挥过一定作用。但由于种种原因，其内部建设迟缓，凝聚力不强，难以应对国际和地区形势剧变带来的各种挑战。作为阿盟成员国的利比亚已多次提出要退出阿盟。卡扎菲生前更是不止一次地在阿拉伯国家首脑会议上因意见分歧而退场。这一切都是阿拉伯世界内部发出的强烈的不和谐音符。

在经济上，阿拉伯各国的发展极不平衡，总体增长非常缓慢。虽有像阿联酋这样能建造七星级超豪华酒店的石油富国，但更多的是像埃及、叙利亚、苏丹这样发展缓慢、经济前景很不乐观的国家，更有像也门、索马里、毛里塔尼亚这样十分穷困的国家。这种极不平衡的经济现状，自然给阿拉伯世界的和谐带来极大的负面效应。

阿拉伯世界要解决所面临的种种困难，只能消除分歧、统一立场、相互支持并充分发挥阿盟的作用，增强阿盟的凝聚力、号召力，提高其实质性地位。在力促巴勒斯坦问题、叙利亚问题、利比亚问题、也门问题和伊拉克问题的妥善解决的同时，要坚决反对、打击一切形式的恐怖主义，特别是"伊斯兰国"。

阿拉伯世界人口众多，战略地位重要，能源资源丰富，有条件进行相互间的务实合作。富国若能带动、促进穷国的富裕和发展，就会改变"富而不强"，甚至"为富不仁"的局面；经济发展较缓慢的国家若能自强不息，就会加速发展，融入全球化浪潮之中。

三、各阿拉伯国家内部的和谐问题

用和谐社会的标准来看各个阿拉伯国家，则会发现这当中存在着太多的问题。伊拉克、叙利亚、利比亚、也门等国似乎都处在程度不同的内战之中；巴勒斯坦似乎永远也无法与以色列达成和解，建国的希望要实现，更是遥遥无期；埃及面临发展经济和实现民主的重大挑战；就像沙特这样的富国，也面临来自伊朗的巨大压力；几乎所有阿拉伯国家都因恐怖主义而不得安宁，都面临实现稳定、发展经济的问题。此外，社会不公、贫富差距、城乡差别、失业贫困、人才外流等许多问题，都不同程度地影响着各个阿拉伯国家内部的和谐与发展。

大多数阿拉伯国家内部不和谐、发展缓慢都与地区形势的不稳定有直接的关系。自第二次世界大战结束以来，中东地区小规模的冲突乃至局部战争接连不断。这种冲突与战争的结果是使被誉为"小欧洲"的美丽国家黎巴嫩变得满目疮痍；巴勒斯坦只能靠国际救助维持生计；盛产石油的伊拉克不仅没有使自己既富又强，还一度成为世界上安全系数最低的国家。埃及、叙利亚都被一次又一次的中东战争和内部冲突所拖累。也门、利比亚、苏丹、索马里等则正在或曾经遭受内战的困扰。战争耗去了很多阿拉伯国家大量的人力、物力和财力，加深了族群的矛盾与分裂，严重影响了这些国家的社会稳定和正常的经济发展。

国内缺乏民主，社会不够公平，是阿拉伯各国内部不甚和谐的重要原因。实现君主制的阿拉伯国家，权力和财富主要集中在王室手中。普通百姓不仅不能充分享受国家的财富，而且参与国家事务的权利也十分有限。有些国家的妇女尚无选举权和被选举权，有的国家甚至连妇女驾驶汽车也属违法。实现共和制的国家，大多也是一党专制，权力高度集中。"阿拉伯之春"之后，各种力量的争斗、社会的混乱无序带来了更加复杂的问题。

经济上的落后与贫困，往往是诱发社会动荡的一个重要因素。当前，阿拉伯各国内部的许多不和谐现象，尽管原因很多，但归根到底，是发展不充分、不平衡带来的。19世纪初的阿拉伯世界，有6200万人（占总人口的22%）生活在每天1美元的消费标准下，有1.45亿人（占总人口的52%）每天的收入只有2美元～5美元。大多数阿拉伯国家都负有沉重的债务。阿拉伯世界的失业率是20%，文盲人数达7200万。此外，这个地区的不稳定导致阿拉伯资金严重外流，外来投资大幅减少，从而导致更严重的失业。而这反过来又加剧了社会、政治、经济的动荡与不安。

全球化浪潮对阿拉伯世界的冲击，也是阿拉伯各国内部不和谐的因素之一。西方发达国家凭借自身的经济、科技乃至军事优势，通过经济全球化等不合理的国际政治经济秩序，在损害阿拉伯国家的利益。因此，有阿拉伯学者认为，全球化是资本主义的一个新阶段。它对工人阶级和弱小民族来说是一场灾难，是资本主义的新一轮进攻。它所造成的不良后果是：失业比例的增加，劳动收入的降低，外债压力的加重，教育、卫生体系的恶化，国内生产体系的瓦解，生存环境的恶化等。全球化浪潮对阿拉伯世界强大的政治、经济、文化冲击确实在客观上加剧了阿拉伯世界的动荡与不安。

和平是人类社会实现发展目标的根本前提。没有和平，不仅新的建设无以推进，以往的发展成果也会因战乱而毁灭。任何一个阿拉伯国家，若要发展，要实现社会的和谐，就必须有一个和平稳定的环境；就必须营造和谐的周边关系，努力推动和平、稳定、公正、合理的国际政治经济新秩序的建立。

民主是人类社会的基本价值观念之一。阿拉伯各国政府应真正像第十六次阿拉伯国家首脑会议提出的那样：加强民主的基础，加快民主的进程；保护人权，充分发挥妇女的作用，提高妇女的社会地位；扩大民众在政治、公共事务中的参与；加倍努力，继续在政治、经济、社会、教育等领域的改革、发展进程。通过发展化解目前社会中存在的突出矛盾，切实关注并解决诸如失业、贫困、居住、交通、教育、医疗、公共卫生以及社会不公、官僚主义等问题，在经济发展的基础上实现社会的和谐、安宁与进步。

面对全球化浪潮的冲击，阿拉伯各国唯有以积极的姿态思考应对全球化的策略，勇敢面对全球化的挑战，以加强合作，加快发展，融入全球化的进程之中，才能缓解全球化浪潮的冲击，降低在全球化过程中的风险，共享全球化的成果。

四、文明的和谐问题

一个社会的和谐，在本质上体现为一种和谐的文化精神。和谐文化融思想观念、理想信仰、社会风尚、行为规范、价值取向为一体。它对每个人都起着潜移默化的作用，影响着人们的思想和行为。文化的力量是民族生存和发展的根本力量。一个世界、一个地区要和平、要发展，就必须致力于实现不同文明的和谐进步。但是，不管人们是否承认"文明冲突论"的科学性和客观性，在中东地区确实存在着不和谐的现象，听得见不和谐的音符。

中东地区是犹太教、基督教和伊斯兰教三大宗教的发源地。长期以来，三大宗教之间一直存在着不和与纷争。伊斯兰教内部如逊尼派、什叶派等派别之间也是矛盾重重。阿以冲突、巴以冲突，虽是领土之争，也有宗教因素。黎巴嫩长期不稳定与宗教派别的争斗直接相关。国内有些研究中东问题的学者认为，2006 年持续一个月的黎以冲突就是黎巴嫩真主党为了提高自己的政治地位，避免被边缘化而精心策划的。也门之乱也与教派之争相关。伊拉克的宗教派别之争更是显而易见。

近百年来，随着西方强势文化的扩张，自我中心主义、西方至上主义思潮招摇于世，"单边主义"便随之滋长，与之相抗衡的"恐怖主义"也就相伴而来。"单边主义"和"恐怖主义"相互争锋，造成了基督教文明和伊斯兰文明之间的新一轮难以调和的矛盾与冲突。

美国视伊斯兰世界为滋生恐怖主义、造成大规模杀伤性武器扩散的土壤，因而企图通过联合西方盟国的力量，在中东地区推进自由与民主，将自己的价值观强加给阿拉伯国家。美国长期偏袒以色列和对伊拉克发动战争等做法，使阿拉伯世界中广泛弥漫着的厌美、反美、仇美情绪更加强烈。同时，由于恐怖主义的危害，特别是"伊斯兰国"的极端行为，西方大众对伊斯兰文化的误解与偏见、对伊斯兰文化的不喜欢甚至厌恶也有所加剧。这一切使阿拉伯世界与西方世界的冲突与对立越发激烈，不可调和。

阿拉伯国家在发展，特别是在推行改革的过程中，始终存在着宗教传统与现代化互不适应的问题。伊斯兰教的重要特点之一是入世性和强烈的参政意识。在长期的发展过程中，它已深入到社会生活、伦理道德、行为规范甚至人们日常生活的各个方面，形成了一种"伊斯兰文化和价值观"。在社会变革转型期所涌动的开放与创新，往往招致一些势力的抵制和责难。这些势力要托古改制，"回归"伊斯兰。这就是阿拉伯国家任何变革都不可避免地受到宗教羁绊的原因。同样，由于伊斯兰教强烈的参政意识，它成了各种势力谋求政治权力的重要手段。阿拉伯国家每次政权更迭，无不打上伊斯兰教的政治与文化烙印。观念和心态与社会的和谐与发展是密切相关的。阿拉伯世界面临的现状固然与外来干涉有直接的关系，但不可否认，阿拉伯人自身的文化与思想观念，也是他们身处危机的深层原因。

国际社会应承认各国文化传统、社会制度、价值观念和发展道路的差异，而不能把世界上存在的一些问题和矛盾归因于哪一种文明、哪一个民族或哪一种宗教。历史事实告诉我们，一种文明若不能向其他文明汲取新鲜血液，不管它处于怎样的制高点，都是不可能长期兴盛的。

在伊斯兰文化中，信仰者对自己所属的部落族群、宗教派系有着极高的归属感和忠诚度。他们的国家公民概念却比较淡漠，对国家的认同和凝聚力也相对较弱。对他们来说，忠诚的顶点是对部族、教派的忠诚，而不是对国家的忠诚。正因为缺少形成国家意识的机制，对外难以形成反抗外侵的有效力量，对内难以形成国家的凝聚力。黎巴嫩的多年内战，伊拉克的教派冲突，苏丹的达尔富尔问题，也门的胡塞武装问题，利比亚的世俗势力与宗教势力之争等都与此有直接的关系。因此，阿拉伯世界的和平与发展，最需要的是精神的重建和文化的复兴。具体而言，就是要促进其文化中民族国家意识的形成与强化，淡化政治生活中的宗教色彩，使伊斯兰文化能更好地适应不断变化着的世俗世界。

不可否认，阿拉伯世界在实现和谐与发展的进程中确实面临着一系列严峻的挑战：人们在许多问题上意见仍有分歧，难以形成合力；各种教派和政治势力间的矛盾一时还难以调和；许多国家的经济还面临很大的问题；极端主义和恐怖主义的发展日趋严重；民主化进程仍非常迟缓；外来干涉依然不断；美国偏袒以色列的态度还不会改变，巴以问题还难以解决……但正是这些挑战，要求阿拉伯世界团结自强，协调立场，加速发展，共同应对。

人们对阿拉伯民族的复兴，对阿拉伯世界的和谐与发展也应抱有真诚和殷切的期待与支持。阿拉伯人是富有创造力的民族，也是历经苦难而不屈的民族。相信他们一定能掌握自己的命运，克服困难，迎接挑战，既为本民族创造美好的明天，也为世界的和平与繁荣做出贡献。

参考文献

1. 阿卜杜拉·艾哈迈德.真主啊，保佑我们的民族吧！(2005-03-10) http://www.alwahdawi

2. 阿拉伯人怎么看真主党.环球时报，2006-07-27.

3. 阿拉伯社会：从部落走向现代.半月谈网，2011-12-08.

4. 阿拉伯世界的贫困.（2003-12-22）http://www.balagh.com

5. 阿拉伯世界的失业率和文盲率.（2004-04-10）http://links.islammemo.co

6. 阿拉伯世界的外债：苦恼与桎梏.（2002-04-30）http://www.aljazeera.net

7. 阿拉伯战略论坛建议阿拉伯国家进行全方位改革.人民网，2014-12-16.

8. 阿拉伯专家强调阿拉伯民族拒绝"文化变革".新华网，2004-12-02.

9. 阿联酋、埃及联手空袭利比亚民兵武装.新华网，2014-08-27.

10. 阿联酋吸引外商直接投资情况分析.华律网，2010-08-03.

11. 埃及数万人下跪祈祷希望总统下台.重庆晚报，2011-01-27.

12. 艾哈迈德·本·拉希德·本·赛义德.阿拉伯之春关于自由的口号戏弄着沙特人民的神经.（2012-03-10）http://www.alamatonline.net

13. 艾哈迈德·卡米尔.华盛顿在中东地区传播民主的矛盾立场.联合报.

14. 艾哈迈德·萨阿德.财富的全球化和全球化的贫困.（2003-11-28）http://www.annahjaddimocrati.org

15. 艾沙姆·本·萨利哈.沙特与伊朗的沙姆争斗史.http://saaid.net

16. 奥巴马将访沙特 与新国王讨论打击 IS 与也门局势.中国新闻网，2015-01-26.

17. 巴曙松. 当前的全球化进程是否会停滞不前? 党政干部参考, 2002 (4).

18. 布赛纳·沙班. 伊拉克和巴勒斯坦监狱中还隐藏着什么秘密? 明星日报, 2004-05-11.

19. 布什"民主攻势"将加剧中东动荡. 参考消息, 2005-03-04.

20. 布什呼吁同盟国在中东地区传播民主. 联合报, 2005-05-09.

21. 陈建萍. 正确理解民族自决原则 坚决反对民族分裂主义. 河北学刊, 2001 (21-2).

22. 陈天社, 彭超. 试析哈马斯、真主党、"基地"组织的异同. 西亚非洲, 2015 (1).

23. 称利比亚密谋杀王储 沙特利比亚关系急转直下. 人民网, 2004-12-24.

24. 冲突加剧, 也门和解进程陷"泥潭". 人民网, 2015-01-22.

25. 传伊朗将派兵驰援叙利亚 全面维护巴沙尔政权. 网易新闻网, 2013-06-17.

26. 德媒称中东新霸主从幕后走上前台: 沙特展示强硬. 参考消息, 2015-04-20.

27. 董漫远. "伊斯兰国"崛起的影响及前景. 国际问题研究, 2014 (5).

28. 俄罗斯为什么力挺阿萨德 在叙利亚有重大利益. 中国网, 2012-02-13.

29. 法利黛·尼格希. 阿拉伯人及关于身份的提问. 阿拉伯人之家, 2001-10.

30. 法塔赫·塔里凯. 全球化和暴力. (2002-01-01) http://www.azzaman.com

31. 反对派坚持要巴沙尔下台 叙和平计划执行面临艰巨挑战. 参考消息, 2015-12-21.

32. 福阿德·哈吉. 全球化和"大中东": 新殖民主义. (2004-03-07) http://www.alnedal.net

33. 改革、发展、现代化进程. (2004-10-03) http://www.aljazeera.net

34. 国际社会欢迎埃及大选顺利结束 沙菲克贺穆尔西. 新华网, 2012-06-25.

35. "国民代表大会"选举难让利比亚走出泥潭. 中国青年报, 2014-06-28.

36. 哈夫塔尔再次要求设立"总统委员会"接管利比亚. 新华网, 2014-05-22.

37. 哈米德·迈哈穆德·依萨.中东的库尔德问题.埃及：开罗出版社，1992.

38. 哈娜·萨里姆.卫星电视扼杀了阿拉伯儿童的天真.阿拉伯妇女，2002-10-06.

39. 哈桑.试论穆斯林与全球化的关系.上海穆斯林，2000（4）.

40. 哈维·莫里斯.美国可以从播种民主中收获什么.金融时报，2005-03-05.

41. 海湾国家请求联合国干预也门.参考消息，2015-02-16.

42. 海湾国家声称武力干预也门.参考消息，2015-02-17.

43. 海夏姆·格赛卜.全球化和民族身份.（2004-03-28）http://www.psut.edu.jo

44. 胡塞武装称或接受沙特提出5天人道主义停火.搜狐网，2015-05-11.

45. 黄灵.新闻分析：黎巴嫩为何要反对美国威胁叙利亚.新华网，2003-04-16.

46. 黄民兴.20世纪阿拉伯民族主义的特点.西亚非洲，2001（3）.

47. 黄滢，许文静.穆斯塔法："伊斯兰国"危害整个中东.凤凰网，2014-07-18.

48. IS性奴到联合国安理会控诉：被轮奸到昏厥、强迫改变宗教信仰.观察网，2015-12-21.

49. IS宣称其成员制造加州血案.参考消息，2015-12-06.

50. "9·11"恐怖袭击遇难者家属集体起诉沙特政府.中国日报网，2017-03-21.

51. 贾法尔·阿卜杜·萨拉姆.美国式教育.（2004-01-19）http://www.ikhwanouliue.com

52. 贾米尔·吉迪.叙利亚的内部改革和政治开放运动.联合报，2005-04-19.

53. 卡梅伦称英国该加入打击"伊斯兰国"空袭行动.中国新闻网，2015-11-27.

54. 库尔德人历史简述.龙腾网，2017-05-16.

55. 库尔德人问题加剧中东乱局.人民日报，2016-03-25.

56. 黎巴嫩真主党被海合会国家贴上"恐怖"标签.界面网，2016-03-04.

57. 黎巴嫩真主党高调介入叙内战 海湾国家欲对真主党下重手.新浪网，2013-07-04.

58. 黎巴嫩真主党缘何派兵赴叙参战.科技日报，2013-06-18.

59. 黎巴嫩政局动荡不安 主权国家难主宰命运.国际在线网，2006-08-18.

60. 李福泉.黎巴嫩真主党政治参与解析.国际政治研究，2011（4）.

61. 李国富.大国博弈下的叙利亚局势.求是，2012（15）.

62. 李慎明.全球化与第三世界.红旗文稿，2000，3（7）.

63. 李振环.伊拉克乱局中的库尔德人"建国梦".光明日报，2014-07-10.

64. 李智.文化外交：一种传播学的解读.北京：北京大学出版社，2005.

65. 利比亚国民代表大会将"利比亚黎明"和"安萨尔旅"列为恐怖组织.新华网，2014-08-24.

66. 利比亚局势恶化 外界担忧陷内战危机.新华网，2014-05-21.

67. 利比亚首都一家豪华酒店遇袭 造成 9 人死亡.环球网，2015-01-28.

68. 利比亚主要武装势力盘点.新华网，2014-05-24.

69. 利比亚最新局势：西方支持的反卡扎菲武装已加入"伊斯兰国".观察网，2015-03-05.

70. 利亚德·纳阿萨.专制的民主.联合报，2005-04-29.

71. 联合国关注也门局势恶化 呼吁各方停止敌对行动.中国新闻网，2015-02-21.

72. 刘波.埃及"二次革命"的悲哀.搜狐网，2013-07-05.

73. 刘水明.埃及的"二次革命".环球人物，2013（19）.

74. 罗伯特·马利.布什危险的中东政策.波士顿环球报，2001-04-20.

75. 马晓霖.埃及两年半发生第二次政变 痛苦而艰难转型.北京青年报，2013-07-06.

76. 美国为"伊斯兰国"崛起创造了条件.新浪网，2015-11-25.

77. 美国要打萨达姆 伊拉克近邻怎么办.新华网，2003-01-23.

78. 美媒称也门乱局并非伊朗造成：沙特掩饰扩张野心.参考消息，2015-05-04.

79. 美媒谈如何击败 IS 称无法根除它四散的附属组织.新浪网，2015-11-27.

80. 美要求埃及带头实行"大中东计划".参考消息，2004-03-10.

81. 民调：爆发革命的阿拉伯国家腐败问题愈演愈烈.人民网，2013-07-09.

82. 穆巴拉克.阿拉伯世界改革年会开幕式上的讲话.（2005-03-30）http://www.ndp.org.eg

83. 穆哈默德·汉米德.我们为峰会做好准备了吗？金字塔报.

84. 穆哈默德·夏纳维.阿拉伯之春为什么没有到达沙特阿拉伯王国.（2012-01-24）http://middleeast voices.voanews.com

85. 穆哈默德·尤努斯.道德的全球化和全球化的道德.（2002-11-09）http://www.albayan.co.ae

86. 穆哈辛·哈达尔.世界的贫困状况.（2001-09-27）http://www.alwatan.com

87. 穆罕默德·祖尔菲卡·拉克马特，王会聪.日媒：中国为何对也门感兴趣.环球网，2014-06-06.

88. 牛新春.从"颜色革命"看"新布什主义".爱思想网，2005-04-14.

89. 欧盟为何"拉黑"真主党武装？南方日报，2013-07-24.

90. 潘基文吁利比亚各方遵守建立民族团结政府协议.中国新闻网，2015-03-19.

91. 评论：黎巴嫩真主党顶得住欧盟"扣帽子".中国新闻网，2013-08-05.

92. 普京：俄罗斯空袭行动旨在打击"伊斯兰国"极端组织.FX168 财经网，2015-10-13.

93. 起底"伊斯兰国"美军监狱成崛起"温床".新华网，2015-11-23.

94. 前军方领导人塞西当选埃及总统.新华网，2014-06-04.

95. 钱昌明.美、俄争雄乌克兰与叙利亚——看大国博弈中的实力与意志的较量.乌有之乡网刊，2015-10-26.

96. 任重远，邵江华．"沙特阿拉伯2030愿景"下的中沙油气合作展望．国际石油经济，2016（10）．

97. 萨拉哈·巴德尔丁．库尔德民族解放运动往何处去？伊拉克埃尔比勒市萨拉丁大学"库尔德民族运动问题"研讨会，2007-02-10．

98. 《沙特2030愿景》真能得到实施吗？（2017-04-10）https://www.sasapost.com

99. 沙特，动荡中东的"稳定之锚"．环球时报，2011-03-24．

100. 沙特2030愿景．（2016-04-25）http://www.alarabiya.net

101. 沙特阿拉伯王国为阿拉伯市场买单．http://www.asswak-alarab.com

102. 沙特的2030愿景并不是万金油．和讯网，2016-06-04．

103. 沙特发动"决战风暴"行动 空袭也门胡塞武装．人民日报，2015-03-27．

104. 沙特公布高层人事变动 正式启动"沙特2030愿景"．搜狐网，2016-05-08．

105. 沙特精英如何评论穆罕默德·本·萨勒曼的愿景计划．（2016-04-26）https://www.paldf.net

106. 沙特停止空袭为也门"恢复希望"？参考消息，2015-04-23．

107. 沙特新规整顿"宗教警察"，限制滥用权力、暴力执法．澎湃网，2016-04-15．

108. 沙特研究机构：海湾国家应以军事联盟取代海合会．参考消息，2012-05-25．

109. 沙特与伊朗争斗的苦涩使鲁哈尼面临解决之困．中立报，2013（3993）．

110. 沙特制定"愿景2030"计划 欲摆脱对石油依赖．环球外汇网，2016-04-26．

111. 什么是"伊斯兰国"？http://www.bbc.com

112. 什么是"伊斯兰国"？它的目标是什么？http://www.alalam.ir

113. 宋鲁郑．埃及为何再度"革命"？观察网，2013-07-04．

114. 宋晓钗．浅析叙利亚危机及其未来走向．现代妇女：理论前沿，2014（4）．

115. 唐志超.阿盟近期令人刮目，但谈不上真正崛起.环球时报，2012-02-23.

116. 唐志超.库尔德问题的历史、现状及前景.现代国际关系，1999（11）.

117. 田文林."伊斯兰国"为何牵动世界的神经.中国文明网，2015-03-31.

118. 田文林."伊斯兰国"兴起与美国的中东战略.现代国际关系，2014（10）.

119. 涂龙德.伊拉克战争爆发 谁是最大受害者？南方网，2003-03-21.

120. 土耳其的"顽疾"：库尔德问题的历史与现状.中国在线网，2015-08-23.

121. 外媒：伊朗派万人驰援巴沙尔 叙军已撑不住.网易军事网，2015-06-16.

122. 外媒称真主党首次承认：其军队在叙利亚全境作战.参考消息，2015-05-26.

123. 王宾.黎巴嫩真主党称能打败以色列 可致数万人丧生.中国新闻网，2016-02-26.

124. 王波.沙特：借变局欲当中东领头羊.国际先驱导报，2012-02-06.

125. 王缉思.全球化是不是西方化？爱思想网，2003-08-04.

126. 王京烈.解读中东：理论构建与实证研究.北京：世界图书出版公司，2011.

127. 王宇洁.黎巴嫩政治中的什叶派因素.国际论坛，2000（5）.

128. 王自励.后"阿拉伯之春"沙特的中东政策发生了哪些变化.和讯网，2015-09-28.

129. 威震中东的神秘之旅——黎巴嫩真主党.搜狐网，2002-08-13.

130. 为何俄罗斯力挺巴沙尔政权？新京报，2013-09-08.

131. 吴忠民."顺应民意"与"顺应时代潮流"缺一不可.光明日报，2015-07-22.

132. 肖凌.叙利亚危机的特点、背景及其走向分析.阿拉伯世界研究，2013（6）.

133. 新家庭法确定摩洛哥的男女平等.联合报，2005-04-02.

134. 叙利亚，大国博弈主战场.中国财经网，2015-10-27.

135. 叙利亚困局：大国博弈美俄立场迥异 动荡难解.新京报，2015-09-13.

136. 叙利亚问题外长会议就叙政治进程时间表达成共识.中国新闻网，2015-

11-15.

137. 叙利亚问题折射中东五大矛盾 . 网易新闻网，2012-02-07.

138. 叙利亚与黎巴嫩的纠葛：法国对一个民族分而治之 . 凤凰网，2012-07-24.

139. 叙利亚正构成大国博弈焦点 . 中国青年报，2012-02-06.

140. 闫伟，韩志斌 . 部落政治与利比亚民族国家重构 . 西亚非洲，2013（2）.

141. 姚匡乙 . 阿拉伯国家的变革与中阿关系的发展 . 国际问题研究，2005（3）.

142. 也门胡塞武装决定成立总统委员会单独掌权 国防部长住宅被包围 . 人民网，2015-01-23.

143. 也门面临政治真空危机"基地"组织或将借机扩张 . 中国新闻网，2015-01-23.

144. 也门内战：中东典型的代理战争 动荡的风暴中心 . 中国新闻网，2016-06-05.

145. 叶海林 . 剿灭"伊斯兰国"时机成熟了吗？参考消息，2016-01-08.

146. 叶小文 . 努力构建和谐社会 呼吁共建和谐世界 . 中国宗教，2006（4）.

147. 伊朗从欧美买飞机输出武器：真主党藏万枚导弹 . 网易军事网，2016-12-05.

148. 伊朗强调巴沙尔在叙利亚境内采取的打击行动是正常的 . 2012-11-22.

149. "伊斯兰国" .（2014-06-14）http://www.aljazeera.net

150. "伊斯兰国"大肆毁坏文物 . 羊城晚报，2015-02-28.

151. "伊斯兰国"四面楚歌 "版图"缩水 14% . 北京日报，2015-12-23.

152. "伊斯兰国"袭真主党根据地 致 200 多人伤亡 . 搜狐网，2015-11-14.

153. 易卡拉辛·纳法 . 双行路 . 金字塔报 .

154. 意大利 4 架狂风战斗机加入打击"伊斯兰国"行动 . 国际在线网，2014-11-18.

155. 英国将派遣军舰支援法国打击"伊斯兰国"行动 . 环球时报，2015-11-19.

156. 于福坚 . 库尔德人问题：土耳其的心病 . 人民网，2010-08-13.

157. 约旦和科威特反应冷淡 美军合围伊拉克有点难 . 新华网，2002-07-18.

158. 再析伊拉克战争对埃及经济的影响 . 人民网，2003-04-09.

159. 在全球化阴影下的中东 . 开罗中东研究中心“全球化阴影下的中东”研讨会，https://links.islammemo.co

160. 扎基·塔海勒·阿尔约 . 伊斯兰运动与民主 . (2005-04-27) http://www.balagh.com

161. 赵灵敏 . 沙特领导中东？新京报，2015-04-08.

162. 赵山河 . 以色列的梦魇真主党：伤亡比例一度达到一比一 . 世界新闻报，2013-07-25.

163. 真主党称巴沙尔决不能倒台：暗示叙利亚或分裂 . 参考消息，2015-05-09.

164. 真主党称已派兵参加叙内战 力挺叙利亚政府 . 网易军事网，2013-05-27.

165. 中东和平应成为所有国家的战略选择 . 独立报，2001-04-28.

166. 中方主持安理会审议利比亚局势 . 人民网，2015-02-19.

167. 种族歧视，美国虐俘丑闻突出标记 . 参考消息，2004-05-17.

168. 周江林 . 库尔德人：历史的序幕 . 华夏时报，2014-09-26.

169. 周鑫宇，石江 . “伊斯兰国”最新发展趋势探析 . 现代国际关系，2015（5）.

170. 朱威烈 . 中东局势与阿拉伯世界改革 . 第一财经日报，2006-07-28.

171. 追求末日圣战：深度解析疯狂的“伊斯兰国” . 中华网，2015-11-24.

172. 综述：利比亚局势全面失控 . 新华网，2014-08-13.

173. 综述：利比亚乱局祸延意大利企业 . 新华网，2015-02-22.